*Marianne Jung, Aquarell um 1809*

# Im Namen Goethes

*Der Briefwechsel*
*Marianne von Willemer*
*und Herman Grimm*

Herausgegeben und eingeleitet
von Hans Joachim Mey

Insel Verlag

Mit 8 Abbildungen

Erste Auflage 1988
© Insel Verlag Frankfurt am Main 1988
Alle Rechte vorbehalten
Satz: Hümmer, Waldbüttelbrunn
Druck: Nomos Verlagsgesellschaft, Baden-Baden
Printed in Germany

*Einleitung*

Die Lektüre von Goethes *West-östlichem Divan* – besonders der Gedichte des Buches Suleika – wird manchen Leser anregen, erneut die zwischen Goethe und Marianne von Willemer gewechselten Briefe zur Hand zu nehmen. Er wird nachlesen wollen, was der Dichter und die junge Frau im Rückblick auf die von Liebe und Freude erfüllten Tage auf der Gerbermühle im Frühherbst 1815 einander mitzuteilen hatten; er wird versuchen, ein Bild Mariannes und ihres Schicksals aus diesen Briefen zu gewinnen – doch dieses Bild wird blaß bleiben. Ist diese Frau über der Einsicht, daß es keine Erneuerung der erfüllten Tage geben würde, bitter geworden wie Frau von Stein? Wie dürfen wir uns den Verlauf ihres Lebens denken?

Als Tänzerin und jugendliche Akteurin war die vierzehnjährige Marianne Jung im Herbst 1798 mit ihrer Mutter in Frankfurt eingetroffen, doch schon zwei Jahre später endete diese Laufbahn. Der verwitwete Senator J. J. v. Willemer, ein engagierter Freund des Theaters, traf eine Übereinkunft mit ihrer Mutter und nahm die junge Marianne mit der Verpflichtung in sein Haus, sie mit den eigenen beiden Töchtern erziehen und musikalisch ausbilden zu lassen.

Den unsicheren Verhältnissen der Bühne war das Mädchen damit entzogen, auch ließ Willemer es nicht an einer ihren Gaben entsprechenden Ausbildung fehlen. Es gelang der jungen, liebenswürdigen Österreicherin überdies rasch, sich die Liebe und Anhänglichkeit aller Familienmitglieder zu erwerben – doch ihr Leben hatte eine neue Richtung genommen. Sie fand sich von der Mutter getrennt und in fremde, nicht unproblematische Verhältnisse versetzt. Dennoch müssen ihre Jugend und ihr glückliches Temperament sie über diese Jahre hinweggetragen haben. Spätestens nach der Heirat der beiden Töchter wird die verwitwete Rosette Städel darauf gedrängt haben, Mariannes Stellung im Hause zu regeln. Möglicherweise hat Willemer Goethes Rat eingeholt, nachdem er ihm Marianne im August 1814 in Wiesbaden vorgestellt hatte. Die Privattrauung Ende September ließ sich rasch ohne Vorlage ihrer Papiere durchführen; doch da Mariannes Geburtsschein nicht nachgereicht werden konnte, blieb ihr das Frankfurter Bürgerrecht verwehrt.

Sechsundsechzig Jahre war Goethe alt, als er im Jahr darauf erneut seine Schritte in die Rhein-Main-Gegend lenkte. Das Wiedersehen der Heimat belebte ihn, und gern nahm er das Angebot Willemers und seiner jungen Frau an, auf der Gerbermühle seinen Aufenthalt zu nehmen. Aufmerksam wurde jede Vorsorge für das Wohlbefinden des Gastes getroffen. Mariannes gesellige Talente schufen die Voraussetzung für heitere Stunden; ihr Gesang entzückte den Kreis, der sich zusammenfand. Unerwartet kam Goethe hier die Zuneigung und Liebe einer jungen Frau entgegen, die ihn ganz für sich einnahm und einen Strom dichterischer Produktion in ihm auslöste.

Zwei Quellen besitzen wir, die uns Anhaltspunkte für das Geschehen dieser Wochen geben: Goethes Tagebücher und unverhüllter noch die seines jungen Begleiters, Sulpiz Boisserée. Dieser und sein Bruder hatten in Köln Bilder aus den im Zuge der Säkularisation aufgelösten Kirchen und Klöstern zusammengetragen, die sie in Heidelberg der Öffentlichkeit vorstellten. Um diese altdeutsche Kunst bekanntzumachen, ihr Freunde und ein Publikum zu gewinnen, suchten sie Goethes Hilfe; desgleichen für das andere von ihnen verfolgte Projekt: die Vollendung des Kölner Doms. Der junge Sulpiz arbeitete in diesen Tagen mit Goethe an den geplanten Veröffentlichungen. Bald war er ihm so angenehm, daß der Dichter ihn als Begleiter nicht mehr entbehren mochte.

Zu Willemers wollte ihn Goethe zwar zuerst nicht mitnehmen, denn dann »gäbe es Wahlverwandtschaften«, die Verhältnisse änderten sich immer, sobald ein Dritter oder Vierter hereinträte, und das möge er nicht. Dies war wohl weniger mit Blick auf die junge Frau seines Gastgebers gesprochen als auf die im Hause lebende verwitwete Tochter Rosette, die – im gleichen Alter wie Marianne – mit dieser herzlich verbunden war. Es gibt Bemerkungen, daß man hoffte, Boisserée mit ihr zu verbinden, ohne Kenntnis allerdings, daß dieser bereits heimlich verlobt war.

So hatten beide in diesen Wochen einen Vertrauten an ihrer Seite: Goethe den jungen Boisserée und Marianne die Freundin Rosette Städel. Willemer, als Hausherr und Gatte Mariannes, war dem Dichter sehr ergeben und fühlte sich durch seine Anwesenheit geehrt und beglückt. Alle Voraussetzungen waren erfüllt – es konnte sich eine heitere Atmosphäre entfalten, in der das west-östliche Divan-Spiel gedieh. Und so trat das Unerwartete ein: Goethe, der den beiden jungen Frauen mit poetischen Gaben huldigte, vernahm ein Echo. Marianne antwortete ihm mit eigenen Gedichten. Gleich dem Dichter im Innersten angerührt, strömten Verse von ihren Lippen, die ihn überraschen und bewegen mußten.

Deutlicher als in Goethes Tagebuch können wir in dem Boisserées nachlesen und nachempfinden, wie diese einzigartigen Tage kamen und gingen, und welche Erschütterung bis ins Physische die Notwendigkeit der Trennung, die Rückkehr nach Weimar, bei Goethe auslöste. – Dort jedoch drangen die täglichen Geschäfte wieder auf ihn ein und forderten seine Aufmerksamkeit. »Ich bin unglaublich gedrängt und büße schwer den gefährlichen Müßiggang abgeschiedener Tage«, läßt Goethe wissen. Ihm war es möglich, sich durch Tätigkeit vor den Erschütterungen dieses Abschieds zu retten.

Doch wie sah es in der jungen Frau, wie sah es in Marianne aus? Ihre Briefe sind erfüllt von der Hoffnung auf ein Wiedersehen, die sich beinahe erfüllen sollte. Im Juni 1816 hatte Goethe seine Frau Christiane verloren; wieder lud Willemer ihn herzlich ein, sich von den Frankfurter Freunden pflegen und zerstreuen zu lassen. Wirklich machte sich Goethe am 20. Juli auf den Weg, doch schon kurz nach Weimar brach die Achse des Wagens. Goethe nahm dies als Mahnung an das Gebot, das er längst kannte: Entsagung. Er kehrte nach Weimar zurück; es gab keine Fortsetzung der Reise und keine Wiederholung der glücklichen Tage. Das Erlebte wandelte sich in Poesie, die keiner Wirklichkeit mehr bedurfte.

Diese Möglichkeit war Marianne verschlossen: allein die Antwort auf seinen Anruf war ihr gegeben – jetzt blieb sie stumm. Sie beteuerte nur, daß sie »weder zu lieben noch zu hoffen je aufhören werde«. Erschüttert sehen wir, wie ihr jede Lebensfreude schwindet, weil die Hoffnung auf ein Wiedersehen immer wieder trügt. – Während von Zeit zu Zeit Briefe zwischen Weimar und Frankfurt hin- und herwandern, dichtet Goethe am *Divan*. Als 1818 Willemer die Not aufs höchste gestiegen scheint: »Mariane kränkelt ... hat keine Stimme – ich litt 3 Wochen an schrecklichen Gichtschmerzen und leide noch – der Sohn liegt im Grab«, antwortet Goethe umgehend mit den ersten Druckbogen des *Divan*.

Spätestens jetzt weiß Marianne, daß Entsagung auch von ihr gefordert ist, daß nicht wiederkehren wird, was sie einst »so glücklich, ja ... jugendlich-heiter« hatte sein lassen. Doch beglückt erkennt sie, in den Gedichten hat

Goethe »jedes noch so kleine Ereignis, jedes unwillkürlich ausgesprochene Wort in ein höheres Leben« treten
lassen. Sie antwortet ihm: »Ich staune über das Bekannte
und freue mich doch innig, daß es mir angehörte, ja daß
ich es in einem gewissen Sinne mir zueignen darf.«

Als öffentliches Geheimnis sind ihre Liebe und ihre Ge-
dichte, durch Goethes Namen besiegelt, in dieses kleine
Werk eingegangen. Wir heute mögen fragen, ob dieses
Eingehen ihrer Lieder in Goethes Dichtung Mariannes
Leistung vor der Welt nicht verkürzte. Sie selbst hat diese
Frage nie gestellt. Als sie im November 1819 das gebun-
dene Exemplar des *Divan* »im orientalischen Gewande«
erhält, sind ihm die Zeilen hinzugefügt:

> *Liebchen ach! im starren Bande*
> *Zwängen sich die freien Lieder,*
> *Die im reinen Himmels-Lande*
> *Munter flogen hin und wider.*
> *Allem ist die Zeit verderblich,*
> *Sie erhalten sich allein.*
> *Jede Zeile soll unsterblich,*
> *Ewig, wie die Liebe sein.*
> *1815.*                              *1819.*

Mehr als zehn Jahre nach dem Geschehen auf der Gerbermühle findet ein kleines Konzert in Goethes Haus statt.
Eckermann berichtet uns am 12. Januar 1827, daß »auf
Goethes Wunsch einige Lieder des Divans« gesungen wurden. »*Jussufs Reize möcht' ich borgen* gefiel Goethen ganz
besonders ... Er bat sodann noch um das Lied: *Ach um
deine feuchten Schwingen.*« – Als die Gäste gegangen sind,
spricht Goethe zu Eckermann von der Wirkung dieser
Lieder auf ihn, daß sie gar kein Verhältnis mehr zu ihm
haben. »Sowohl was darin orientalisch als was darin lei-

denschaftlich ist, hat aufgehört in mir fortzuleben; es ist wie eine abgestreifte Schlangenhaut am Wege liegen geblieben.« Um es recht deutlich zu machen, erklärt er: »Dagegen das Lied: ›Um Mitternacht‹ hat sein Verhältnis zu mir nicht verloren, es ist von mir noch ein lebendiger Teil und lebt mit mir fort.«

Sind es, wenn auch erst nach schmerzhaften Jahren, auch für Marianne gleichsam »abgestreifte Schlangenhäute« geworden, oder hat sie anders empfunden? Als sie dem jungen Grimm von ihrer Freundschaft zu Goethe sprach, war längst »die unbestimmte Stunde« für den Dichter eingetreten, und auch ihren schwierigen Gatten, der dennoch ihre »einzige Stütze« gewesen, hatte man zu Grabe getragen. Nicht ohne Stolz betonte sie, daß sie mit Goethe bis in seine letzten Tage korrespondiert habe, und seine Briefe bewahrte sie als ihren größten Schatz in einem gläsernen Kästchen auf. Ihre eigenen Briefe hat sie nur in einer Abschrift der Nachwelt hinterlassen. Enthielten sie mehr, als sie überliefern wollte?

Uns bleibt die Einsicht, daß hier ein Doppeltes gelungen war: Einzig Marianne hatte an Goethes Seite »musterhaft in Freud und Qual« seinem Gesang geantwortet. Und nur sie durfte sich des Vorzugs rühmen, daß sich ohne Unterbrechung der beiderseitigen Anteilnahme Liebe in Freundschaft gewandelt hatte.

Die Briefe Mariannes an Herman Grimm, in denen sich ihr letztes Lebensjahrzehnt spiegelt, lassen ihre Persönlichkeit und das lange zurückliegende Geschehen vor uns lebendig werden. Grimm hat darüber hinaus die im persönlichen Umgang gewonnenen Züge in seinem Essay »Goethe und Suleika« überliefert. Marianne lebte in Frankfurt – umgeben von den Kindern und Kindeskindern Willemers – in ständigem Umgang mit den Brentano-Familien und fühlte sich auch Bettinas Töchtern herzlich verbunden. Goethe ist der Name, der die Familien Willemer, Brentano und Arnim, die in diesem Briefwechsel einen großen Raum einnehmen, verbindet; er ist es auch, der die Freundschaft zwischen Marianne und Herman Grimm stiftet.

Als Frankfurt am Main im Frühjahr 1848 im Banne der sich konstituierenden Nationalversammlung stand, traf Jacob Grimm als Abgeordneter in der Freien Reichsstadt ein – begleitet von seinem Neffen Herman, dem 20jährigen Sohn Wilhelm Grimms. Sowohl die politischen Vorgänge dieser Wochen und Monate als auch die zu erwartenden Begegnungen dürften den jungen Grimm in dem Wunsch bestärkt haben, den Onkel zu begleiten. Nicht unvorbereitet trat er die Reise an, denn schon durch das Elternhaus war sein Eintritt in den Kreis der den Brüdern Grimm freundschaftlich verbundenen Brentano-Familien begünstigt.

Jacob und Wilhelm Grimm waren durch ihren Lehrer und späteren Freund, den Rechtsgelehrten Friedrich Karl von Savigny, und dessen Gattin, Gunda Brentano, mit der Frankfurter Familie bekannt geworden. In das Ende ihrer Studienzeit fiel die freundschaftliche Verbindung mit den Dichtern Clemens Brentano und Achim von Arnim. Über die schon früh einsetzende gemeinsame Arbeit an deren Liedersammlung *Des Knaben Wunderhorn* und der eigenen Sammlung der Sagen und Märchen hatte sich ein lebenslanger Freundschaftsbund begründet. Auch Bettina, die Schwester von Clemens, die 1811 dessen Freund Achim von Arnim heiratete, war in diesen Bund eingeschlossen. Nachdem Jacob und Wilhelm Grimm 1837 aus Göttingen vertrieben worden waren, eröffnete sich 1841 mit ihrer Berufung nach Berlin – ein Ereignis, das dem selbstlosen Eintreten Bettina von Arnims, Alexander von

Humboldts und Savignys zu danken war – für den heranwachsenden Herman im Haus Bettinas ein zweites Heim. Der tägliche Umgang mit ihr und ihren Töchtern, besonders seine Freundschaft zu der jüngsten Tochter Gisela, ließen ihn schon in dieser Zeit mit den Familien der Geschwister Brentano vertraut werden.

Allerdings trat der junge Grimm in Frankfurt in eine Atmosphäre ein, die sich von der des Gelehrtendaseins des Vaters und Onkels im preußisch geprägten Berlin deutlich unterschied. Hier, wo die Erinnerung an Goethe, den großen Sohn der Stadt, beinahe noch lebendige Gegenwart war, empfing der Student einen Eindruck von dem freien und liberalen Geist, aus dem die Stadt lebte und der sie vor allen anderen Städten in Deutschland auszeichnete. Das Haus »Zum goldenen Kopf« in der Sandgasse, das Geburtshaus der Brentanos, war noch immer der Ort, der die Geschwister miteinander verband. Herman Grimm charakterisiert sie treffend:

»Die Nachkommenschaft der Brentanoschen Geschwister hat eine kleine Republik gebildet, eine der schönsten und blühendsten, an die Alles sich anschloß was durch Heirat mit der Familie in Verbindung trat. Die Figuren der Goetheschen Romane haben das Eigene, wenn wir sie in ihrem Zusammenleben betrachten, daß sie erfüllt von künstlerischen Interessen sind, daß sie jung sind, schön, unablässig bewegt und zu geistigem Verkehre aufgelegt und daß eine Art ewig festtäglicher Existenz sie über das Gemeine des Tages hinweghebt. Das war das Zeichen der Brentanoschen und Arnimschen Republik. Ich habe sie noch in ihrer vollen Blüte gesehen.«[1]

Die künstlerischen Interessen traten bei einigen Mitgliedern der Familie in Talent und Neigung lebhaft hervor. So begegnete in dem Bruder Bettinas, Georg Brentano, dem jungen Grimm einer der feinsinnigsten Kunstsammler dieser Zeit, dessen Kunstschätze im Frankfurter Haus und im Rödelheimer Landsitz ihn stark beeindruckten. In den Söhnen seiner Tochter Sophie und des Senators und Goethe-Freundes Karl F. von Schweitzer setzten sich die literarischen und künstlerischen Neigungen der Brentanos fort. Durch den ältesten, Bettinas Halbbruder Franz, der die Tochter des österreichischen Kunstsammlers von Birkenstock geheiratet hatte, war der Stadt ein bedeutender Kunstschatz zugeführt worden. Eindrucksvoll bezeugt die Anteilnahme am Schaffen zeitgenössischer Künstler – unter ihnen Edward von Steinle und Ludwig Emil Grimm – den musischen Sinn der Familie Brentano.

Auch das Haus des Goethe-Freundes Geheimrat J. J. von Willemer war den Brüdern Grimm aus früheren Jahren vertraut. Senator Thomas, verheiratet mit Willemers ältester Tochter Rosette, berührte sich in seinen historischen Studien vielfach mit denen Jacob und Wilhelm Grimms. Die herzliche Verbundenheit, die zwischen beiden Familien bestand, klingt in einem Brief an, den Rosette Thomas gemeinsam mit Marianne von Willemer als Neujahrsgruß 1829 nach einem Besuch in Kassel an die Grimms richtete. Der einjährige Herman steht einen Augenblick im Mittelpunkt der Wünsche:

»Möge die gute Mutter lange und ungetrübte Freude an dem Herzens-Söhnchen genießen, ... und der liebe Papa bald die Freude erleben, ihn an einem Folianten sitzen zu sehen. Dann wird der hochgelahrte Herr Oheim Doctor, die Grundlage der Grammatik dem angehenden Studiosus beibringen, und der andre Oheim, wird die Familien-Scene, für die Nachwelt auf die Leinwand tragen.«[2]

Die wenigen Tage des ersten Frankfurter Aufenthalts Hermans – nach Wilhelm Grimms Tagebuch vom 29. 3. bis 3. 4. 1848[3] – setzten dem Besuchsprogramm allerdings enge Grenzen. Zu einem Besuch bei Marianne von Willemer kam es diesmal noch nicht. Anfang Mai schon – so wünschte es der Vater – führte ihn das Sommersemester nach Bonn. Nur schweren Herzens verließ der junge Student der Rechte in diesen Wochen spannungsvollen politischen Geschehens Berlin. Indes, auch in Bonn war ein ernsthaftes Studium nicht möglich – die politische Unruhe hatte auch hier den Studienbetrieb beinahe zum Erliegen gebracht. Ende des Semesters rüstete Grimm bereits zur Rückkehr nach Berlin. Er nahm seinen Weg wieder über Frankfurt, um dort als Gast seines Onkels Jacob den Sitzungen des Parlaments in der Paulskirche beizuwohnen. Unwohlsein jedoch nötigte ihn schon bald, die Heimreise anzutreten.

Erst im Herbst 1850 bot ihm eine Reise in die Schweiz die Gelegenheit, seinen Aufenthalt in Frankfurt auf der Hin- und Rückreise mit Besuchen bei Marianne von Willemer zu verbinden. Auf das lebhafteste erinnert er sich seines ersten Eintretens bei ihr:

»Sie wohnte ganz allein in der alten Mainzer Gasse. Durch ein hohes Gitter trat man in einen hofartigen Gang zwischen steilaufstehenden Häusern, gelangte durch eine etwas versteckte Haustür sofort auf die braune, blankgebohnte Treppe und klomm zwei Stiegen hinauf. Hier eine Fenstertür mit schneeweißen feingefältelten Vorhängen dahinter, in der Ecke des Vorplatzes lag eine Katze von Papiermaché in natürlicher Größe. Sie schien zum Hause zu gehören und Jedermann kannte sie, weil Jedermann sie so lange ansehen mußte bis auf Anziehen der Glocke die Magd erschien. Nun gelangte man in die beiden allerliebsten Zimmer, wo durch lichte Fenster der Blick auf den

Main und Sachsenhausen und das volle weite Land dahinter ging.

Das erste Zimmer schien größer als es war, weil der altertümliche sauber glänzende Hausrat Stück für Stück so durchaus an seiner Stelle stand, daß das Gefühl von Behaglichkeit keine Kritik, wie eng und niedrig dieser Raum doch sei, aufkommen ließ. Da stand das äußerst schmale Klavier, fast nur Spinett zu nennen, an dem von Zeit zu Zeit junge Mädchen sangen, denen das Großmütterchen, diesen Namen führte Marianne überall, freiwilligen Musikunterricht gab. Sie hatte selbst niemals Kinder, war aber von der ausgebreiteten Familie des verstorbenen Geheimrats umgeben. Da erblickte man, offenbar und doch geheimnisvoll und unnahbar, in einem expreß dafür gearbeiteten Kasten mit gläsernen Wänden, den Schatz der Goetheschen Briefe, alle auseinandergefaltet und lose ein Blatt auf das andere gelegt. Da hing, dicht neben der Eingangstür, groß eingerahmt, ein prachtvolles Blatt: ein Gedicht von Goethe's Hand in sorgfältiger lateinischer Schrift, ein voller Rand aus bunt und goldgemalten Arabesken darum...

Im anderen Zimmer, der eigentlichen Wohnstube, stand am Fenster das kleine Kontörchen, daneben das kleine Kanapee, mit kariertem Überzuge, der an den Beinen mit sich kreuzenden Bändern angebunden war, eben groß genug für zwei Menschen nebeneinander. In der Tiefe die breite Türe zum Alkoven und daneben, das einzige Große im Zimmer, die Uhr mit Messingbeschlägen, die alle Sonnabend ein uralter Uhrmacher aufzuziehen kam. Die Wände aber waren bedeckt mit Zeichnungen zumeist von Steinle, alten Radierungen, Aussichten aus allerlei Fenstern von Dilettanten gezeichnet oder gemalt. Hier nun, im Eck des Kanapees habe ich oft, damals und in den folgenden Jahren bei ihr gesessen, während sie vor dem aufgeklappten Kontörchen saß und mir erzählte oder mich erzählen ließ.«[4]

Noch unter dem frischen Eindruck des ersten Besuches berichtete Herman Grimm seinem Freund Wilhelm Hemsen

»Frankfurt. sontag 5 october. [1850][5]
... schrieb ich dir schon meine bekanntschaft die ich mit der alten frau von Willmer eröffnet habe, mit der Göthe im genausten verkehr stand und die mir unschätzbare reliquien seiner hand zeigte, ja sogar zwei briefe von ihm schenkte; das einzige das man mir in Charon's nachen mitgeben soll. ich saß einen langen abend bei ihr und sie erzählte so geistreich, so unerschöpflich. sobald ich wieder ganz gesund bin besuche ich sie wieder, die mir soviel freundlichkeit erwiesen. sie wohnt am Mayn mit der aussicht auf brücke stadt und bewaldetem umkreis von gebirge, in einer stube wo der geist der ordnung dem der behaglichkeit seine fittige geliehen hat. ich rechne das bei ihr erlebte zu den gewinnsten meines lebens.«

Mit dem neuen Jahr, im Januar 1851, setzt der Briefwechsel ein. Sind Mariannes Briefe beinahe vollständig erhalten, so liegen von Grimm leider nur zehn Briefe vor. Aus seinem Tagebuch[6], in dem er Empfang und Abgang dieser Korrespondenz notierte, wie auch aus den Briefen selbst ist zu entnehmen, daß er oft zwei und mehr Briefe an Marianne richtete, ehe diese eine ruhige Stunde zu ihrer Beantwortung fand. Schon in ihrem ersten Brief schlug Marianne den vertrauensvollen Ton an, der sie bis in ihre späte Zeit auszeichnete. Bringt dieses letzte Lebensjahrzehnt der einst dem Leben freudig und heiter zugewandten Frau auch zunehmend Zeiten der Beeinträchtigung ihres Befindens, und ist sie oft gezwungen, ihre Briefe mit Entschuldigungen und Erklärungen zu beginnen, so blieb ihr doch ihre gesellige Gewandtheit, die sich in ungebrochener Teilnahme an familiären und kulturellen Ereignissen bewährt. Die Jahre hatten ihr den Charme früherer Zeiten nicht völlig rauben können: »Ein Großmütterchen darf sich wohl erlauben, ihren neuen Enkel im neuen Jahr auf ihre gewohnte Art und Weise zu begrüßen und *dir* zu sagen, daß du kein *vergeßner* bist?« Mit dem »Du« war Grimm in die kleine Schar der Marianne besonders nahestehenden Wahlenkel aufgenommen, zu denen auch Goethes Enkel Wolfgang zählte. Grimm hat ihre Briefe mit herzlicher Anteilnahme an ihrem Ergehen beantwortet und ist ihr mit der ihm eigenen Offenheit des Urteils über Menschen und Dinge gegenübergetreten. Doch Marianne hat sich niemals davon provozieren lassen. Mit überlegener, niemals ermüdender Anteilnahme, mit Takt und großer Einfühlung und doch das eigene Urteil nicht verhehlend, hat sie an dem Briefwechsel festgehalten.

Den Punkt, an dem sich die im Lebensalter weit getrennten Briefpartner trafen – Grimm hatte gerade sein 23. Jahr vollendet, während Marianne in ihr 66. eingetreten war –, bildete die ausgeprägte Neigung Herman Grimms zu Dichtung und Kunst. Vor allem aber seine umfangreichen Kenntnisse des Goetheschen Werks mußten in ihr eine besondere Sympathie für den jungen Mann wecken. – Für Herman Grimm wiederum war es von hohem Reiz, einer Frau zu begegnen, die mit dem Dichter seit seiner Rheinreise 1815 in brieflichem Verkehr gestanden hatte. Die Auszeichnung, Goethe gekannt und als Gast im Hause bewirtet zu haben, war Willemers wie den Brentano-Familien zuteil geworden, doch war es Marianne zugefallen, Goethe seinen Aufenthalt auf der Gerbermühle, dem ländlichen Besitz Willemers vor den Toren Frankfurts, für einige Wochen heiter und angenehm zu gestalten. Grimm durfte hoffen, durch sie neue Züge für sein Bild des Dichters zu gewinnen.

So bilden Wort und Gestalt Goethes den geheimen Mittelpunkt im Leben Mariannes bis in ihre späten Jahre, und auch für Herman Grimm ist Goethe das Gestirn, unter dem er aufgewachsen ist, sich gebildet hat und das einmal seine Gelehrten-Laufbahn prägen sollte. In den Jahren dieses Briefwechsels begleiten wir ihn auf dem Weg, sich zum Schriftsteller zu bilden.

1850 war Herman Grimm Marianne noch als Student gegenübergetreten, doch schon im folgenden Jahr war in ihm der Entschluß gereift, sich künftig ausschließlich literarischen Arbeiten zu widmen und auf einen Abschluß seines Studiums zu verzichten. Die Spannungen, von denen sein Leben in diesen Jahren beherrscht war, teilten sich Marianne in den schwankenden Stimmungen seiner Briefe nur allzu deutlich mit. Am 15. August 1851 legte er dem Vater seine Lage ausführlich dar und schloß den Brief mit der Bitte, ihm das Geld zur Verfügung zu stellen, um im Spätherbst nach Italien zu gehen und den Winter in Rom zu verleben: »auf eine art die meinem körper und meiner ausbildung vom größten nutzen sein wird«.[7]

Diese Bekenntnisse mußten sein Verhältnis zum Vater auf eine harte Probe stellen. Nicht ohne ernsten, ja vorwurfsvollen Unterton meldete dieser seine Bedenken gegen den seiner Ansicht nach vorschnellen Schritt des Sohnes an; zu leicht und unbedacht sah er ihn über dessen mögliche Folgen für seine künftige Existenz hinweggehen und sich der Verantwortung für die eigene Zukunft entziehen. Er glaubte daher, ihm die Reise nach Italien zu diesem Zeitpunkt versagen zu müssen, vermochte aber nicht, eine Wiederaufnahme des Studiums zu erreichen.

Die Anfänge von Grimms schriftstellerischer Laufbahn spiegeln sich deutlich in den Briefen Mariannes wider.

Gleich zu Beginn nimmt der Austausch über Grimms Drama »Armin« darin breiten Raum ein. Ihre Bemerkungen enthalten nicht nur Lob und Ermunterung, sondern bringen auch Kritik und Bedenken zum Ausdruck. Die poetische Begabung, die reiche Phantasie und psychologische Einfühlungsgabe des in Theaterfragen noch unerfahrenen jungen Mannes erleiden in ihren Augen eine empfindliche Einbuße durch dessen ungeduldige, oft hastende Arbeitsweise. So vermißt sie in den Gestalten zum Teil die innere Reife, das feste Insichruhen, das sie zum Ertragen des ihnen vom Dichter zugedachten Schicksals fähig machen würde. Über die daraus entstehenden Nachteile für die Bühnendarstellung konnte sich Marianne aufgrund eigener Erfahrung und lebenslanger Anteilnahme am Theatergeschehen keinen Augenblick täuschen. Sie wurde in den folgenden Jahren Zeugin der zahlreichen Versuche Grimms, auf der Bühne zu Erfolg zu kommen. Alle diese Anstrengungen begleitete sie unermüdlich mit Zuspruch und Ermutigung, wenn dem jungen Autor infolge immer wieder enttäuschter Hoffnungen auf einen durchschlagenden Erfolg schwarze Gedanken aufstiegen.

Größeren Raum nehmen in Mariannes Briefen die herzlichen Erwähnungen der ältesten Tochter Georg Brentanos, Claudine von Firnhaber, ein. Diese ausgleichende, im Widerstreit der Familiengegensätze sich stets als Versöhnerin bewährende und Marianne besonders nahestehende Freundin hatte auch zum jungen Grimm einen Ton freundlichen Vertrauens herzustellen gewußt. Wir dürfen vermuten, daß durch sie Herman Grimms erster Besuch bei Marianne vermittelt worden ist. Claudine, zwanzig Jahre jünger als sie und seit kurzem verwitwet, besaß das Gut Neuhof bei Gießen. Herman Grimm war ihr zuerst

1850 in Rödelheim bei Frankfurt begegnet, wo sich alle Fürsorge der Familie auf den kranken Vater Georg Brentano richtete, der dann im Februar 1851 starb. Dort suchten sie Grimms Gedanken: »ich denke an das zimmer mit dem großen fenster durch das ich so oft aus der dunkelheit zu ihnen hereinsah.« Rückblickend auf die Frankfurter Tage schreibt er: »erlauben sie, liebe frau von Firnhaber, daß ich zu ihren füßen die ganze summe der dankbarkeit [niederlege] welche ich ihnen und der ganzen familie (wie sie es nennen) schuldig bin. sagen sie jedem der mir freundlichkeit erwieß das schönste und beste in meinem namen.«[8] Wie sehr Grimm noch unter dem Eindruck des Erlebten stand, als er in Wiepersdorf bei den Arnims eingetroffen war, bezeugen die beigefügten Zeilen von Gisela: »Herman ist ganz Frankfurtriesiert hier angelangt und hat seinen frischen Blütenstaub nach allen Seiten gestreut, so daß Freimund ganz alert ist und die Mutter auch ... «[9] – Das briefliche Gespräch mit Claudine setzte sich fort. In der nächsten Zeit gingen regelmäßig Briefe von Berlin nach dem Neuhof, die von dem Leben im Arnimschen Hause berichteten – eindrucksvolle Zeugnisse der Darstellungsgabe des jungen Schriftstellers. In diesen Nachrichten und Schilderungen gewinnt jene Welt Leben, die den Hintergrund dieser Jahre bildete. Ein Beispiel gibt der Brief 15 a.

Als Claudine im Mai 1852 Bettinas ältesten Sohn, ihren gleichfalls verwitweten Vetter Freimund von Arnim, heiratete, bildeten dieses – im Brentanoschen Familienkreis nicht allseitig freundlich interpretierte – Ereignis und die Besuche Claudines in Berlin vielfach den Gegenstand des brieflichen Gesprächs zwischen dem Großmütterchen und ihrem Enkel Herman. Sowohl das warme, sorgende Interesse, das Marianne am Wohlergehen der Freundin dauernd bewahrte, als auch die liebevolle Teilnahme

*Der Neuhof, Zeichnung von Herman Grimm,*
*1851*

Claudinens an ihrem Befinden schlugen sich in den immer wiederkehrenden besorgten Erkundigungen ihrer Briefe nieder.

Herman Grimm hatte den Neuhof, Claudinens Gut, ein Jahr zuvor kennengelernt. Gern war er im September 1851 ihrer Einladung gefolgt, versprach doch der Aufenthalt Ruhe zum Arbeiten und dennoch Anregung in geselliger Atmosphäre. Während dieser Tage nun, über die Grimm 1869 in seinem Essay »Goethe und Suleika« berichtete, kam es zwischen Marianne und ihm zu dem entscheidenden Gespräch im Garten, in dessen Mittelpunkt ihr Lied an den Westwind stand. – Claudine hatte den Wunsch ausgesprochen, auch ihre Freundin einige Tage auf dem Neuhof zu sehen, und Grimm zögerte nicht, Marianne in Frankfurt abzuholen:

»Ich benutzte die erste Gelegenheit um in die Stadt zu fahren und Frau von Willemer hinaus zu persuadiren. Hier nun lebte man in größerer Nähe zusammen, ein solches Beieinandersein erst läßt die Menschen auf natürliche Weise sich finden. Marianne zeigte sich auch hier als Meisterin. Sie war unglaublich gewandt in der Unterhaltung, von jener Sicherheit, die wiederum das Erbteil einer verflossenen Generation war... Es handelt sich dabei weniger um Geist und Bildung, als um den Genuß am Austausche der Gedanken...

An das Landhaus, in dem wir wohnten, stieß ein abgezäunter Garten, dessen ganze Länge nach der einen Seite ein ungeheures Resedabeet bildete, dahinter eine ebenso ausgedehnte Wand mit Pfirsichspalieren, deren wundervolle reichliche Früchte in größerer Anzahl uns zu Gebote standen als wir ihnen gerecht zu werden im Stande waren. Man erblickte von da aus das fruchtbare Land, das in weiter Ebene sanft abfiel, so daß der abschließende gebirgige Horizont sich um so kräftiger wieder erhob. Wir gingen da eines Abends und hatten über Goethe gesprochen. Ich erinnere mich deutlich, wie über den Himmel von Westen her allerlei Gewölk zog, welches schlechtes Wetter für die nächsten Tage ankündigte, und ein seufzender Wind über die Felder ging. Ich weiß nicht, wie mir Goethe's Verse da in den Sinn kamen ›Ach, um deine feuchten Schwingen, West wie sehr ich dich beneide.‹ Ich sprach sie halblaut vor mich hin im Weiterschreiten.

Marianne machte Halt, sah mich eine Weile mit ihren graublauen, glänzenden und beweglichen Augen an und sagte ›Höre, wie kommst du dazu, dies Gedicht zu sagen?‹

›O, es fiel mir gerade so lebhaft ein‹, antwortete ich. ›Es ist eins von Goethe's schönsten.‹

Marianne sah mich immer an, als wolle sie etwas sagen, besänne sich aber, ob sie es tun sollte.

›Ich will dir etwas sagen‹, rief ich plötzlich aus und weiß selbst nicht wie ich darauf kam: ›das Gedicht ist von dir? du hast es gemacht.‹

Diese Vermutung lag doch nicht so fern. Der Divan ist da, wo diese Verse sich finden, fast wie ein Duett gehalten. Ich wußte außerdem, welchen Anteil Marianne im Allgemeinen an der Entstehung dieser Dichtung hatte.

›Du darfst es Niemand wiedersagen‹, begann sie nach einer Weile und streckte mir die Hand hin: ›Ja ich habe die Verse gemacht.‹

Dies kam mir doch unerwartet. Sie brach dann aber dies Gespräch ab. Der nächste Morgen schon war der Tag der Abreise.«[10]

In ihre Beziehung zueinander war damit ein neues Element getreten: Marianne hatte Grimm das Geheimnis ihres Lebens anvertraut. Er empfand sofort, daß ihm hier ein Umstand von großer Bedeutung bekanntgeworden war. Marianne war damit »in ihrem Verhältnisse zu Goethe nicht nur der allgemeine Rang einer Freundin« angewiesen, sondern ihr war »eine feste Stellung« gegeben, »zu ihm persönlich sowohl als zum west-östlichen Divan«.[11] Von dem Zuwachs, den ihr gegenseitiges Vertrauen erfahren hatte, zeugt die Unterschrift des Briefes vom 2. Dezember dieses Jahres, in dem Marianne ihn zum ersten Male mit dem Worte grüßt: »deine Freundin«. Das Geheimnis von Mariannes Autorschaft, das Grimm fast zehn Jahre über ihren Tod hinaus hütete, klingt von nun ab häufiger in ihren Briefen an.

Auch das folgende Jahr war für den jungen Grimm durch ein Ereignis gekennzeichnet, das für sein Verhältnis zur Welt Goethes von Bedeutung wurde. Bettina besuchte mit ihren Töchtern Armgart und Gisela im Herbst 1852 Weimar, wo Franz Liszt, umgeben von einer Schar junger Musiker, die Stadt Goethes mit neuem Leben erfüllte. Dorthin folgte Grimm den Arnims für einige Tage:

»Es war im Oktober. Ich fand sie im Elefanten am

Markte, dem alten klassischen Wirtshause, dessen ersten Stock sie inne hatte. Ich weiß noch wie ich abends beim Dunkelwerden in ihr Zimmer trat, in dem noch kein Licht brannte. Es waren allerlei Leute darin, mit denen ich bekannt gemacht wurde ohne sie zu sehen. Dann wurde Musik gemacht. Ich hörte damals zum erstenmale eine Violinsonate Beethovens von Joachim. Ich saß still in meiner Ecke. Das Gefühl des Wiedersehens derer, zu denen ich mich rechnen durfte, und die leise einschleichende, entzückende Musik bildeten ein Element, das mich wie in eine neue Welt versetzte. Weimar war noch immer die Residenz Goethes und sein Schatten schien dort noch umher zu gehen.«[12]

Geschwiegen hat Herman Grimm über die sich in diesen Weimarer Tagen anbahnende Freundschaft zwischen Gisela und Joseph Joachim, die in sein Leben tief eingreifen sollte. In Mariannes Briefen finden sich mehrfach Reflexe dieses Geschehens, doch wich Herman ihren Fragen stets aus und überließ es ihrer Intuition, die Zusammenhänge zu erfühlen. Bettinas Begeisterung für den jungen Geiger und Hofkonzertmeister hatte die Empfindungen Joachims und ihrer jüngsten Tochter füreinander wenn nicht gefördert, so doch begünstigt. Sooft Joachim in den nächsten Jahren in Berlin Konzerte gab und seine Zeit es zuließ, musizierte er in Bettinas Haus. Die sich dabei ergebenden Begegnungen sowie die zwischen Gisela und Joachim gewechselten Briefe nährten ihre Zuneigung zueinander. Dies konnte der Öffentlichkeit nicht verborgen bleiben, und es kam zu Verlobungsgerüchten, die auch Marianne erreichten.

Obwohl Herman vom ersten Zusammentreffen an in die Freundschaft mit Joachim eingeschlossen war und es ihm auch gelang, den etwas befangenen und zögernden Joachim zu gewinnen, konnte er sich doch bald nicht mehr darüber täuschen, daß Gisela die leidenschaftliche Zuneigung Joachims nicht unerwidert ließ.

Der Aufenthalt Grimms in Weimar lenkte das briefliche Gespräch wiederholt auf Bettina. Mariannes Verhältnis zu ihr war seit frühen Jahren durch die nahe Freundschaft der Familien Brentano und Willemer bestimmt. Doch waren Mariannes Empfindungen nicht frei von Spannungen und Vorbehalten, vor allem, seit Bettina 1835 mit ihrem Buch *Goethes Briefwechsel mit einem Kinde* hervorgetreten war. Ein tiefgreifender Gegensatz ihrer Auffassungen und Verhaltensweisen trat zutage, der schon durch unterschiedliche Herkunft und Lebensumstände begründet war. Wurde bereits der Umstand, daß Mariannes Mutter sie während eines Engagements an der Frankfurter Bühne gegen eine Abfindung dem Geheimrat Willemer ins Haus gegeben hatte, vielfach mit Tadel bedacht, so sorgte Willemers spätere Heirat der Pflegetochter, für die kein Geburtsschein beizubringen war, abermals für unfreundliche Kommentare unter den angesehenen Familien des bürgerlichen Frankfurts.

»Meine Lebensverhältnisse waren«, so schreibt Marianne am 27. Mai 1852 an Herman Grimm, »seit meiner Kindheit von so ungewöhnlicher Art, daß ein Tadel wohl nicht zu vermeiden war, aber, die ihn ausgesprochen, mußten mir doch Gerechtigkeit widerfahren lassen, und der üblen Nachrede, wenn sie laut werden konnte, mußte eine günstige Vorrede notwendig folgen ...«

Bettina hingegen war – ungeachtet aller Freiheit, die sie schon früh für sich in Anspruch nahm – im Geschwisterkreis Geborgenheit und gesellschaftliches Ansehen zuteil geworden. Vor diesem Hintergrund hatte sich ihre Persönlichkeit entfalten können. Vielleicht zeigt nichts so sehr den Wandel der Zeit um die Jahrhundertmitte wie der Unterschied in der geistigen und künstlerischen Lebensauffassung dieser beiden Frauen. Sprach und bewegte sich Marianne zumeist noch in den Formen und Traditionen der klassischen Zeit und durfte sie sich – auch in der Zurückhaltung der eigenen Person – mit Goethe verbunden fühlen, so drängte Bettinas romantische Natur nach Entfaltung des eigenen Ichs. Sie fühlte sich durch ihren Briefwechsel und die persönlichen Begegnungen mit Goethe dichterisch mündig gesprochen. Verehrend und doch selbstbewußt, werbend und zugleich fordernd, suchte sie das Gespräch mit ihm, gab sie in ihrem Buch seinem Leben jene dichterische Gestalt, die mit ihrem Namen untrennbar verbunden bleibt. – So entschieden Marianne nicht mehr verlangte, »als ganz in der Stille sich bewußt zu sein, daß Goethe sie schätze und liebe«[13], so deutlich trugen Bettinas Dichtungen den Stempel der eigenen Persönlichkeit.

Marianne nährte in sich den Vorwurf, Bettina habe durch bedenkenlose Aneignung einzelner *Divan*-Gedichte ihr Zugehöriges geschmälert. Jene Passagen in Bettinas Buch, die dem Leser die Annahme nahelegen, einige Sonette und *Divan*-Gedichte seien durch ihre Briefe bei Goethe angeregt, mußten Mariannes Kritik und Ablehnung herausfordern. Freilich war es Bettina, als sie ihr Buch schrieb, noch verborgen, in welcher Weise Marianne mit den Suleika-Gedichten verbunden war. Eine absichtliche Kränkung ist damit auszuschließen. Mariannes bittere Worte aber sind verständlich, zumal eigene Erfahrungen ihr Urteil zu bestätigen schienen: »Es ist ganz eigen, daß durch die ganze Brentanoische Familie dieser Grundzug oder dieser Windzug durchweht. Und daß alle produktiven Glieder der Familie diesen Krankheitsstoff mit in ihre geistreichsten Gebilde einschmuggeln, wie die Bettine, die sich nicht entblödet, mehrere von Goethes

Gedichten im Divan für ihre Gedanken auszugeben, und deren Ich immer vor ihre Werke gespannt ist...« (27. 5. 1852)

War Dichtung für Bettina gleichsam Ausdruck höherer Wahrheit, so verlangte Marianne auch in der Poesie Wahrhaftigkeit. Sie äußerte Einwände nicht nur gegen die Arbeiten von Bettina und Clemens Brentano, sondern merkte auch im Hinblick auf Goethe an, er habe in die *Divan*-Gedichte ein Moment der Leidenschaft gebracht, das ihrem Verhältnis fremd gewesen sei. Oft forderte sie den jungen Freund auf: »Sei wahr und treu!« Ihr lag daran, jenen Grundsatz, der ihrem Leben moralisch und gesellschaftlich Festigkeit und Anerkennung gesichert hatte, auch von Grimm gewahrt zu sehen. Dieser, der Bettina nicht minder gerecht zu werden suchte, wünschte zu erfahren, wie sich wohl »in Bettinens Briefen Lüge oder Dichtung und Wahrheit begegnen«. Marianne mußte einräumen, daß sie »erstere nicht sowohl engros als en detail anwendet«. Als Bettinas Besuch in Frankfurt in Aussicht stand, kam es ihr gelegen, in diesen Tagen noch auf Stift Neuburg festgehalten zu sein: »...ich würde durch den Zwiespalt meiner Gesinnung und der Anerkennung, die ich so vielem Geist und Güte schuldig bin, in eine recht peinliche Stellung gekommen sein, da ich gewohnt bin, mich immer wahr und ohne Rückhalt zu geben.« (18. 10. 1852)

Grimms ernstes, um Gerechtigkeit bemühtes Verständnis für Bettina mag dazu beigetragen haben, daß Marianne später ihr Urteil milderte und die schon von Krankheit gezeichnete Freundin aus jungen Tagen durch Grimm wieder grüßen ließ. Dieser hat, nachdem zwanzig Jahre über Bettinas Tod hingegangen waren, in einem Essay ihre Persönlichkeit und ihr Werk gewürdigt. Er sieht sie erst nach dem Tode Arnims und dem Hinscheiden Goethes in der Arbeit an ihrem Briefwechsel mit Goethe zu ihrer Bestimmung als Schriftstellerin kommen: »Doppelt vereinsamt fand Bettina in der Arbeit an diesem Buche die Tätigkeit, deren sie bedurfte. Über den alten Briefen erwachten die fernen Jugendzeiten in ihrer Seele. Was sie Goethe hatte schreiben und sagen wollen ohne es ausgesprochen zu haben, und zugleich, was er selber, ihren Gedanken nach, hätte schreiben können, sollte nachträglich nun gesagt werden.«[14]

Mit dem Beginn des Jahres 1855 erreichte die innere Bedrängnis, die Grimm angesichts seiner schriftstellerischen Zukunft empfand, ihren Höhepunkt. Mit der Aufführung seines Trauerspiels »Demetrius« hatte er nur einen Achtungserfolg erreicht und nun alle Energie an ein neues Stück gewandt. Am 28. Januar aber erfuhr er durch den Hofrat Teichmann, daß ihm der Generalintendant von Hülsen sein Schauspiel »Rotrudis« als nicht aufführbar zurücksenden werde. Diese Mitteilung traf ihn um so empfindlicher, als ihn gleichzeitig das Ausbleiben von Nachrichten Giselas aus Bonn, nach Bettinas erstem Schlaganfall, mit Unruhe erfüllte. Joseph Joachim ist es in diesem Augenblick, dem sich mitzuteilen es ihn drängt: »ich habe ... ohne im hause ein wort von meiner absicht zu sagen, einen brief an [Alexander von] Humboldt geschrieben, worin ich ihn als freund meines vaters dringend ersucht habe beim könige, dessen gnade mich den ersten schritt habe tun lassen, die möglichkeit, daß mir der zweite nicht vereitelt werde, zu erwirken... das stück an sich ist dieser mühe nicht wert, aber die idee, für nichts soviel zeit und liebe verschwendet zu haben, revoltiert mich... dazu kommen die argusaugen meiner mutter, die mir gleich ansieht, wenn mir was in die quere kam... und dabei keine menschenseele es ihr anzuvertrauen hier...

ganz auf mich reduziert. ich darf es nicht einmal der Giesel schreiben, von der ich ja nicht weiß, was sie leidet, der ich auch nicht ein sandkörnchen zu ihrer last hinzufügen darf ... man ist wahrhaftig nichts besseres als ein hund, dem alle tage ein stückchen von den ohren abgeschnitten wird, bis man zuletzt kahl dasteht und obendrein das gelächter der leute in den kauf bekommt ... «

Grimm, der sich seiner niedergeschlagenen Stimmung wegen bei dem Freund entschuldigt: »ich muß jemand haben, dem ich meine aschverbrannte schwachheit gestehe«, schließt diesen Brief resigniert: »ich bin ein stück zucker im wasserglase, es brauchte nur einer umzurühren ganz leise und ich fiele auseinander.«[15]

Diese Stimmung trieb ihn auch, dem Großmütterchen einen Absagebrief zu schreiben, wie er am 18. Januar in seinem Tagebuch notierte. Doch sie mag gefühlt haben, wo die Gründe für den Tiefpunkt seiner Stimmung zu suchen waren. Sie antwortete ihm umgehend, rückte einiges zurecht und schloß mit Worten, die an der Fortdauer ihrer Freundschaft keinen Zweifel zeigten: »Da ich weiß und auch fühle, daß du mich nicht aufgibst ... «

Noch geraume Zeit setzte Grimm seine Bemühungen, »Rotrudis« auf die Bühne zu bringen, ohne Erfolg fort. Nur zwei Lustspiele brachten es zu Aufführungen: »Das ewige Geheimnis« ging 1856 in Celle über die Bühne, »Das verlorene Spiel« wurde 1857 in Berlin gegeben. Mariannes Urteil über beide war kein günstiges. Doch so sicher sie die Schwächen seiner dramatischen Arbeiten erkannte und aussprach, wurde sie doch in ihrer Überzeugung nicht wankend, daß er seine Bestimmung als Schriftsteller finden werde. Freilich müsse er sich noch eine Weile »mit Schuster und Schneider durchbeißen«, doch empfahl sie ihm, »die sauren Äpfel zu schälen«, ehe er hineinbeiße. Im Unterschied zu seiner Umgebung in Berlin, wo er den Eltern wie Bettinas Umkreis gegenüber auf Erfolge angewiesen war – »es sehen zuviel Augen auf mich, denen ich eine öffentliche Probe ablegen muß« (1. 6. 1853) –, brauchte er vor Marianne aus seiner schwarzen Stimmung kein Hehl zu machen.

Nicht ohne feines Gefühl in literarischen Fragen bemühte sie sich, den jungen Autor dafür zu gewinnen, seine Arbeiten künftig in Prosa zu fassen. Der Dramatisierung historischer Stoffe, die einer Zeitströmung entsprach, begann man überdrüssig zu werden. Das moderne Lebensgefühl verlangte nach neuen Ausdrucksformen. Ein neuer Weg tat sich auf, als Grimm 1855 in Cottas »Morgenblatt für gebildete Leser« zu veröffentlichen begann. Hier bot sich ein lebhaft interessiertes Publikum für seine Novellen, kunstgeschichtlichen Aufsätze und Beiträge zum Berliner Theatergeschehen und Ausstellungswesen. – Zu dieser Zeit sollten die Schriften Ralph Waldo Emersons einen bedeutsamen Impuls in ihm auslösen. Er gewann durch diesen Schriftsteller der Neuen Welt den Mut, den Blick von der erdrückenden Macht und Fülle der Überlieferung fort auf die Gegenwart zu richten, die mit jedem Tag neue Fragen stellt und zu ihrer Beantwortung herausfordert. Er übersetzte zwei Essays von ihm, die im »Morgenblatt« erschienen[16], und gewann damit eine neue Ausdrucksform, die zwischen künstlerischer Darstellung und wissenschaftlicher Behandlung die Mitte hält. Der Essay erschien ihm in besonderem Maße geeignet, Themen und Ereignisse des kulturellen Lebens einem gebildeten Publikum nahezubringen.

Einen beachtlichen Erfolg errang er mit den meist zuerst im »Morgenblatt« veröffentlichten, 1856 in einem Band zusammengefaßten *Novellen*. Eine neue, Marianne noch unbekannte Arbeit war hinzugekommen: »Der Landschaftsmaler«. Die märkische Landschaft – wohl die um Wiepersdorf, dem Besitz der Arnims – bildet den Hintergrund einer Handlung, in der man seine Beziehung zu Gisela und Joachim gespiegelt sehen kann. Es ist die dichterisch bedeutendste Novelle dieses Bandes, in der er einen neuen, eigenen Ton gefunden hat.

Im Frühjahr 1857 endlich sollte sich für Grimm die vom Vater bisher versagte Italienreise verwirklichen. Der plötzliche Entschluß zum Aufbruch ließ kaum Zeit, die nötigen Vorbereitungen zu treffen. Das dunkle, verzweifelte Gefühl, daß sich die Verhältnisse in Berlin für ihn erschöpft hatten, steigerte seinen Wunsch nach freier, ungehinderter Bewegung zu einem unbezwingbaren Verlangen. Ende April reiste er über Kassel nach Frankfurt, wo er die Gelegenheit zu einem Besuch bei Marianne nicht versäumte. Aus Italien gibt er ihr am 13. 6. 1857 eine Schilderung seiner Reise, die erfüllt ist von dem Genuß der Freiheit und den Bildern der südlichen Welt. Nach sechs Reisewochen hatten sich die Eindrücke geklärt, und er zieht eine erste Bilanz. Die Namen »Michelangelo«, »Raffael« und »Florenz« leuchten auf. Schon längst hatte sich für Grimm hinter dem Ringen um dichterischen Ausdruck die Frage nach der Berufung des Künstlers schlechthin erhoben. Noch vor seinem Aufbruch nach Italien hatte er einen umfangreichen Aufsatz »Raffael und Michelangelo«[17] abgeschlossen, nun ging er in Rom und Florenz vor allem den Werken dieser beiden Künstler nach und nahm mit gesteigerter Aufmerksamkeit den Umkreis ihres Lebens in sich auf.

Schon Mitte Juni traf er mit dem Klassischen Philologen und Archäologen Emil Hübner in Florenz ein. Seine Erwartung, »in Florenz werde ich noch mehr sehn von dem, was sie taten«, sollte sich im Blick auf Michelangelo in reichem Maße erfüllen. Anders als das Ewige Rom nahm ihn Florenz mit seinem geschichtlichen Schicksal und dem Geist, der in seinen Kunstwerken blühte, gefangen. Grimm spürte, daß die einst von hier ausgegangene, ganz Europa erneuernde Kraft der Renaissance dieser Stadt einen Vorrang vor der einst blendenderen politischen Macht ihrer Schwestern Venedig, Genua und Neapel verlieh.

Den Wochen in Florenz folgten einige der Stille in Albano bei Peter Cornelius. Hier löste sich die bedrängende Fülle des bisher Erlebten und Geschauten, und ein erstes Besinnen trat ein. Im täglichen Umgang mit dem Maler öffnete sich ihm der Blick für den inneren und äußeren Schaffensprozeß des Künstlers, schärfte sich sein Auge und seine Empfindung, wenn er im Gespräch mit ihm die eigenen Eindrücke und Gedanken zu klären und zu vertiefen suchte. Auch sein Wunsch nach geselligem und gedanklichem Austausch mit Gleichstrebenden fand in der sich anbahnenden Freundschaft mit dem fast gleichaltrigen Archäologen Heinrich Brunn seine Erfüllung. Er fühlte sich in den Kreis jener aufgenommen, durch deren Arbeit – nach seinen Worten – auch in der Gegenwart die Kunst in der großen Ordnung der Dinge ihren festen, herausragenden Platz einnimmt.

Und wie sehr auch die Gestalt Goethes, die ihm in Rom und Neapel, vor den Kunstwerken und in der Landschaft, stets gegenwärtig sein mußte, von ihm neu erfaßt wurde, erweist die 1861 in der Singakademie gehaltene Vorlesung »Goethe in Italien«.[18]

Über Grimms künftige Bestimmung waren mit der Italienreise die Würfel gefallen. Er hatte die Richtung gefunden, in der er künftig fortarbeiten und seine Aufgabe finden sollte.

Plötzlich und früher als geplant war Grimm zur Abreise gezwungen. Am 13. Oktober erreichte ihn in Rom ein

Telegramm aus Teplitz, das ihn zu der ernstlich erkrankten Gisela rief. Schon am nächsten Tag brach er auf, um in ununterbrochener Tages- und Nachtfahrt zu ihr zu eilen.

Gisela, die jüngste Tochter Bettinas und Freundin Herman Grimms, stand Marianne nicht ganz so nahe wie deren ältere Schwestern Maximiliane und Armgart, die 1829-34 während ihres fünfjährigen Erziehungsaufenthaltes im Hause ihres Onkels Georg Brentano zu Marianne in ein persönliches Verhältnis getreten waren. Die jüngste, erst spät geborene Gisela, die – beim Tode Achim von Arnims dreijährig – ihren Vater kaum gekannt hatte, war dagegen allein bei der Mutter aufgewachsen. Der Unterricht, den sie im Hause von der Mutter und ihrer Schwester Maxe erhalten hatte, entbehrte der nötigen Regelmäßigkeit und war wenig geeignet, die Entwicklung des gesundheitlich zarten Kindes, dessen lebhafte Phantasie einer sorgsamen Führung bedurft hätte, in ruhige und sichere Bahnen zu lenken. Gisela hatte in weit höherem Maße als ihre Schwestern die Begabung der Eltern geerbt und schon früh begonnen, ihr Talent zu üben.[19] Aus dieser Begabung und dem in frühen Jahren erlittenen Mangel an erzieherischer wie gesundheitlicher Fürsorge erklärt sich der Zug des beinahe bettinischen Wildwuchses, der die künstlerische Produktivität Giselas durchzieht.

Während Herman Grimm 1857 in Italien weilte, begleiteten Armgart und Gisela die unter den Folgen des Schlaganfalls leidende Mutter zur Kur nach Teplitz. Zu den Anstrengungen, die für Gisela mit der Drucklegung ihrer in diesen Jahren entstandenen Dramen verbunden waren, traten die Mühen, welche die Pflege der Mutter forderte. Der Freundin Marie von Olfers beschreibt sie ihren

Zustand: »Ich habe hier ein rheumatisches Fieber bekommen, das mich ganz daniedergeworfen hat, so daß ich noch ganz elend bin ... Es war aber wohl nicht die Erkältung allein, sondern die Folge dieses arbeitsamen Sommers. Ich habe sozusagen mein Leben an diese Arbeit gesetzt – weißt Du wohl, Miethe, was das heißt? Ich habe nicht allein die Anstrengung gehabt, welche der hat, der aus der Tiefe seiner Seele etwas hervorholt ..., sondern ich mußte auch allein und selbständig ohne vorhergehendes Studium in einer Sache der Welt gegenüberstehen, die wenigstens nirgends den Anschein des Kindischen haben durfte.«[20]

Doch noch ein weiterer Umstand hatte Giselas Kräfte in bedenklicher Weise überfordert – ihre von tiefer gegenseitiger Empfindung bestimmte Freundschaft zu Joseph Joachim. Die Begegnung in Weimar hatte in Joachims persönlichem Leben wie in seiner künstlerischen Entwicklung schicksalhafte Bedeutung gewonnen. Als Interpret klassischer Meister war er in Bettina einer Gleichfühlenden begegnet, mit der ihn vor allem Beethovens Werk verband. In seinem künstlerischen Anliegen wußte er sich von Giselas inniger Teilnahme begleitet und gefördert, ein schöpferischer Impuls, dessen er in seiner Arbeit bedurfte.

Die Spannungen zwischen persönlichem Glücksverlangen und Daseinserfüllung in der Kunst bestimmten sein Leben in diesen Jahren.[21] Vermochte sich Gisela Joachims leidenschaftlichem Wunsch nach ihrer Teilnahme an seinem Leben nicht zu verschließen, so teilten sich ihr doch auch die Spannungen mit, die ihrem Freunde Herman aus dessen literarischem Schaffen erwuchsen. Ihre Kräfte hatten sich erschöpft. In den Teplitzer Tagen nahm ihr Befinden eine so bedenkliche Wendung, daß sich ihre Schwester genötigt fand, Herman telegraphisch zu Hilfe zu rufen. Seiner Umsicht gelang es, Giselas nervöse Erschöpfung in vierzehn Tagen so weit zu bessern, daß die gemeinsame Rückreise angetreten werden konnte.

In dieser Situation fühlte sich Herman Grimm verpflichtet, die Ursache der seelischen Spannungen der Kranken, soweit sie im Verhältnis zu Joachim begründet war, auszuschalten. Dem ebenfalls auf eine Klärung drängenden Freund schrieb Grimm am 11. November 1857: »Das Leben zu Dreien, wie wir es führten, war für mich eine Unmöglichkeit geworden; entweder mußtest Du der G. gegenüber Deine Stellung aufgeben oder ich. Mehr, als mich bereit erklären, dies selbst tun zu wollen, konnte ich nicht tun. Ich habe dies getan. Aber selbst dieser Schritt schien in den Sand getan und seine Spur verblasen zu werden. Ich verlangte endlich, die Giesel solle allen Verkehr mit Dir abbrechen, und sie hat dies getan ... Ich habe eben so sehr an Dich als an mich gedacht, als ich auf eine durchgreifende Entscheidung drängte. Es ist ein grausames Schicksal für mich, daß der einzige, von dem ich fühle, daß er die Laufbahn ganz begreift, die ich vor Augen habe, mir so entwandt wird ... Aber Ihr durftet Euch nicht verderben, langsam, und ich stille dabeistehn.«[22]

Marianne, der Grimm von diesen Vorgängen nichts mitteilte, hatte dennoch manches bedacht, geahnt und erfahren. Einzig Claudine, die durch ihre Heirat in die Familie von Arnim eingetreten war, vertraut sie ihre Verwunderung darüber am 1. 1. 1858 an:

»... erstens, daß Herman von Rom nach Teplitz gerufen wurde, um Giesel zu trösten oder zu erleichtern, zweitens daß man diese so lange an ihrem Werk fortarbeiten ließ, ohne Beratung, ohne Warnung, pflichtschuldiges Einschreiten, – bis es beinahe über sie zusammengestürzt wäre, und daß auch in derselben Zeit sich Herman von ihr trennen und nach Italien gehen konnte; und drittens, sind diese Werke [von Gisela] selbst die größte Überraschung für mich; denn ich hatte ... schon große Erwartungen, aber ich fand sie dennoch durch das große Talent was sich darin ausspricht vollständig übertroffen; doch will ich nicht verbergen, daß mir das Ganze zum Teil überreif, zum Teil unreif vorgekommen ... es ist in dieser Ingeborg ein Übermaß an poetischer Schönheit, aber kein Maß ...«[23]

Es darf als eine der seltenen Erfüllungen des klassisch-romantischen Freundschaftsideals angesehen werden, daß die Beziehungen von Herman und Gisela zu Joachim dennoch durch alle weiteren Jahre fortbestanden. Die hieraus gewonnenen Einsichten und Erfahrungen mögen den Bemerkungen zugrunde liegen, mit denen Grimm Goethes Beziehungen zu Frau von Stein in seinen Goethe-Vorlesungen abschließend deutet:

»Zu Anfang beherrscht ihn, vielleicht auch sie das unklare Gefühl, als sei es möglich, daß sich irgendwie eine Form finden lasse für eine Vereinigung ... Allmählich aber stellt sich die Unmöglichkeit heraus. Einige Jahre braucht es dann wieder, um dies Gefühl: für immer resignieren zu müssen, ... zur Gewißheit zu erheben. Und nun erst, da diese Kämpfe vorüber sind und die Dinge ganz fest stehen, gewinnt beider Vertraulichkeit die natürliche Gestalt, daß sie denen, die dergleichen nicht zu deuten wissen, in dieser Einfachheit gar nicht mehr verständlich war. Hier kann ich mich auf meine Erfahrung berufen. Ich habe solche Verhältnisse mit angesehen, die unter harten Kämpfen Jahre lang sich hinzogen und die sich endlich ohne einen Rest böser Erinnerung auflösen mußten.«[24]

Im Hause Arnim war es seit der Rückkehr aus Teplitz still geworden. Bettina und Gisela bedurften gleichermaßen der Pflege, und Grimm stellte seinen Tageslauf darauf ein. Er nahm seine Studien und Arbeiten wieder auf und ließ im Mai 1858 den »Versuch einer Vorrede zum Briefwechsel zwischen Goethe und Schiller« erscheinen. Nicht nur das Thema dieser Arbeit, auch der weitere Fortschritt Grimms in der Beherrschung des Stoffes und des Ausdrucks mußte Mariannes lebhaftes Interesse finden. Ein weiterer Aufsatz »Friedrich der Große und Macaulay« folgte wenig später. Ende des Jahres faßte Grimm die bisher erschienenen Arbeiten dieser Art in einem Band *Essays* zusammen, dem er eine Widmung an Emerson, seinen Anreger und Vorbild, voranstellte.[25] »Ich habe den Titel Essay nach reiflicher Überlegung gewählt«, äußert er brieflich, »er sagt allein was ich sagen wollte, und es gibt absolut keine andre Bezeichnung, die *allein*, ohne nähere Erklärung oder ohne Adjektiva, diese literarische Form und diesen Ton der Rede bezeichnete.«[26] Mit diesem Buch hatte Grimm dem literarischen und kulturhistorischen Essay in Deutschland Eingang und Geltung verschafft.[27]

Marianne zögerte keinen Augenblick, ihrer Freude über das Geleistete Ausdruck zu geben. Sie spricht von den »Perlen, die zu einer schönen Schnur verbunden, dir zu Schmuck und Zier und zur Ehre gereichen; denn obschon mir einige von diesen Essays wohl bekannt, so waren mir doch die meisten neu und überraschten mich durch ihre meisterhafte Behandlung; nicht, als ob ich dir nicht das Beste zugetraut hätte, aber durch die Reife, durch den meisterhaften Stil und durch das Zeugnis, was sie von deinem Fleiß und deinen gründlichen Studien ablegen«. (1. 2. 1859)

Unter diesem Eindruck ändert sich der Ton ihrer Briefe. Wechselten bisher kritische Anmerkungen mit Ermunterungen und Zuspruch, so treten nun an deren Stelle vorbehaltlose Zustimmung und aufrichtige Bewunderung. Die Briefe Mariannes werden von nun an seltener, denn häufig hinderte sie Unwohlsein am Schreiben. Mehrmals war sie genötigt, ihm von fremder Hand Nachricht über ihr Ergehen zukommen zu lassen. Aus dem Jahre 1860 ist nur noch ein Brief von Marianne überliefert, doch bleibt Grimm durch Claudine von Arnim über ihr Befinden unterrichtet. Am 4. März schreibt diese ihm: »Dem Großmütterchen geht es wieder besser und wenn sie nur die Kraft hätte, sich mehr selbst zu bewachen, so könnte sie wohl sich wieder ganz erholen, leider ist sie aber nicht vorsichtig und ihr Zustand soll im Ganzen nicht unbedenklich sein.«[28] Am 6. Dezember 1860 erlosch ihr Leben; sie hatte ihr 75. Lebensjahr vollendet. – »Marianne sprach von ihrem Tode ohne jede Sentimentalität, wie von einem in nächster Zeit notwendigen Ereignisse«, berichtet Herman Grimm. »Und so ist sie schließlich auch ... rasch und ohne viel Umstände aus der Welt gegangen, der sie bis zuletzt herzlich gut war.«[29]

Mit Bettinas Tod zu Beginn des Jahres 1859 und dem seines Vaters im Dezember waren für Herman Grimm und für Gisela lebensverändernde Ereignisse eingetreten. So entschlossen sich die längst füreinander Entschiedenen, am 24. Oktober 1859 ohne Beisein der Angehörigen zu heiraten. Damit hatte Grimm die persönliche und gesellschaftliche Unabhängigkeit gewonnen, in der sich seine schriftstellerische und wissenschaftliche Arbeit voll entfalten konnte: 1860 erschien der erste Band des *Leben Michelangelos,* dem 1863 der zweite folgte. Herman Grimm hatte hiermit den ersten Höhepunkt seiner Schriftstellerlaufbahn erreicht.[30]

Auch nach Mariannes Tod hat Herman Grimm das ihm anvertraute *Divan*-Geheimnis bewahrt; doch als fast zehn

Jahre hingegangen waren und sich Mariannes Lebenskreis in Frankfurt zunehmend gelichtet hatte, gab er dem Gedanken nach, die Öffentlichkeit über ihren Anteil an Goethes *West-östlichem Divan* zu unterrichten und das Bild ihrer Persönlichkeit für die Nachwelt festzuhalten.

Im April 1868 wandte sich Grimm an den Verleger Harrwitz[31] mit dem Plan, über Marianne von Willemer »etwas zu schreiben, das in angemessener Weise ihr Gedächtnis ehrte«. Seine Absicht war es, nachzuweisen – was niemand wisse –, »daß sie zu Goethes Divan in ganz besonderem Verhältnisse stand und daß bedeutende Gedichte darin von ihr sind«.[32] Er machte den Vorschlag, seinem 50 bis 60 Seiten umfassenden Aufsatz die Originalausgabe des *Divan* anzufügen und beides zusammen in angemessener Ausstattung als Einzelausgabe erscheinen zu lassen. Dieser Plan scheint die Zustimmung des Verlegers nicht gefunden zu haben, so daß sich Grimm 1869 zu einer Veröffentlichung in den »Preußischen Jahrbüchern« entschloß, allerdings in bedeutend gekürzter Fassung. Der Aufsatz enthielt anfangs, wie sich Grimm gegenüber Scherer äußerte, »viel mehr über meine Person, welche, ohne daß ich es wollte, den Mittelpunkt bildete. Dies konnte natürlich nicht so bleiben und das betreffende fiel fort«.[33]

Unserem heutigen Interesse entspricht es, alle erhaltenen Briefe Marianne von Willemers und Herman Grimms in ihrem Wortlaut kennenzulernen. Ungern würden wir auch die Eindrücke entbehren, die Grimm in Gesprächen mit ihr empfing, betonte doch Marianne selbst, daß ihr der mündliche Ausdruck in reicherem Maße als der schriftliche zu Gebote stände.

Marianne erscheint in ihren Briefen – so hat es Herman Grimm empfunden – als die Vertreterin einer Zeit, die mit dem Jahre 1848 zu Ende ging:

»Die gesellschaftliche Stimmung unserer Zeit ist eine so verschiedene von der damaligen, daß sich die Liebenswürdigkeit und der Reiz einer solchen Frau wohl andeuten, nicht aber das genau darstellen läßt, was ihrer Erscheinung solche Bedeutung beilegte ... Sie war eine Frau, um die ... bedeutende Männer sich bemühten, die die Strömungen des deutschen Bildungsganges verfolgt! Alles gelesen hatte und immer noch die neuen Ereignisse und Menschen frisch aufnahm, verstand und richtig taxierte, und die dabei so unscheinbar einfach mit ihren Äußerungen kam, als habe sich nie ein Mensch um das viel gekümmert, was sie sagen würde.«[34]

Als Herman Grimm Marianne in ihrem letzten Lebensjahrzehnt kennenlernte, entdeckte er immer noch Züge an ihr, die sie in frühen Jahren ausgezeichnet hatten:

»Ihrer ganzen Erscheinung war ein Element von Grazie und Zierlichkeit beigemischt, das überall sich geltend machte. Wie sie stand und ging, sich bewegte, sich aussprach: immer dieselbe Präzision und Festigkeit.«[35]

Sehr lebendig tritt sie uns in der Schilderung eines Besuches entgegen:

»Ich bat sie einmal um ihr Bild. Sie suchte und kam zuletzt mit einer Miniatur zum Vorschein, die sie als blühende junge Frau zeigte. Sie hielt sie mir hin mit den Worten: ›danke Gott, daß du mich nicht kennen lerntest, wie ich so aussah‹ und lachte. Ich wollte das Portrait nicht, weil es ihr wirklich nicht mehr ähnlich sah, oder vielmehr sie ihm nicht mehr. Sie betrachtete das Bild eine Weile aufmerksam, schüttelte mit dem Kopf und schloß es fort. Später verlangte ich es ihr ab, allein sie behauptete es mittlerweile verschenkt zu haben.[36]

Ich sehe sie noch dastehen, wie sie mit ihren feinen, aber kräftigen Händen unter allerlei glänzendem Kram herumwühlte, um das Bildchen zu finden. Sie gab mir aus dieser Sammlung ein Petschaft: Goethe's Profil in einem Glasfluß, mit Perlmutterstiel, dazu eine andere Glaspaste mit Knebel's Kopf. Ich verzehrte, während sie nach diesen Dingen in einer Schublade herumrappelte, eine köstliche Traube, die der Hauswirt zum Präsent gemacht. Die ganze Seite ihres Hauses nämlich, die auf den Mainquai ging, war dicht mit Wein berankt ... Durch diese Fenster sah Marianne so viele Jahre hindurch den Winter zum Frühling, den Herbst zum Winter werden. Ihre Briefe enthalten immer etwas davon.«[37]

Daß Grimm sich besonders von Mariannes Gabe zu echter, anhaltender Sympathie für Freunde angezogen fühlte, findet seine beste Erklärung in den Briefen selbst. Die Wärme und die Bestimmtheit, mit der sie ihre Anschauung über Menschen und Dinge zum Ausdruck brachte, gaben ihr in den Augen Grimms einen gewinnenden und zugleich achtunggebietenden Zug: »Was mir Marianne besonders hochstellte, war ihr Freimut. Sie präparierte nichts in usum Delphini sondern sprach sich flottweg aus. Das Gegengewicht gegen diese Unabhängigkeit bildete dann wieder eine eigentümliche Gabe, sich Respekt zu erzwingen.«[38]

Diese Aussagen gewinnen für uns um so größere Glaubhaftigkeit, als sie sich in natürlichem Gegensatz von dem Bild abheben, das Grimm von sich selbst in dieser Zeit zeichnet:

»Es ist mir beinahe unbegreiflich, wenn ich diese Blätter durchsehe, mit welcher konstanten Liebenswürdigkeit und Geduld sie einem jungen Menschen, der im unbehaglichen Mauserzustande, den die Jahre um das zwanzigste mit sich bringen, die Welt vorschnell konstruiert, aburteilt und abstößt, immer wieder den Kopf zurecht setzt. Ich ließ mir das eben gefallen und nahm die Pfirsiche oft hin, ohne dem Baum, der sie getragen, ein Kompliment zu machen: Mariannens Teilnahme und Freundlichkeit blieben sich immer gleich.«[39]

Grimm schließt seinen Essay mit einer letzten Bemerkung. Sie stellt den Versuch dar, das Schicksal der Freundin aus deren eigenem Wesen und aus der Zeit, die ihr Leben umschloß, zu deuten. »Das Leben rüstet eine Natur oft mit den schönsten Mitteln aus, ohne ihr Gelegenheit zu bieten, diese Mittel voll zu gebrauchen. Marianne begann in frühester Jugend mit der bewegtesten Existenz, die für eine Frau irgend geschaffen werden kann. Eine Stellung auf dem Theater macht ein Kind von siebzehn Jahren frei und selbständig, nötigt es moralisch und bürgerlich für sich zu sorgen, bringt es in ewig wechselnde aufregende Lagen und hält alle Fähigkeiten des Körpers und der Seele in stets sich erneuernder Spannung. Ohne Zweifel besaß Marianne Alles, um die so begonnene Laufbahn glänzend durchzuführen. Plötzlich ward sie ihr entrissen und an die Seite eines älteren Mannes, in eine ganz andere Lebensweise, in die Mitte von Ansprüchen völlig veränderter Natur versetzt. Ich weiß nicht, wie dieser Umschwung sich vollzog, jedenfalls wurde ihrem eigentlichen Wesen die Spitze abgebrochen, die Entwicklung zu dem versagt, wozu sie ursprünglich angelegt war. So mußte, was sie von nun an erlebte, doch immer nur für ihr geheimstes Gefühl ein Surrogat für Verlorenes, nie Genossenes sein. Die alten Mittel aber blieben ihr.«[40]

Doch ihr Name – mit dem Goethes verbunden – wird mit den großen Liebenden der Weltliteratur weiter genannt werden.

Suchen wir nach der Lektüre dieser Briefe eine Antwort auf die Frage, warum der auf die Zukunft gerichtete junge Mann sich mit Marianne so eng verbunden fühlte, so spricht sie es selbst aus: »weil du viele Leute aber nicht viel Menschen findest«. Auf den Menschen aber, der es ehrlich mit ihm meinte und ihm in den wechselvollen Zeiten des Ringens um seinen Platz in der Welt innerlich zugetan blieb, war Grimm angewiesen. – Doch auch er glaubte zu wissen, was Marianne an der Freundschaft mit ihm treu festhalten ließ:

»Daher wohl stammte ihre besondere Zuneigung zu mir, daß sie wirklicher Anhänglichkeit zu begegnen glaubte. Vielleicht auch wirkte mit, daß sie in ihrer Natur und ihrem Schicksal stillschweigend sich begriffen oder doch empfunden fühlte. Und wer im Leben steht uns so nah, als der, von dem wir, sei es auch nur ahnen dürfen, daß ihm das arme Rätsel unseres irdischen Daseins, sei es auch nur hier und da eine Stunde liebevollen Nachdenkens wert sei?«[41]

[ 1 ] Gr 1897, 154. [ 2 ] SB PrK 620 (2. 1. 1829, Abschrift von der Hand Reinhold Steigs). [ 3 ] SB PrK 151. [ 4 ] Gr 1869, 262 ff. [ 5 ] SB PrK 620 (Vermutlich irrtümliche Datierung, der 5. war ein Samstag). [ 6 ] StA MG Ms 64. [ 7 ] SB PrK 382. [ 8 ] NFG/GSA Arnim 03/698 (706) v. 18. 10. 1850. [ 9 ] NFG/GSA Arnim 03/698 (706) v. 18. 10. 1850. [ 10 ] Gr 1869, 271 ff. [ 11 ] Gr 1869, 272. [ 12 ] Gr 1880, 283. [ 13 ] Gr 1869, 284. [ 14 ] Gr 1880, 276. [ 15 ] J.J., 254 ff. (29. 1. 1855). [ 16 ] Ralph Waldo Emerson über Goethe und Shakespeare. Aus dem Englischen nebst einer Critik der Schriften Emerson's von Herman Grimm, Hannover 1857; zuerst in: Morgenblatt Nr. 12 u. 46, 1856. [ 17 ] In: Essays, Hannover 1859, S. 175-260; zuerst in: Westermanns Jahrbuch der Illustrierten Dt. Monatshefte, Braunschweig 1857, S. 79-89, 196-206, 325-336. [ 18 ] H. Grimm, Goethe in Italien, Vorlesung gehalten zum Besten des Goethedenkmals in Berlin, Berlin 1861, 32 S.; wiederabgedruckt in: Neue Essays zur Kunst und Literatur, Berlin 1865. [ 19 ] Maxe, 225: »Gisel war ohne Zweifel die begabteste und geistvollste von uns Schwestern, und schön war sie auch mit ihren fein gemeißelten Zügen, der edlen Stirn und ihren großen ausdrucksvollen Augen. Unserer Mutter an Genialität ähnlich, sprudelte sie von Geist und Witz, sie zeichnete und malte

wunderbar fein, dichtete und schriftstellerte und hatte auch ein sehr hübsches musikalisches Kompositionstalent...« [ *20* ] Maxe, 226 f. [ *21* ] Vgl. Joseph Joachims Briefe an Gisela von Arnim 1852-1859, hg. von Joh. Joachim, Göttingen 1911. [ *22* ] J.J., 458 f. [ *23* ] NFG/ GSA 03/773; vgl. Brief 84 u. 85. [ *24* ] Goethe. Vorlesungen gehalten an der Kgl. Universität zu Berlin von Herman Grimm, [1]1877, [10]1915; neu bearb. u. hg. v. Reinhard Buchwald, Stuttgart 1939-1959; zitiert nach [10]1915, Bd. I, S. 299. [ *25* ] Herman Grimm, Essays, Hannover 1859; hierin die beiden angeführten Arbeiten. [ *26* ] H. Grimm an Karl Altmüller, Berlin, 23. 11. 1858 (Murhardsche Bibl. d. Stadt Kassel u. Landesbibliothek, Nachlaß Karl Altmüller). [ *27* ] Ludwig Rohner, Der deutsche Essay, Neuwied u. Berlin 1966, S. 88 f.: »... erst mit Herman Grimm, und dies ist eines seiner Verdienste, trat der Essay eigentlich ins deutsche Sprachbewußtsein, ergriffen und verstanden Schriftsteller, Verleger, Kritiker und lesendes Publikum diese unverwechselbare... literarische Kurzform.« [ *28* ] StA MG Br 5761. [ *29* ] Gr 1869, 284. [ *30* ] Die 10. Aufl., noch von H. Grimm selbst besorgt, erschien 1901, 9 weitere Auflagen bis 1922; es folgte eine Anzahl Neuauflagen verschiedener Herausgeber bis 1967. – Übersetzungen ins Italienische erschienen 1865, 1875, 1939 u. 1957, ins Englische 1865 u. 1896, ins Französische 1934. [ *31* ] Scherer. – H. Grimm an W. Scherer, 16. 4. 1868: »Harrwitz ist jetzt mein einziger gelehrter Vertrauter, mit dem ich literarische Zustände bespreche.« [ *32* ] H. Grimm an Harrwitz, 7. 4. 1868 (Dt. Staatsbibl. Berlin/DDR, Autogr.). [ *33* ] Scherer. – H. Grimm an W. Scherer, 30. 7. 1869. [ *34* ] Gr 1869, 268 f. [ *35* ] Gr 1869, 269 f. [ *36* ] Es könnte sich um die Elfenbeinminiatur handeln, nach der das diesem Band S. 2 beigegebene Aquarell entstand. Vgl. Leben und Rollenspiel. Ausstellung FDH-Frankfurter Goethe-Museum, 20. 11. 1984-31. 1. 1985, S. 35; ferner Weitz, S. 839-841. [ *37* ] Gr 1869, 282 f. [ *38* ] Gr 1869, 269. [ *39* ] Gr 1869, 267 f. [ *40* ] Gr 1869, 286 f. [ *41* ] Gr 1869, 287.

*Der Briefwechsel*
*Marianne von Willemer*
*und Herman Grimm*

*1. Herman Grimm an Marianne von Willemer*
[9. Oktober 1850][1]

> An frau von Willemer in Frankfurt a/m
> october 1850.

> Zieh'n vorüber auch des Maines fluthen
> bleibt gedächtniß des genoss'nen guten
> und den dank wie freundlich du gewesen
> wirst du stets in meinen augen lesen.

> lockt das kleine stübchen nicht zum bleiben?
> lockt der sitz am fenster nicht zum schreiben?
> lockt den blick vom zauber dieser wände
> nicht das schöne land zu sich ohn' ende?

> einst so nah der erde schönsten sternen
> fühlst du dich vertraut gestirnten fernen
> doch wie sie sich träumend auch entfalten
> reiz hat noch die erde dich zu halten.

> glücklich wer in deiner nähe spürte
> welch ein Gott dich durch das leben führte,
> wer dich sah im stübchen still und heiter
> geht getrosten muth's im leben weiter.

> Herman Grimm.

[ 1 ] Entgegen Grimms eigener Aussage (Gr 1869, 261) hat er die Reise in die Schweiz, die ihn auf dem Hin- und Rückweg über Frankfurt führte, nicht 1849, sondern 1850 unternommen. Der erste Be-

such Mariannes fand am 3. Oktober, der zweite am 9. Oktober statt. An diesem Tage überreichte er sein Gedicht. Die ausführlichen Belege für diese Daten werden an anderer Stelle vorgelegt werden.

## 2. *Marianne von Willemer an Herman Grimm*

[Frankfurt, 8. Januar 1851]

Lieber Herman!

Ein Großmütterchen darf sich wohl erlauben, ihren neuen Enkel im neuen Jahr auf ihre gewohnte Art und Weise zu begrüßen und *dir* zu sagen, daß du kein *vergeßner* bist? – Ich weiß recht gut, was ich dir versprochen habe, und will dir gleich erzählen, warum ich es nicht gehalten habe: ich mußte pflichtschuldigst einen ganz großen Kranz in einem Korb für Frau Rath Schlosser[1] machen und wollte auch den für dich anfangen, aber die kurzen finstern Tage, die ununterbrochene Arbeit, hatten mir eine leichte Augenentzündung zugezogen, die mich daran verhinderte; es war mir sehr leid, ich hätte dein Kränzchen so gerne gemacht. Auch hoffte ich noch immer bis zum neuen Jahre damit fertig zu werden, aber wie der kleine Steinle[2] starb, da gab es viele traurige Stunden. Nun will ich aber sogleich anfangen, und bei nächster Gelegenheit sollst du es erhalten. Ich weiß freilich nicht, ob ich mich damit entschuldigen werde, wenn ich mich auf das Sprichwort berufe: was lang währt wird gut; denn ich weiß nicht, ob es gut wird. Aber das weiß ich, daß es hübsch ist, wenn du auch im neuen Jahr an mich denken mußt, weil du etwas von mir zu erwarten und mir etwas zu verzeihen hast. Deine Sorge um meine Gesundheit hat mich fast gerührt und daß du mir die Gerechtigkeit widerfahren ließest, ich könnte nur durch Unwohlsein verhindert mein Versprechen nicht gehalten haben. Deshalb schreibe ich noch vor dem Kränzchen und danke dir, denn

Armgart[3], der ich aufgetragen hatte, dir alles zu schreiben, hat es wohl noch nicht getan?

Wenn ich mir denke, daß du so ganz einsam in deinem Stübchen sitzest, so muß ich oft wünschen, wir säßen zweisam in dem meinigen bei einer guten Tasse Tee oder Café, den du freundlich lobtest, der mir deshalb auch schmeckte. Und die schöne Novelle[4], die mir so sehr viele Freude machte, wie gerne würde ich das Ende hören! Ich hoffe, du hast doch die armen Leutchen noch glücklich gemacht, sie waren nahe daran, es nicht zu werden; schreibe mir doch, wie du das Ende gemacht hast. Wer weiß, ob du mich noch findest, wenn du wieder nach Frankfurt kommst. Du hast mir zwar in deinen hübschen Strophen liebevolle Gründe angegeben, weshalb ich noch zu leben Ursache hätte, und diese sind mir umso lieber, als sie mir durch dich noch anschaulicher gemacht wurden; ich lebe ohnehin sehr gern, und deine Erscheinung hat wie ein warmer heller Sonnenblick in meine Wintertage eingeblickt. Du hast so viele gute und weise Freunde auf deinem Schreibtisch um dich versammelt, daß ich mir garnicht wenig darauf einbilde, daß du dem schlichten Großmütterchen so viel Vertrauen beweisest um von deinem Tun und *Lassen* so ausführlichen Bericht zu geben. Freilich, wenn schon Goethe sagt: es ist dafür gesorgt, daß die Bäume nicht in den Himmel wachsen, so sage ich: du hast dafür gesorgt, daß ich mir nicht zuviel einbilde, denn du setzest den Kachelofen und mich zugleich auf den Richterstuhl; da ich nun doch sitze, so muß ich auch in Wahrheit sagen, daß ich wohl begreife, wie es Tage gibt, wo man vieles anfangen mag und nichts endigen, allein wenn man wie du einen guten Anfang macht, so muß es auch Tage geben, wo man ein gutes Ende dazu macht; und ich gestehe dir gerne, es scheint mir sehr begreiflich, daß dein Vater, der so vieles zu Ende brachte, die vielen Anfänge nicht begreifen kann. Du wirst doch den Anfang unsrer Verwandschaft nicht so liegen lassen ohne fortzufahren? Doch beruhigt mich deine eigne Versicherung, daß du am Ende doch zum Ende kommst.

Du siehst, mein Freund, daß ich auf mein großmütterliches *Du* schon allerlei zu wagen wage, und ich hoffe auch einigen Gewinn davon, denn wer verzeiht, nimmt Anteil! –

Ich nehme aber ein neues Blatt, was, wie du entschuldigen wirst, ich mir nicht vor den Mund genommen habe und mache nochmals die Rundreise mit dir in deinem Stübchen; doch das ist wohl kein Diminutiv sondern ein *großes* Zimmer, da so viel große Geister darin wohnen; es freut mich, daß dir die Handschriften Goethes[5] Gelegenheit geben, an mich zu denken, und daß du mir das so ehrlich gestehst. Am bedauerlichsten ist es, daß du so viel angefangene Zeichnungen auf deinem Tische liegen hast, diese kann man aber beinahe immer fertig machen; es ist damit nicht wie mit der Feder, dazu gehören Schwingen, Fittige, Flügel, diese sind nicht immer entfaltet. Wenn du aber einmal wieder einen Bauriß von einem Chateau en Espagne machst, den mache fertig und sende ihn mir, ich habe schon oft welche gemacht, aber nicht auf dem Papier, ich möchte wohl wissen, wie sich ein solcher ausnimmt.

Aber ich ertappe mich über der Absicht *zu* großen Anteil zu erwecken und verlasse dein Zimmer mit allem, was drinnen geht und steht. Wandre mit mir in die Sandgasse[6], wo ich gestern die Armgart fand, an einem enorm großen Pensée oder Stiefmütterchen malend für den Prinz von Württemberg[7] und mir einen tief gefühlten Brief vorlesend, von jenem Graf La, La, Lallement[8], wenn ich nicht irrig denke und schreibe sublime! und dauert mich wirklich, daß er so viel Gefühl an die Undankbare verpufft.

Vom Apostel[9] sprach sie mit Geringschätzung, und *er* und *du*! habt doch Berlin wegen ihr verleugnet.

Nun möchte ich aber noch, daß du Vater und Mutter von mir recht freundlich grüßtest, auch wenn sich Onkel Jakob meiner erinnert. Und betrachte fleißig die Handschriften.

*addio*
*Mariane Willemer*

[ *1* ] Sophie Johanna Schlosser, geb. du Fay (1786-1865), Gattin von Friedrich (Fritz) Johann Heinrich Schlosser (1780-1851), Besitzerin von Stift Neuburg bei Heidelberg. Marianne v. Willemer war dort ein gerngesehener Gast. [ *2* ] Sohn des Malers Edward von Steinle (1810-1886). Herman Grimm (Gr 1896, 147): »Der Maler Steinle war ihr [Antonie Brentano] und aller Brentano's Freund und Schutzbefohlener, und, man könnte sagen, der Familienmaler... Er war der geborene Illustrator der Dichtungen Clemens Brentano's. Ein Reichtum von Zeichnungen und cartonartigen Malereien war in den Brentano'schen Häusern sichtbar, unter Glas und Rahmen oder in Mappen aufbewahrt. Die schönste dieser Arbeiten bildeten die als Zimmerschmuck in die Wände eines Saales eingelassenen Zeichnungen in Wasserfarben, Scenen aus Clemens Brentano's Märchen... Ich habe ihn gut gekannt. Er hatte einen Anflug vornehmer Zurückhaltung, wie die höheren katholischen Geistlichen... Er ist für mich einer der liebenswürdigsten Repräsentanten des unoffensiven, freundlichen Katholicismus... der die gesamte Familie Brentano beherrschte und ohne den Clemens Brentano nicht zu verstehen ist.« [ *3* ] Armgart von Arnim (1821-1880), die zweite Tochter Bettinas, weilte zu dieser Zeit mit ihrer Schwester Maxe zur Pflege des kranken Onkels Georg Brentano in Frankfurt. [ *4* ] Die bereits 1847 konzipierte Novelle (H. Grimm an S. Hirzel am 1. 5. 1852 StA MG Br 1962) erschien 1853 unter dem Titel »Die Sängerin« in Gutzkows *Unterhaltungen am häuslichen Herd* und wurde 1856 in den Band *Novellen* übernommen. [ *5* ] Eine dieser Handschriften ist der Brief Goethes an J. J. v. Willemer, Weimar d. 14. April 1822 [richtig 1823], den H. Grimm S. Hirzel für seine Goethe-Sammlung schenkte. Er trägt

den Vermerk: »Geschenk der Frau v. Willemer, an deren Mann Göthe umstehende Zeilen sandte. Frankfurt a. M. 3. Oct. 1850. Herman Grimm« (vgl. Gr 1869, 264 ff. und Weitz, 653). [ 6 ] Das Stammhaus der Familie Brentano, »Zum goldenen Kopf«, befand sich in der Sandgasse. [ 7 ] Kronprinz Karl von Württemberg (1823-1891). [ 8 ] H. Grimm führt am 4. 8. 1853 in seinem Tagebuch unter den Zuhörern einer Lesung einen Grafen Lalemand auf (StA MG Ms 64). [ 9 ] Carl von Luck, Leutnant, später Hauptmann im Generalstab.

### 3. Marianne von Willemer an Herman Grimm

Frankfurt, 8. März [1851]

Lieber Herman!

Das langversprochne Kränzchen ist nun hoffentlich in deinen Händen; ob es auf der Reise nicht einige Blättchen verloren hat, das wird sich zeigen, wenn du das Päckchen öffnest; ich war freilich dabei, wie es gepackt wurde, aber der Inhalt des ganzen Kistchens ist so mannigfaltig, daß es unmöglich war, einen sichern Grund und Boden zu ermitteln. Möge es so unverdorben wie möglich zu dir gelangen und vor Licht und Luft geschützt in deinem Album einen bescheidnen Platz finden; ich hätte dir gerne etwas dazu geschrieben, aber in das Kränzchen wäre ein Wagstück gewesen, denn ich bin fast immer unglücklich, wenn ich etwas *in* etwas oder *auf* etwas schreiben soll: entweder mache ich einen Dintenklegs, oder ich verschreibe mich, lasse Worte aus, habe wie gewöhnlich schlechte Federn, erbärmliche Dinte und so weiter – – – Willst du nun so gut sein und selbst den Datum und meinen Namen auf das Blättchen schreiben, so ist [es] noch besser, als wenn ich es selbst getan hätte; wenn du aber einige Strophen von mir dazu wünschen möchtest, so will ich dir aus einer schönen, längst verschwundnen Zeit etwas senden; damals waren es frische Blüten, nun im Herbarium sorgsam bewahrt, haben sie vielleicht nicht alle Form und Farbe verloren.

Nun muß ich aber doch noch einiges nachholen, warum ich nicht früher weder ein Kränzchen, noch ein Wort gesendet; seit dem 19. Januar bin ich fast immer krank gewesen. An diesem Tag bekam ich ein so heftiges und anhaltendes Nasenbluten, daß ich glaubte zu sterben. Ich sah aus wie eine Leiche und fühlte mich so schwach wie – nun denk dir selbst etwas recht Schwaches! Kaum hatte ich mich leidlich erholt, so kam die Grippe nach Frankfurt. Und wie hätte ich sie nicht haben sollen, da ich ohnehin noch nicht recht gesund war. Ich habe auch wirklich das Vergnügen, sie noch zu besitzen in Person eines so unverwüstlichen Schnupfens, daß ich mich schon ganz darauf einrichte, ihn nie mehr zu verlieren.

Im Brentanoischen Hause ist nun alles anders; es ist, als wenn die Zimmer ganz leer wären, und steht doch noch alles auf dem alten Fleck. In dem Zimmer, wo ich die schöne Leiche[1] sah, waren seine Liebhabereien, seine kleinen liebenswürdigen Schwächen, sein Bestreben alles um sich zu sammeln, was ihm lieb war, aus der ganzen Einrichtung unverkennbar zu deuten; und die Seele dieser Anordnung war nicht mehr, ja sie war auch aus dem im[mer] sich mehr beschränkenden Kreis ihres letzten Bewußtseins entflohen. Die Leiche lag starr, still, stumm und mit nichts mehr in einiger Beziehung als mit dem Sarg, der neben ihr stand.

Man spricht davon, daß Max[2] in kurzer Zeit nach Berlin kommen, aber nicht lange dort bleiben wird; du kannst am besten beurteilen, ob sie lieber dort als hier ist. Wie ich höre, wünscht auch die Mutter ihre Töchter um sich zu haben, und ich kann mir die Schwestern nur beisammen mit einiger Beruhigung denken. Du wirst die Max sehr verändert finden, vielleicht bekommt ihr die Berliner Luft besser als die unsere; versteht sich, daß du von meinen Briefen nichts ausplauderst. Ich will es dir auch leicht machen und dies Blatt mit den nicht herkömmlichen aber herzkömmlichen Grüßen an die Eltern und den Großvater[3] schließen. Schreibe mir bald, ob das Kränzchen leidlich angekommen, und sage der Armgart einige Worte von dem

*Großmütterchen.*

[ *1* ] Georg Brentano (1775-1851), Bruder von Bettina. Er starb am 22. Februar 1851. [ *2* ] Maximiliane von Arnim (1818-1894), Bettinas älteste Tochter; vgl. Anm. 2,3. [ *3* ] Gemeint ist der Apapa, Jacob Grimm (1785-1863), der Onkel Herman Grimms.

### 4. Marianne von Willemer an Herman Grimm

Frankfurt, den 16. Mai 1851

Lieber Herman!

Du hast wohl recht geraten, daß einige Hindernisse mich genötigt, das solange versprochene Blättchen nicht abzusenden, zum Glück war es kein Übelbefinden.

Ich will dir aber gestehen, daß ich es übel gefunden, dir etwas zu schicken, was du schon hast, wenn auch etwas kürzer; zudem haben mich allerlei Bedenklichkeiten abgehalten, die ich auch jetzt nicht ganz überwunden habe; nur soviel erlaube ich mir zu gestehen, daß, hättest du die Strophen nicht noch einmal verlangt, ich in der Meinung, du dächtest nicht mehr daran, sie kaum gesendet hätte; sie folgen am Schluß. Es sind freilich keine frischen Blüten, im Herbarium der Erinnerung wohl bewahrt, jedenfalls *selbst gepflückt* und für den Adoptivenkel neu aufgelegt; dies im Vertrauen ohne weitere Erörterung.[1] Der Mai, den du so frisch schilderst, ist zwar bei uns auch sehr frisch, aber ohne Vorliebe müßte man ihn kalt nennen; ich

heize in meinem Stübchen so gut wie andre in ihren großen Zimmern, und an roten Nasen und kalten Füßen ist
kein Mangel. Die Vegetation war herrlich, aber nun ist ein
Stillstand, und im Walde sollen die jungen Eichentriebe
durch den Frost sehr gelitten haben. In der Sandgasse
sieht es traurig aus, Sophie[2] ist schon lange unwohl und
liegt nicht gerade zu Bett, aber meist auf dem Canapée;
die Claudine[3] ist auf dem Neuhof; Marie Brentano mit
ihrem Sohn[4] in dem Nauheimerbad; die Detmolds[5] reisen
ab; deine Freundin, die Frau Schöff Brentano[6], ist wohl,
hat aber einen kranken Sohn und einen kranken Schwiegersohn. Als einen Zuwachs von Vergnügen haben die
Sandgässer hinzunehmen, daß ihnen die Brandmauer ab-
gerissen wird und die arme Sophie diese ganze Drangsal
zu durchleben hat; sie sucht zwar eine Wohnung, hat sie
aber bis heute noch nicht gefunden.

Um nun auch von mir zu sprechen, da du so freundlich
nach mir fragen magst, so ist es bei mir auch die alte Leier
und wird alle Tage älter, also auch verstimmter, ich suche
sie zwar manchmal wieder rein zu stimmen, aber die Sai-
ten wollen nicht mehr halten. Und wenn ich so wie heute
aus meinem Fenster auf die sonst lachende aber jetzt wei-
nende Landschaft sehe, denn alle duftenden Bäume sind
mit einem Regenschleier überzogen, so übermannt mich
diese Verstimmung in solchem Grad, daß ich gar nicht
mehr weiß aus welcher Tonart ich gehe; auch fühle ich,
daß diese Zeilen davon angesteckt sind, und schließe mit
den besten Grüßen an dich und die Deinen.

Arnims nicht zu vergessen.

die treu ergebne
*Großmutter.*

Zarte Blumen schönstes Gemüthe
Glaubt ich dir zum Angebinde
Unvergänglich zu bieten
Ist mir leider nicht beschieden.

---

Zu den lieblichen Blüthen ranken
Drängen lieben der Gedanken,
Die in leisen Tönen klingen
Und die frommen Wünsche bringen.

---

Gott und die segnende Güte
Füllt ein Feld voll Blumenfülle.
Daß den Blumen Glanz und Leben
Mögt den Gott Deutung geben.

---

Und so bringt ich zum braunen Bote
Dieses Blatt die Blumenboten,
Mögen sie vor deinen Blicken
Dich mit frischen Farben schmücken.

Zarter Blumen reich Gewinde
Flecht ich dir zum Angebinde
Unvergängliches zu bieten
Ist mir leider nicht beschieden.

In den leichten Blüthenranken
Lauschen liebende Gedanken,
Die in leisen Tönen klingen
Und dir fromme Wünsche bringen.

Worte aus des Herzens Fülle
Sind wie Duft aus Blumenhülle,
Doch der Blume Glanz und Leben
Muß dem Worte Deutung geben.

Und so bringt vom fernen Orte
Dieses Blatt dir Blumenworte,
Mögen sie vor deinen Blicken
Sich mit frischen Farben schmücken.

[ *1* ] Diese Strophen lagen Mariannes Brief an Goethe v. 18. Oktober
1825 bei; hier lauteten die beiden letzten Zeilen der 3. Strophe: Blumen müssen oft bezeigen, / Was die Lippen gern verschweigen. Im
Brief an Grimm änderte sie diese. – Goethe stellte am 14. November
1825 diesem Gedicht, überschrieben »Sie« (die 3. Strophe fortlassend
und einige Worte ändernd), ein eigenes Gedicht »Er« an die Seite
(s. Weitz, 170 f.). Das Faksimile zeigt, daß Marianne in der 1. Zeile Goethes Formulierung »leicht« in ihre eigene »reich« änderte. – Gr 1869,
271: »Dies das erstemal, daß ich Verse von ihr in Goethe's Werken
fand.« [ *2* ] Sophie von Schweitzer, geb. Brentano (1806-1856), Tochter von Georg Brentano, verheiratet mit Karl Franz von Schweitzer
(1800-1885). [ *3* ] Claudine von Firnhaber, geb. Brentano (1806-
1876), Tochter von Georg Brentano, Besitzerin des Gutes Neuhof bei
Gießen. [ *4* ] Marie Brentano, geb. von Guaita, verw. Berna (1815-
1859), eine Tochter von Bettinas Schwester Meline, war in zweiter

Ehe mit ihrem Vetter Louis Brentano (1811-1895) (Sohn von Georg Brentano) verheiratet; Sohn aus erster Ehe: Georg Berna. [ 5 ] Sophie Detmold, geb. von Guaita (1824-?), Tochter von Meline, hatte am 10. Februar 1850 den Hannoverschen Legationsrat Hermann Detmold geheiratet. [ 6 ] Antonie (Tony) Brentano, geb. Edle von Birckenstock (1780-1869). Witwe von Franz Brentano. Herman Grimm (Gr 1896, 146 f.): »Franz Brentano war Bettina's ältester Bruder von ihres Vaters erster Frau, verheiratet mit Toni, einer Wienerin, Tochter des Herrn von Birckenstock, dessen von ihr ererbte Kunstsammlungen in Frankfurt lange Zeit einer der Ruhmestitel der Stadt gewesen sind. Lange lebten beide in Wien. Beethoven war damals in ihrem Hause... Bettina rühmte Franz als einen Mann von entzückender Milde, Heiterkeit und Güte. Er war unter den Geschwistern die Autorität... Toni Brentano hatte die Haltung einer Königin, eine hohe, schlanke Gestalt.«

## 5. *Marianne von Willemer an Herman Grimm*

Frankfurt, [30. Juli 1851]
am Tage der Sonnenfinsternis
Lieber Herman!

Es war recht gut, daß du meiner stürmischen Einladung vom Neuhof[1] nicht folgen konntest oder wolltest, es waren der schönen Tage nicht mehr so gar viele, die wir in Stille und Ruhe dort genießen konnten. Du weißt gewiß schon, daß Claudine mit ihrer kranken Schwester[2] in Schwalbach sitzt, und so sitze ich denn wieder in meinem Stübchen an dem Pult, der, wie du meinst, zum Schreiben lockt, und wie ich nun selbst entdecke, es wirklich tun muß, denn heute sind es gerade 8 Tage, daß ich hier bin, und von diesen möchte kaum ein einziger fehlen, wo ich nicht unruhig wurde, daß ich nicht wußte, ob ich dir nicht notwendig schreiben sollte; aber da waren Kinder, Enkel, Freunde, Bekannte, die sich vordrängten, auch sonst allerlei, genug, ich konnte eben nicht dazu kommen. Wenn ich nun dieser Unruhe nachspüre, so ist freilich der Pult nicht allein das Motiv meiner ungewöhnlichen Schreibsucht; es kommt mir vor, als hättest du in meinem Brief eine Bemerkung über deine Herzens-Kinder oder ausgekrochenen Schmetterlinge[3], wie du sie nennst, mißverstanden; was ich dir über diese geschrieben, weiß ich wirklich nicht mehr, was du mir geantwortet, ist folgendes: »deine examinatorische Anspielung war Gottlob nicht notwendig, ich fühle zu gut, was ich mir hierin schuldig bin, wie ich überhaupt nicht leichtsinnig bin, selbst da nicht, wo ich es sein sollte, und dann am wenigsten, wenn ich es zu sein scheine« und so weiter. Nun muß ich dir gestehen, daß ich nicht wert wäre, dein Großmütterchen zu heißen, wenn ich nicht dies alles schon gewußt hätte, ehe du mir es geschrieben hast, und ich weiß wahrhaftig nicht, warum du eine Verteidigung darüber schreibst, daß du deine hübschen Sachen ordentlich abschreiben läßt, doch wohl um sie drucken zu lassen, und ob ich ein andres verstanden und andres geschrieben, das weiß ich wahrhaftig nicht mehr. Es scheint, als ob wir immer etwas Rätselhaftes in unsren Briefen haben sollten; so weiß ich nicht, wer in deinem schönen Morgengedicht *Die* ist, »*der nur gedenkend, der ich nie vergaß*«, ist es Gisel?[4] ich frage etwas keck!

Du schreibst ferner, daß du meine Strophen in dein Album gelegt, und mein Kränzchen dazu, und Goethes Handschriften[5] dazu, und weißt noch immer nicht, warum ich dir sagte, du würdest nur empfangen, was du schon hättest? Du hast deinen Dichter doch nicht recht gründlich studiert[6], und sollte dir einmal ein Licht aufgehen, so lasse es nur für dich leuchten, versprich es mir! Ich verlasse mich darauf. Ich hoffe, wenn dich diese Zeilen treffen, bist du außer allen Verpflichtungen eines Cicerone und sitzest entweder auf den Wiesen in Wiepersdorf[7] oder im Singekränzchen in Berlin. Ich sitze wie gesagt in meinem Stübchen, habe aber keine Ruhe; ich möchte wohin, nach Venedig oder nach Schwalbach zur Claudine und Sophie. Ich möchte die Zeit, die ich mir für den Neuhof zubereitet habe, mit was anderm ausfüllen, aber es müßte mir jemand zusprechen. Am Ende bleibe ich eben sitzen. Von Frankfurt weiß ich dir nichts zu sagen. Grüße habe ich dir zu geben und für dich zu nehmen. Claudine hat mir auch einen Auftrag gegeben, den habe ich aber vergessen. Was ich aber nicht vergesse ist:

daß ich dein *Großmütterchen*
bin.

[ *1* ] Vgl. Anm. 4,3. Der Brief mit der Einladung fehlt. Mariannes Aufenthalt ist belegt durch ihren Brief an Sophie Schlosser, Neuhof, den 8. Juli 1851, den das Goethe-Museum in Düsseldorf bewahrt. – Grimm traf erst im September 1851 mit Marianne auf dem Neuhof zusammen. Vgl. Einleitung, S. 23 ff. [ *2* ] Sophie von Schweitzer. [ *3* ] Mariannes Brief mit den Bemerkungen über die Gedichte sowie Grimms Antwort sind nicht erhalten. [ *4* ] Gisela von Arnim (1827 bis 1889), Bettinas jüngste Tochter, mit Herman Grimm eng befreundet und seit dem 24. Oktober 1859 seine Frau. – Die zitierte Zeile ist dem nachfolgenden Gedicht »Frühling« entnommen. [ *5* ] Vgl. Anm. 2,5. [ *6* ] Vgl. Anm. 4,1. [ *7* ] Gut der Familie von Arnim.

Frühling.

Wiepersdorf 9 mai 1851.

O mich entzückts der vögel ruf zu lauschen
dahingestreckt in's sonnerwärmte gras
gedanken mit vergessen ganz zu tauschen
der nur gedenkend die ich nie vergass
und so versenkt in ein harmonisch rauschen
das wie ein schimmernd meer ohn unterlass
mich ganz umhüllt das auge froh zu schliessen
und dieses schönen morgen's zu geniessen.

Frankfurt, 8. [September] 1851

Lieber Herman!
Mit großer Freud hab ich vernommen,
daß du bist glücklich angekommen.[1]
Schön Dank, daß du mir wohlgeneigt,
sogleich die Ankunft angezeigt.
Doch leider mag ichs drehn und wenden,
Euch dort zu sehn, dich und die Enten,
so viel ich will, bald hin bald her,
Ich fürchte fast, es geht nicht mehr.
Für jetzt, wo sichs vielleicht noch machte,
sind schon von Gäst (ein Stücker achte)
die Stübchen völlig eingenommen,
Und noch dazu von lauter Frommen.
Die bleiben noch die ganze Woch,
Und auf Stift Neuburg[2] muß ich noch.
Kommt Zeit, kommt Rat; vor allen Dingen
Laß mich einstweilen schriftlich bringen,
wenn gleich erst späten Dank*
für deinen schönen Hafis Schwank.
Du gabst mir eine Lection,
für meine Indiscretion;
sie war verbindlich, fein und zart,
so ganz und gar nach Dichter Art.
Gelind beschämt, erwidre ich dies
Mit einem Vers auch von Hafis,
den schreib ich dir hier unten hin,
die ich mit vielen Grüßen bin,
                    *dein Großmütterchen.*

[Anmerkung von Mariannes Hand:]     * ein Fuß zu wenig.

Niemand erfährt das Geheimnis des Herzens
und so ist es besser,
Denn die neidische Welt greift es von
                              Ungefähr auf.
Wer wie die Kerze, pflegt
vertrautes Geheimnis zu schwätzen,
Wird an der Zunge zuletzt
wie die Kerze verbrannt.

*Hafis, Divan.* übersetzt von Hammer.

[ *1* ] Herman Grimm war einer Einladung Claudine von Firnhabers
auf ihr Gut Neuhof gefolgt. [ *2* ] Vgl. Anm. 2,1.

## 7. *Marianne von Willemer an Herman Grimm*
[Frankfurt, vor dem 27. September 1851][1]

Lieber Herman!

Hierbei folgen die französischen Bücher und 3 Paar
wollene Socken. Ich hoffe, sie sind dir passend und fein
genug, das Paar kostet f. 1.10, also die drei Paare zusammen f. 3.30. Ferner liegen in dem einen Buch deine Druck-
bögen.[2] Ich danke dir für die Mitteilung, und um dir zu
beweisen, daß ich sie mit großem Interesse gelesen habe,
will ich dir ehrlich und einfach gestehen, daß ich [sie] teils
über teils unter meiner Erwartung gefunden: die Exposition des Stücks, die Entfaltung der Caractere, die Handlung selbst, das Interesse, was sie einflößt, war weit über
dem gewöhnlichen, was ähnliche Werke bewirken können, und meine Teilnahme war in steter Anregung. Womit
ich aber nicht so einverstanden bin, ist die Sprache, der
Stil, die Art, wie deine Leute sich aussprechen. Schon die
vielen Abbreviaturen, sprach's, tat's, Volk's und so weiter,

sind mir aufgefallen; die Wortstellung ist nicht immer wohlklingend, der Sinn oft unklar, du müßtest es manchmal laut hören, was du schreibst, um zu beurteilen, ob es dem Ohr genügt. So unter andrem sagt Germanicus: s'ist seltsam; das sind 4 s in 3 Worten, und es klingt nicht gut, und *was* er sagt ist sehr gut. Auch machte es auf mich einen komischen Eindruck, wenn Flavius sagt, er wolle jetzt auch schlafen gehen, anstatt die Ruhe zu suchen, die ihm nötig wäre.

Wenn ich mit dir sprechen könnte, so würde ich dich noch auf vieles aufmerksam machen, welches mir, die ich mich nur auf den Wohlklang verstehe, aufgefallen ist, und das du leicht beseitigen kannst, wenn du mehr Aufmerksamkeit auf deine Sachen wendest. Es sind Stellen in dem Stück, die wirklich ganz schön und die es wünschenswert machen, daß alles in gleicher Vollkommenheit wäre; nun verzeihe, daß ich so unverhohlen meine Meinung geäußert, und glaube ja nicht, daß ich mir etwa herausnehmen will, dich zu beurteilen, ich berichte nur ganz einfach den Eindruck, den das ganze auf mich gemacht, und würde mich mündlich viel besser aussprechen können, indem ich dir Stellen nachweisen könnte, die mir aufgefallen sind, als ich es schriftlich im Stande bin. Also verzeih!

Heute und gestern ist immer trübes Wetter. Und auch mir scheint die Sonne nicht, ich möchte auf dem Neuhof sein und glaube, daß es dort auch nicht sehr warm sein kann. Nun wird es bald Zeit für mich auf das Stift zu gehen. Vorher berichte mir in jedem Fall, ob du mir nicht böse bist,

herzlichst grüßt
*die Großmutter.*

[ *1* ] Die Einordnung *vor* Brief Nr. 8 vom 30. September ergibt sich aus dem Inhalt. – Grimm berichtet seiner Mutter vom Neuhof am 22. September 1851 (SB PrK K 382): »Die Mariane Willemer war zwei Tage hier und ging dann schlechten Wetters wegen wieder fort.«
[ *2* ] Herman Grimm, Armin. Ein Drama in fünf Aufzügen, Leipzig 1851, 153 S.

## 8. Marianne von Willemer an Herman Grimm

Stift Neuburg, 30. September 1851

Lieber Herman!

Seit Samstag abend bin ich auf dem Stift, und heute ist der erste Tag, an dem die Sonne versucht zu scheinen; doch scheint dieser erste Versuch etwas schüchtern auszufallen, das tut aber nichts, wir sind sehr zufrieden über den Erfolg, zudem haben wir bisher durch ein tüchtiges Feuer die mangelnde Wärme zu ersetzen gestrebt; auf dem Neuhof wird wohl auch schon geheizt. Auch hoffe ich, daß endlich nicht allein Briefe, auch Personen[1] angekommen sind, und freue mich für dich und Claudinen, daß die Erwartung Erfüllung geworden; dein letztes Blatt hat mich begleitet und es liegt hier vor mir, um es gewissenhaft zu beantworten, was man so selten tut. Dein Urteil über Balzac, weit davon entfernt es zu desavouieren, unterschreibe ich ganz und gar, nur möchte [ich] das meine dahin motivieren, als ich in Balzac nichts sehe als einen Genremaler, und zwar in entschieden französischer Manier. Daß er dies so vollkommen zu leisten im Stande ist wie nur irgend einer seinesgleichen, wenigstens in seinen besten Sachen, das mußt du mir schon erlauben zu glauben, gereimt und ungereimt, und auch du sei nicht böse über meine imbecilité; die feine Unterscheidung, ob die Caractere für das Schicksal zugeschnitten oder dieses in den Caracteren begründet ist, vermag ich nicht zu entwik-

67

keln. Nur soviel weiß ich, daß Eugenie Grandet sich in einem Schicksal, was nicht für sie erfunden und vielleicht ein gewöhnliches ist, mit vollkommener Übereinstimmung ihres innersten Wesens bewegt und sich bis zum Schluß treu bleibt. Dagegen mißglückt es ihm durchaus, wenn er, wie du sagst, die heilige Jungfrau in den Schnee malen will, und der oder das Böse mischt die Farben; aber schreiben kann er, und damit basta. –

Ich wagte es nicht, Claudinen zu schreiben, weil ich weiß, daß sie jetzt alles in allem ist; wenn ich von dir einige Nachricht über ihr Befinden höre, so bin ich ganz zufrieden. Laßt recht bald etwas von euch hören. Du hast mir noch gar nicht gesagt, ob die Socken nach deinem Wunsche ausgefallen sind. Vielleicht wolltest du lieber gestrickte als gewobne?

Georg[2] habe ich in den letzten Tagen nicht mehr gesehen; an dem festlichen Abend war ich unwohl, hörte aber, daß Georg vorher in einer Gesellschaft gewesen und erst um 9 Uhr zu seiner Mutter kam. Doch dies ganz *entre nous*. Noch will ich dich fragen, ob ein mäßiger englischer Kuchen glücklich bei euch angelangt ist und ob Claudine auch meinen Brief erhalten hat?

Du siehst, ich habe es ganz darauf angelegt, eine Antwort zu erhalten, und rechne zwischen hier und 14 Tagen bestimmt darauf.

Die Neuhofs-Gäste bitte schönstens von mir zu grüßen. Möge es euch allen so gut gehen, als es von ganzem Herzen wünschen kann                    eine *Großmutter*


den 1. October.

So lange mußte ich dieses Blatt liegen lassen und so kann ich mich nicht entschließen es abzu[schicken], ohne einige Worte an dich zu richten, meine liebe gute Claudine. Ich denke so oft an dich, daß ich fest überzeugt bin, du spürst es manchmal an deinem Herzen; ich verlange durchaus nicht, daß du mir antwortest, laß mich durch Herman wissen, wie es dir geht, und sei versichert, daß selbst in dem heitern Kreise, in welchem ich hier lebe, du meinen Gedanken immer gegenwärtig bist. Von ganzem Herzen deine

*Mariane.*

[ *1* ] Am 27. September reisten Maxe, Armgart und Gisela von Arnim nach dem Neuhof (Maxe, 189). [ *2* ] Vermutlich Georg von Schweitzer, der Sohn von Sophie von Schweitzer.


*9. Marianne von Willemer an Herman Grimm*
Stift Neuburg, [24. Oktober 1851][1]
Mein lieber Herman!

Da ich nicht wissen kann, wo diese wenigen Worte dich treffen, so mag es dabei bleiben. Nur so viel will ich aus deinem Briefe vom 4. Oktober bemerken, daß mir die Idee, Napoleons letzte verhängnisvolle Selbstgestaltung seines tragischen Geschicks, von jeher den Schauder eingeflößt, den die Ahnung eines Unbegreiflichen in dem Wesen eines außerordentlichen Mannes unwillkürlich hervorruft, ich kann es gar nicht genug loben, daß du diese Idee aufgefaßt und wenn auch nur skizzenhaft entworfen hast.[2] Ich müßte mich sehr irren, wenn sie nicht für dich ganz geeignet wäre. Du mußt sie aber mit Liebe und Ausdauer behandeln, und was aus dem Ei gekrochen, bis zu einer Größe bringen, die endlich selbst die Küchelchen anführt, die sie ausgebrütet. Noch eines will ich sagen, wenn es außergewöhnlich ist, einen Caracter zur Behandlung zu wählen, dessen Wirken noch nicht verschwunden, was vielleicht bei wahrhafter Größe nie der Fall ist, so ist die belebende Athmosphäre der Gegenwart und die Leichtigkeit, sich die Gestalten in ihren Beziehungen zu vergegenwärtigen, ein großer Vorteil für Grund und Boden der Darstellung. Und, – doch kein Und mehr. Du findest alle diese Dinge viel besser als ich, die noch nie und mit niemand dergleichen verhandelt. Nun noch eine kleine Geschichte! – bei einer mir nicht ganz gleichgültigen Trennung wurde mir dasselbe, und zwar mit den selben Worten, gesagt, was du mir in deinem letzten Briefe, den ich 2 Tage später erhielt, bei dieser Gelegenheit sagtest.[3]

Da ich nun deiner Anhänglichkeit gewiß bin und die Wahrheit deiner Worte fühle, so gaben sie mir die Bestätigung eines mich sonderbar befremdenden Ausspruches, dem ich als widersprechend erst mißtraute, aber nun erst verstehe.

Also wo du auch seist

immer dieselbe M. W.

[ *1* ] Das Datum wird im Brief Nr. 10 genannt. – Dieser Brief trägt die Anschrift: *Herman Grimm* vielleicht auf dem Neuhof. [ *2* ] Eine Arbeit über Napoleon ist nicht nachweisbar. [ *3* ] Zitiert in Brief Nr. 11. Bei der für Marianne »nicht ganz gleichgültigen Trennung« kann es sich weder um die von Claudine handeln, die nach der Abreise ihres Logierbesuches vom Neuhof nach Berlin fuhr, noch um den Abschied von der am 19. Oktober nach Italien aufgebrochenen Reisegesellschaft, der Louis und Marie Brentano mit Sohn Georg Berna und Tochter Marie sowie Maxe von Arnim angehörten. Marianne wird an den Abschied von einem der Stiftsgäste gedacht haben.

*10. Marianne von Willemer an Herman Grimm*

Stift Neuburg, 5. November 1851

Lieber Herman!

Vor allem und ehe ich mich auf andere Beziehungen und Erwiderungen einlassen kann, wünschte ich zu wissen, ob Claudine meinen Brief, den ich am 24. Okt. nach dem Neuhof schickte und der wahrscheinlich einen Tag nach ihrer Abreise ankam, nun in Berlin erhalten hat, was ich kaum hoffen darf, da du mir gar nichts davon geschrieben; es war auch ein Blatt für dich dabei, worin ich zwar kurz gefaßt, aber so angeregt wie nur möglich, dich zu überzeugen suchte, daß du jenes schöne Motiv: Napoleon vor oder auf dem Bellerophon[1], doch ja festhalten und mit deiner Phantasie jenen verhängnisvollen Moment zu einem bleibenden Bilde gestalten mögest. Ich sage dir hierüber nichts weiter, ehe ich weiß, ob Claudine ihre Briefe nach Berlin kommen ließ und ob der meinige, der jenes Blatt für dich enthielt, in ihren Händen ist. Das schreibe mir sogleich, auch, wie lange Claudine noch in Berlin bleibt, und ob ich ihr noch einmal dorthin schreiben kann. Die herzlichen Zeilen, die sie mir vor ihrer Abreise, und mit mir zugleich am selben Tag sandte, habe ich hier auf dem Stift erhalten und es kommt nun darauf an, ob ich meinen Dank gleich ausspreche oder ihn verspare, bis ich wieder in Frankfurt bin.

Der Abschied, den *du* mir vom Neuhof gesendet, hat mich sehr ergriffen; du sprichst aus, was ich fühle, und was mir nun auch bald ganz klar werden soll; man lebt sich in einen Ort hinein, man fühlt sich am Ende ganz einheimisch, man eignet sich manches als ein Stück seiner Persönlichkeit an und muß [zuletzt] damit aufhören, vieles wieder aufzugeben, was man als Eigentum erkannte. Auch was du mir über dein Gefühl bei der Trennung sagtest, ist mir um so mehr aufgefallen, als – doch wenn du jenes Blättchen durch Claudine erhalten wirst, da kannst du's lesen, was mich damals bewegte.

Deiner Freundin Giesel sage vom Großmütterchen einen lieben Gruß; ich würde das liebe Kind nicht lange vor der Türe stehn lassen und habe die Klingel schon in der

Hand, um sie zu locken. Nur muß sie sich die Bescherung nicht allzu glänzend vorstellen, denn nicht alle Enkel wissen ihre Lichtchen so leuchten zu lassen, um alles zu überstrahlen, was dämmrich ist; die Amorchen sind pensioniert und sitzen hinter dem Ofen. Sie teilen freilich manchmal Äpfel und Nüsse aus, damit die Kinder vergnügt sind. Über dieses Thema denke ich bald weiteres zu schreiben, wenn ich in Frankfurt in dem stillen Stübchen sitze, worin *der Pult zum Schreiben lockt*, also auf Wiedersehen. Aber die Großmutter erkennt sich nicht in dem schönen Bilde mit lauter Goldschaum belegt, was deine Giesel von ihr phantasiert; sie soll nur einstweilen fleißig durch das Schlüsselloch gucken, um sie in ihrem Nachthäubchen zu betrachten.

Deine lebendige Schilderung von Berliner nassen Zuständen paßt auch für das Stift, nur bleibt noch immer einiger Rest von Grün, Gelb, und Rot an den Bäumen, die einen Traum ins Leben zaubern; die Schwäne beneide ich nicht, aber die Vögel die nac[h Süden] ziehen, und unterwegs einkehren können, wo sie wollen. – Heu[te lie]gt Schnee! – Daß ich so lange bleibe, erkläre ich mir aus dem Gefühl, daß es viel einsamer wäre, wenn ich fortginge, und so bleibe ich noch, aber nicht mehr lange. Daß du nicht mit den Vögeln wandern darfst[2], ist mir für dich leid, aber nicht für andre! – Dein hübsches Gedicht zu Giesels Zeichnung hat mir auch ohne diese Freude gemacht; ich konnte sie mir ganz vorstellen, und wenn du nicht so meisterhaft alle Indiscretionen in die Flucht zu schlagen wüßtest: ich hätte mir eine erlaubt.

Den 3. Teil von Goethes Briefwechsel mit der Stein[3] kenne ich noch nicht, lese ihn aber sogleich in Frankfurt; einstweilen unterschreibe [ich] dein Urteil über die Folgen dieser Trennung ganz und gar und finde Wolfs *Gedichte*[4], wenn man so sagen darf, wie du sie fandest:

jammervoll. – Er hat mir kein Exemplar geschickt, was ich dankenswert finde. Deine kuriose Straße habe ich rein vergessen, denke aber den Sohn der Gebrüder Grimm wird man aufzufinden wissen. Ich finde dich auch immer wieder. Leb wohl!

das Großmütterchen.

[ *1* ] Bellerophon = Name des englischen Schiffes, mit dem Napoleon I. nach St. Helena gebracht wurde; vgl. Anm. 9,2. [ *2* ] Herman Grimm hatte seinen Vater am 15. August 1851 um eine Italienreise gebeten. Der Vater versagte ihm diesen Wunsch, vgl. Einleitung, S. 20. [ *3* ] Erschienen 1848-1851, hg. v. Adolf Schöll. [ *4* ] M. Wolfgang von Goethe (1820-1883), Enkel des Dichters. Mariannes Urteil über seine Gedichte deckt sich mit dem von Oskar Jellinek (Die Geistes- und Lebenstragödie der Enkel Goethes, Wien 1938, S. 88): »Ich habe im Verfolge meiner Arbeit an dieser Darstellung keine peinlichere Stunde erlebt, als die Lektüre dieses Gedichtbandes.« – Ähnlich Max Hecker in seinem ausführlichen Artikel in der Allgem. deutschen Biographie, Bd. 49. – Vgl. Herman Grimm, Goethe's Enkel. In: Vorrede zur 4. Aufl. der Goethe-Vorlesungen, 1887.

## 11. *Marianne von Willemer an Herman Grimm*

Stift Neuburg, 11. November 1851

Lieber Herman!

Also vor allen Dingen heute nehme ich Abschied von dir, das heißt vom Stift aus, und in den ersten Tagen werde ich in Frankfurt kaum zum Schreiben kommen; den Samstag reise ich ab, das ist so viel ich weiß der 15te. Und nun zu allen übrigen Auseinandersetzungen (das war ein langes Wort): die Geschichte von dem *Clödchen* ist ein Mißverständnis von Anfang bis zu Ende durch alle Nummern. 1. ich sage und schreibe nie *Clödchen*; 2. ich habe der Claudine *nie* geschrieben, daß du sie in einem deiner Briefe *Clödchen* genannt, ich wüßte gar nicht, wie ich dazu kommen sollte; 3. hättest du es auch getan, wäre mir es gar nicht aufgefallen, noch weniger eingefallen, ihr das wieder zu schreiben; warum denn? Mein lieber Freund, dergleichen Klatschpartien mache ich nicht mit, aber ich wäre doch sehr begierig, die eigentliche Quelle zu kennen und die Motive; hab ich es übel genommen? hat sie es übel genommen? hast du es übel genommen? wo steckt das Übel? von wem ist die Erfindung? Oder vielleicht liegt der Irrtum in der Person. Du kannst an jemand anders geschrieben haben, aber ich weiß von gar nichts und teile auch *meine* Briefe nicht gerne mit. *Deine* Briefe, die du mir bei deiner Abreise vom Neuhof, dito von Berlin aus geschrieben, habe ich hier auf dem Stift richtig erhalten, und die Stelle in ersterem, worauf ich mich bezog, lautet wörtlich: »Ich habe eine Zeit lang geglaubt, es wäre Kälte meines Gemütes, die mir jeden Abschied so erleichterte, aber es ist etwas anderes; das Gefühl nämlich, daß das aus höherem Verständnis geknüpfte Band zwischen mir und andern unzerstörbar sei und unabhängig von Ferne oder Nähe; und so beruhigt, verlieren Trennung, Entbehrung, Wiedersehen ihre gewöhnliche Bedeutung.« Dies sind deine eignen Worte. Nur habe ich die Anwendung auf unser Verständnis, das du so freundlich warst bei diesen Bemerkungen zu erwähnen, der Kürze wegen ausgelassen. Ich weiß auch nicht mehr, was ich dir darüber geschrieben habe, aber das weiß ich noch ganz genau, daß ich frappiert war, in kurzer Zeit dieselben *philosophischen* Ansichten von ganz verschiednen Personen zu hören.[1] – Ich freue mich sehr darauf wenn dein Armin erscheint, aber eher sage ich dir nichts darüber. –

Du sagst mir nicht, ob du meinen direkten Brief nach Berlin erhalten hast, aber ich glaube es ganz sicher. Die vielen Fragen, die er enthält, sind freilich nun erledigt, und wenn ich nach Frankfurt komme, wird wohl Claudi-

nens Gegenwart alles fehlende oder zweifelhafte ergän-
zen. –

Ich hätte dir nie etwas aus meinem Leben erzählt! wie
sollte ich auch, da wir uns eigentlich nur schriftlich kennen lernten; gesprochen haben wir uns in Frankfurt nur
zweimal, und auf dem Neuhof nur einmal[2]; was du mich
damals fragtest, konnte ich in Kürze nicht beantworten,
es gehört ein langer Commentar dazu. Ich habe recht viel
Vertrauen zu dir, nur müßte es sich ruhig entwickeln und
befestigen können; aber du würdest gewiß irre an mir werden, wenn ich einem so jungen Manne wie du, meine
Lebens- und Gefühls-Erfahrungen mir nichts dir nichts
an den Kopf werfen könnte, und zudem sagst du ganz richtig, die Ereignisse sind nicht das wichtigste, was ein
Mensch erlebt. Was dazwischen liegt, das ist ein Weg, der
mit Steinen, die auf dem Herzen liegen, gepflastert, mit
Tränen begossen und mit Seufzern durchweht ist. –

Die Frau von Stein habe ich nicht gekannt. Ich war nie
in Weimar, habe Goethe im Jahr 14 in Frankfurt zuerst
gesehen, ihn bei seinem Aufenthalt vom 12. August bis
6. Oktober 1815 bei uns auf dem Lande kennen und lieben
lernen und war bis vielleicht 4 Wochen vor seinem Tode in
ununterbrochnem Briefwechsel mit ihm; doch sind diese
Briefe von ganz andrer Art als jene an Frau v. Stein, und
ich finde es eine heillose Indiscretion, daß man sie druk-
ken läßt, und ein mein Gefühl verletzendes Benehmen
ihres Sohnes, der sich dabei beteiligt hat. Ungefähr 6 oder
8 Wochen vor Goethes Tod schickte er mir ein wohlversie-
geltes Päckchen und schrieb mir dabei mit liebenswürdiger Empfindung, er schickte mir hiermit meine Briefe.
Ich möge aber das Paket uneröffnet lassen bis zur *unbe-
stimmten Stunde*, die leider nur zu bald schlagen sollte. In
derselben Stunde, als man mir seinen Tod meldete, er-
brach ich das Siegel und fand oben auf noch einige Stro-

phen von seiner Hand.[3] Sie sind in der neuen Ausgabe aufgenommen, und ich will es dir zur Aufgabe machen, sie zu finden.

Sollte ein Blatt von dir mich noch auf dem Stift suchen, so diene hiermit zur Erwiderung, daß es vor der Hand unbeantwortet bleibt; wenn ich nach Hause komme, fällt ein Schwarm über mich her und ich habe alle Mühe, mich aufrecht zu halten. Also leb wohl, grüße die Giesel; und behalte dieses Blatt für dich.

*Dein Großmütterchen*

[ *1* ] Vgl. Brief 9. [ *2* ] Herman Grimm besuchte Marianne in Frankfurt am 3. und am 9. Oktober 1850 (vgl. Anm. 1,1); auf dem Neuhof trafen sie sich im September 1851 (vgl. Anm. 7,1). Marianne bezieht sich im folgenden auf das Gespräch, in dem sie sich als Autorin des Westwind-Liedes bekannte (vgl. Einleitung, S. 25). [ *3* ] Herman Grimm schrieb (Gr 1869, 274): »Zu finden war dies Gedicht nicht schwer, es steht unter denen des Nachlasses...«
Vor die Augen meiner Lieben, / Zu den Fingern die's geschrieben, – / Einst, mit heißestem Verlangen / So erwartet wie empfangen – / Zu der Brust der sie entquollen, / Diese Blätter wandern sollen; / Immer liebevoll bereit, / Zeugen allerschönster Zeit.

Weimar, 3. März 1831.

## 12. *Marianne von Willemer an Herman Grimm*

Frankfurt, 22. November [1851]

Lieber Herman!

Deine Sendung nebst zwei Briefen habe ich richtig erhalten, ich danke dir herzlich für alles; Armin ist noch ungelesen, weil ich ihn nicht durchblättern will; hätte ich gewußt, daß ich so spät dazu kommen würde, so wäre doch mein Dank nicht so lange unterwegs geblieben; habe Geduld, mein Freund, ich muß [sie] ja auch haben. Gestern abend um 5 Uhr bekam ich noch Briefe vom Stift,

unter denen auch einer von dir war, der sich noch dahin
verflogen hatte! obschon er an eine Schnecke gespannt
war, die mir recht schmackhaft schien. Aber mit deinem
Pfeil-Gedicht[1] vom 10. November hast du keinen Fehl-
schuß getan. Ich finde es ganz reizend. Es hat mir so
wohlgefallen, daß ich es gleich möchte drucken lassen,
wenn es mein wäre.

Seit Samstag 4 Uhr bin ich hier und seit jener Stunde
noch keinen Abend zu Hause oder allein, und in diesem
Zeitraum von 8 Tagen drängt sich das Heer meiner Kinder
und Enkel; alle meine Freunde, mein Geburtstag nebst
Feier, die Sontag[2]; 3 Mittagessen, Besuche; Schnee und
die Sorge für warme Kleider, die ich nicht mehr länger
entbehren kann. Somit und mit diesen confusen Gedanken kann ich deinen Armin nicht gelesen haben. Aber
sowie eine Meeresstille eintritt, dann vor allem andern.
Jetzt gute Nacht, grüße deine Giesel von deinem

Großmütterchen M. *Willemer*
*Claudine* ist noch nicht in Frankfurt.

[ *1* ] nicht ermittelt. [ *2* ] Henriette Sontag (1806-1854), Koloratur-
sopranistin.


## 13. *Marianne von Willemer an Herman Grimm*

[Frankfurt], 2. Dezember 1851

Lieber Herman!

Gestern abend habe ich endlich deinen Armin mit großem Interesse und mit Aufmerksamkeit von Anfang bis zu
Ende gelesen und die Teilnahme hat auch keinen Augenblick sich vermindert, was für den Totaleindruck spricht;
ich wiederhole dir, was ich dir schon bei den Probebögen
sagte, daß mich die Behandlung und Durchführung der
Caractere, die Meisterschaft in der Darstellung und Folge

der Scenen wirklich überrascht hat; die Personen sind lebendig und in der Zeit begründet, die Männer sind wahr. Für Aggripina fehlt mir der Maßstab, wie denn überhaupt, was ich dir sage, durchaus individuell ist und kein begründetes Urteil sein kann. Ich sage dir, was ich dabei empfunden, weil ich dich achte und große Freude an deinem Talent habe, aber von Critik kann keine Rede sein, dazu habe ich kein Recht, weil ich *nichts* weiß, nur einiges fühle.

Wenn ich früher sagte, daß die Diction fehlerfreier sein könnte, so muß ich im allgemeinen dabei bleiben, obschon in den letzten Acten sie mir edler und gehaltener scheint, doch sind die vielen Abbreviaturen, mir's, dir's, taten's, sie's, wollt'st du, und so weiter zu häufig. Allein, ich müßte dir laut vorlesen, was mich dabei stört, denn ich *hab's* nur im Ohr, aber kann dir keinen Grund angeben; einige Redensarten haben mir etwas gewöhnlich geschienen z.B.: wie Flavus in der 2ten Scene des ersten Actes sagt: nun will ich selbst mich auch daniederlegen und ein paar Augenblick der Ruhe pflegen; dergleichen hättest du vermeiden können bei fleißiger Überarbeitung, aber ich müßte dein Buch geradezu ausschreiben, wollte ich dir die gelungensten Scenen bezeichnen, so wie die Caractere: den wilden Marbod und sein liebes, unglückliches Weib; den gemeinen, eitlen Adgandester, den tückischen Tiber und Armin deinen Liebling und Germanicus meinen Liebling! der ist dir sehr gelungen, so klar! so edel! ein untadelicher Römer, aber an beiden ist mir eines nicht ganz recht: die erste Scene wo Armin mit seinem Bruder spricht, ist vortrefflich, sie trennen sich herrlich, aber die zweite, wo Flavus stirbt, da hätte Armin sich entfernen aber nicht gehen sollen; und wenn er ruft, mußte der Bruder kommen, nur zu sagen: ich bin bei dir; mir schien es milder, versöhnender. Germanicus spricht, handelt, schweigt wie ein Römer, aber er träumt nicht wie ein Römer, sein Traum ist nicht antik, er ist mittelalterlich, und du wirst fühlen, daß ich dir nicht zu nahe trete, wenn ich sage danteisch; es ist eine großartige Idee, daß er Piso verurteilt, auch ist das erste Bild des Traumes schön, wenn schon der Fisch etwas gewagt scheint, aber das zweite klägliche, schauderhafte, das hast du dem Campo santo in Pisa entnommen, es ist zu gräulich und zu blutig; ich weiß wohl, was du mir alles zitieren kannst, von dem Geier des Prometheus bis zum Gastmahl des Thiest, aber das ist doch anders! Die Strafe mußte bleiben, aber sie mußte eine andre sein. Ich wiederhole dir, daß ich mich bescheide, aber ehrlich meine Meinung sage. Dann ist mir das Kind ein nagender Wurm am Herzen. Erst noch kaum geboren, dann trägt es die Mutter im Arme mit ihren Ketten, und zuletzt der Vater als Leiche! Nein das ist grausam! –

Es ist so schön, was Rada dem Vater von ihm erzählt, auch was letzter von seinem Tode sagt; aber er sollte es nur berichten. Die Leiche sehen? Ich weiß nicht, ob es nicht ohne Wirkung bleiben dürfte. Denn du mußt allerdings auch an eine mögliche Aufführung denken, sonst ist das Drama nicht vollkommen. Und es eignet sich sehr dafür, es hat sehr lebensvolle Auftritte: die Versammlungen der Fürsten, die Scenen im Lager, bei Tiber; der Triumphzug, der Zug der Gefangenen! Und nie ist eine Länge bemerkbar, immer ein Fortschreiten, eine Notwendigkeit von der Handlung bedingt. Ich gestehe, daß ich mir nicht einen so gesunden Organismus in deinem Stück erwartet habe. Nun ist's aber genug, wenn nicht schon zuviel? und zu vorlaut. Dann verzeih! Du hast mich aufgefordert und ich habe dir ganz wahr gesagt, wie ich es meine. Schreibe mir bald, ob du nicht böse bist und behalte in gutem Andenken

deine Freundin

M W.

Mittwoch Morgen.

So weit hatte ich gestern abend geschrieben, bei Licht, mit schlechter Dinte, schlechter Feder; und confusen Gedanken. Ich will nicht damit sagen, daß sämtliche Schlechtigkeiten diesen Morgen sich gebessert hätten, aber das Tageslicht hilft mir zu der Einsicht, daß ich manches von dem, was ich sagte, deutlicher und klarer sagen sollte. Ich habe schon oft bemerkt, wenn mich eine Sache, eine Person, eine Ansicht, lebhaft interessiert, so schlagen mir die Wellen über den Kopf zusammen, das heißt: der Verstand hat Mühe, sich in der Strömung zu erhalten; so nimm mich denn, wie ich sein kann. – Ausführlicher über den Armin mit dir zu sprechen und ruhiger, würde mir eine Freude sein.

Von Sophie Schweitzer hörte ich, daß *Claudine* auf dem Neuhof ist. Sie kömmt wohl bald nach Frankfurt. Die Giesel sei von mir gegrüßt, und Armgart, wenn sie will. Denn wenn man kein Apostel oder Bekenner[1] ist, muß man hübsch bescheiden sein.

mehr als je, das Großmütterchen

[ *1* ] Carl von Luck, vgl. Anm. 2,9.


### 14. Marianne von Willemer an Herman Grimm

Frankfurt, 14. Dezember 1851

Lieber Herman!

Ich weiß nicht, wie ich es verantworten kann, daß ich dir erst heute für deine liebenswürdige Sendung danke; aber du mußt es mir wohl nachsehen, wenn ich dir sage, es war nicht möglich, mich früher über die Freude auszusprechen, die sie mir machte und noch macht. Du hast etwas gefunden, was mir vor tausend andern Dingen am allerbesten gefällt; das Blatt ist so schön und so einfach in der

Erscheinung, daß es mir den Eindruck machte, als wäre es eben für mich gewachsen. Freilich darf ich mir die liebenswürdigen Worte, die es begleiten, nicht allzusehr zu Herzen nehmen, weil sonst ein Übermaß an Wärme dem zarten Blatt schaden könnte, aber das kannst du mir sicher glauben, daß deine gute Meinung von meiner Herzenswärme mir nicht übertrieben scheint und daß sie vielleicht hinlänglich ist, alle Blüten zu treiben, die du mit so viel Geist vor Frost und Kälte zu schützen weißt. Was nun die kleine Flügelhexe anbelangt, die so liebenswürdig war, dem hübschen Blattgedicht ein Punktum bei zu setzen, so glaube ich ganz gewiß, daß ein kleiner Amor sich die Hexe gesattelt und mir zu Liebe dem Blatte so nahe kam, damit ich zu dem Nr. 2 kommen sollte, was mir um so drolliger vorkam, als es mit einer philosophischen Bemerkung schließt, die mir um so komischer klingt, als sie ganz ernsthaft gemeint ist. Ferner konnte und kann ich durchaus nicht verstehen, was du neben die niedlichen Pünktchen hingeschrieben. Es klingt ganz gelehrt und naturforschlich! Auch mußt du mir sagen, wer die netten 4 Hasenpostillione gezeichnet hat, die zwar allerliebst sind, aber meine Überzeugung begründet haben, daß es sehr gut und in gewissen Fällen vorzuziehen ist, wenn Amor nicht immer auf Hasen, sondern dann und wann auch auf einer Fliege reitet.[1]

Du beschämst mich, lieber Freund, wenn du mir schreibst, daß mein Urteil über deinen Armin dir etwas gelten oder auch nur bedeuten könnte; doch möchte ich noch einiges klar machen, was du, glaub ich, mißverstanden hast, und zwar weil ich mich darüber ertappe, daß mir der Gedanke unerträglich ist, du könntest mich mißverstanden haben. Es fällt mir nicht ein, in jene Todeseinsamkeit Rotharis ein empfindsames Versöhnungs Duett hineinzudenken, da hoffe ich, kennst du mich doch genug, um dieser Basenrührung nicht zu huldigen. Ich sagte nur, Armin hätte sich entfernen aber nicht gehen sollen, er mußte bleiben, schweigend, ferne, wie du willst, aber bleiben mußte er, denn Rotharis letztes Wort, sein Ruf nach dem Bruder, durfte nicht verhallen, ungehört, unverstanden. War Armin nicht in seiner Nähe, ja dann war es ein andres. Genug davon; aber daß du meinst, ich hätte ein großmütterliches Mitleid für das Kind, das alteriert mich fast. Du bist nicht grausam gegen das Kind, das in Gottes Namen sterben mag, ja muß. Du hättest so liebenswürdig von ihm erzählen können, wie du es auch getan hast, aber ungeboren und unbegraben hätte es nicht auf der Scene erscheinen sollen. Mit dem Triumphzug durfte es kaum erscheinen, denn das ist die einzige Stelle, wo ich dich nicht ganz frei spreche, daß du es auf Effect abgesehen, als du Thusnelde zugleich den Vater führen und das Kind tragen läßt. Aber damit nun auch kein Wort weiter.

Daß du die Novelle[2] rythmisch behandeln willst, leuchtet mir wohl ein, und ich glaube fast, sie wird dadurch gewinnen; aber es gibt doch eine einfache, klare Weise, diese poetischen Motive auch in Prosa zu kleiden, und du hattest sie wirklich fast immer bewußt oder unbewußt angewendet, daß ich nun nicht weiß, ob diese unbefangene schlichte Art der Erzählung, die den poetischen Reiz der Handlung (wenn ich so sagen darf) noch erhöhte, nicht in einer gebundenen Sprache verloren geht. Doch ich bescheide mich und möglich, daß gerade das Gegenteil erfolgt.

Ob ich vor Neujahr noch einmal schreibe, weiß ich nicht, denn ich bin jetzt die Großmutter in angustie. Laß alles Gute und Freundliche, was zwischen uns gediehen, auch ins neue Jahr hinüber ranken, und gedenke mein gerne, wenn du heiter bist. Grüße deine Giesel und sage

ihr, nächstes[mal] würde ich ihr Grüße an dich schreiben,
wenn ich wieder zu mir selbst komme

wie immer *das Großmütterchen.*

[ *1* ] Von Herman Grimm und Gisela von Arnim sind Zeichnungen in
großer Zahl überliefert; vgl. Brief 2 und die S. 23 beigegebene Skizze
Grimms vom Neuhof. [ *2* ] »Die Sängerin«?, vgl. Anm. 2,4.


*15. Marianne von Willemer an Gisela von Arnim*
Frankfurt, 14. Januar 1852

Liebe Giesel!

Ich weiß es noch gar wohl, daß ich dem Herman gesagt
oder eigentlich geschrieben, daß ich dir das nächstemal
Grüße an ihn auftragen würde, und so soll es auch geschehen; ich weiß auch gar wohl, daß ich dieses mein Vorhaben
über die Gebühr verspätet, aber die beste und für mich die
schlimmste Entschuldigung ist, daß ich am Dienstag vor
Sylvester mich zu Bette legte und vor etwa 8 Tagen wieder
aufstand; vom Schreiben war noch lange keine Rede, als
ich schon wieder auf beiden Beinen stand; das Großmütterchen war diesmal recht übel daran, der arme Schelm
ließ die Flügel hängen, steckte das Köpfchen ein, aß nicht,
schlief nicht, fieberte, und erst seit wenigen Tagen sitzt es
wieder auf dem Stängelchen und putzt die paar Federchen, die ihm noch geblieben sind.

Du siehst wohl, liebe Giesel, wenn man zu schwach ist,
eine Feder zu halten, so kann man auch sein Versprechen
nicht halten, und ich nehme es doch dem Herman ein
ganz klein wenig übel, daß er gar nicht nach mir fragte
und sich den langen Stillstand unsers Briefverkehrs mir
nichts dir nichts gefallen ließ; aber ich gestehe gerne, daß
er mich verwöhnt hatte; von der Claudine habe ich übrigens gehört, daß alle Herrlichkeiten, die das Christkind-

chen auszubreiten versteht, dies mal bei euch vereint waren[1], und es wäre dem Großmütterchen nicht zu verdenken, wenn es als Bettelweibchen sich an die Türe gestellt und durchs Schlüsselloch die Bescherung belauscht hätte; von all den lieblichen Dingen, die dein liebevoller und poetischer Sinn mir aneignet und die du an mir siehst, hörst, schmeckst, riechst und fühlst, muß ich alles demütig abweisen und kann mir nichts gefallen lassen als den eigentlich etwas wieder ins Hochmütige fallenden Titel eines Großmütterchen aller Amorchen; aber nicht von denen, die in der Welt herumfliegen, sondern derer, die hübsch zahm in einer Mappe liegen und sich heimlich Geschichten erzählen. Ich habe schon sieben beisammen und diesmal flog mir der achte zu, ein recht kecker Bube, der vor einer Kette steht und sie mit einer Schere entzweischneidet; ob der sich zahm und ruhig halten wird, das ist eine andre Frage. Wenn ich nicht wüßte, daß ihr Papa ein stiller blasser Mann, ein Mann des Friedens ist, so würde ich einiges Bedenken haben. Nun sind auch noch einige kleine lose Wichte dazugekommen, die ihre Häschen machen und reiten, so daß ich jetzt mit einem Dutzend meine Last haben werde. Zum Glück sind die vier Hasenjäger so klein, daß sie ein Weinblatt vollkommen birgt, es sind wohl Amorskinder. Noch habe ich aber von einem andern Amorsnestchen gehört, ein rosenrotes mit schwarzen Pfeilspitzen, das heckt in jedem Augenblick ein Dutzend aus, aber es muß auf dem rechten Platz sitzen, und diese kleinen Schelme wären die allergefährlichsten. –

Die gute Claudine hat mich schon ein paarmal besucht seit sie wieder in Frankfurt ist, und mein Herz war beglückt, daß sie mir einen lieben Brief in der Neujahrs-Nacht schrieb, wo sie ganz allein in ihrem Erkerstübchen auf dem Neuhof saß und ich ganz allein in meinem Alcovstübchen in meinem Bette lag. Es ist ein großer

Fehler in der Welteinrichtung, daß sich die Menschen, wenn sie wollen, nicht zusammenwünschen können auf eine Stunde, einen Tag, eine Woche; es wäre freilich die Frage, ob sie wieder auseinander wollten, aber ich glaube doch; und wenn man sich in der Folge wird zusammen dampfen können und sich alles das sagen, was man jetzt schreiben muß, so wird das gewiß vortreffliche Gespräche geben.

Nimm dies Blatt freundlich auf und denke, daß jedes Wort eine kleine Schelle haben möchte, um dir eine Bescherung zu geben, die deiner wert ist. Du hast eine viel zu gute Meinung von mir und meinem Kram; meine Bonbon sind nicht mehr frisch, meine Pfeffernüsse unschmackhaft und ein Herz von Lebkuchen, was sich so ziemlich conserviert hatte, das ist in der letzten Zeit entweder zu hart oder zu weich geworden; es läßt sich schwer bestimmen.

Den Herman grüße von mir, und sage ihm, ich erwarte recht bald einen Brief. Ich sitze in meinem Stübchen, das er kennt, an meinem Pult, den er kennt, und die Giesel, *die er kennt*, grüßt herzlich

*das Großmütterchen*
das er auch kennt.

[ *1* ] Marianne bezieht sich auf Herman Grimms Brief an Claudine v. Firnhaber, der den Weihnachtsabend im Hause Bettinas schildert. Er wird im Auszug als Brief 15a wiedergegeben (NFG/GSA. Bestand 03/698 [706]).

*15 a. Herman Grimm an Claudine von Firnhaber*
Berlin. erster weihnachtsfeiertag 1851

… die geheimnisse die gestern bei lichterschein prokla-
miert wurden zogen sich durch ganze wochen vor weihnachten hin. die Giesel malte und pappte, die Armgart
rannte alle morgen wie gejagt durch alle läden, Luck ver-
ständigte sich mit mir über verschiedenes, ein zimmer
wurde ganz abgesperrt, Giesel saß abends am tische nur
hinter bauwerken von schutzschirmen bestehend aus bü-
chern, Luck hielt seine vorträge im verrammelten zimmer, es wurde einem, wenn man abends in die stube trat
plötzlich mit einem donnerwetter befohlen 5 minuten
draussen in das dunkel zurückzuwandern, der tante Bettine wurde ein halbdutzendmal am abend von höherer
hand der mund zugehalten wenn sie unbedachter weise
plaudern wollte, mit einem worte man sah daß grosses im
werke war. gestern abend um 8 uhr fand ich mich ein und
fand frau von Marenholtz nebst Agnes Diest in dem gelben
zimmer von einer dustern lampe schwach erhellt. augenblicklich ward mir durch Armgarts türritze mit befehlen-
dem tone erklärt ich sollte 4 offiziere und 2 civilisten
zeichnen und ausschneiden. ich setzte mich ans werk, als
mir die tante Bettine die lampe vor der nase wegnahm
und Luck hereintrat. ich schenkte mit ihm zusammen 150
austern welche auszubleiben schienen weshalb ich ihn
obendrein am zipfel halten musste weil er danach in die
stadt wollte. Armgart erschien, sie kam von Radzivill's wo
ein ganzer wald von bäumen gewesen sein muss und von
den sœurs grises denen frau von Savigny 80 kuchen für
die kranken geschenkt hatte und die nebst ebensoviel hei-
ligenbildern dort beschert wurden, worauf dann die kranken aus den betten gesprungen wären um an der nacht-
lampe ihre heiligen zu betrachten. während dies alles

erzählt ward arrivierten in einer droschke Rudolf und Gustchen, letzteres mit einer Katze für Armgart um deretwillen unser ganzes haus schon seit einigen wochen in belagerungszustand versetzt war und welche in der Giesel ihre hutschachtel gesetzt wurde in der sie sich anständiger benahm als in meiner stube vorher. auch kam der grosse korb mit in dem unsre geschenke hergebracht waren und mit dem die tante Bettine als allerletzte autorität nachdem alle heraus waren betraut wurde damit sie jedes an ihren ort legte. die Gustel hatte der Giesel ein kissen gemacht von violettem atlas, ich ihr eine schreibmappe in kleinem format geschenkt, der Armgart Praliné's in einem paquet mit vielen andern witzen und kleinigkeiten. Dazu einen weihnachtsmann von tannenzapfen, zwei weiße mäuse von marzipan der katze wegen und honigkuchen mit den verschiedenen namen darauf. endlich wurde den leuten geklingelt, die türen von Armgart's stube aufgerissen und ein anblick für götter. zuerst betrat die Appel an der hand der tante Bettine das heiligtum und trat zu ihrem aufbau, auf einem runden tische vor dem roten divan in der ecke, auf dem Karoline das ihrige fand. Daneben auch die Nebeko. auf der Max ihrem schreibtisch breiteten sich des kleinen Friedrich reichtümer aus, stiefel, rock, weste, tücher, handschuhe und so weiter. der lange schmale tisch am spiegel beherbergte frau von Marenholtz, meine Schwester, Rudolf und mich. ich erhielt ein kleines buch in sammet gebunden mit goldenem schloß zum hineinschreiben von der Giesel und ein elfenbein lineal von der Armgart. mitten in der Stube stand der baum, und der runde tisch, auf dem er stand, gehörte der Armgart zu. im baum oder vielmehr darunter ein fast lebensgrosses reizendes christuskind von der Giesel gemalt und geklebt, ein goldner heiligenschein ist um den Kopf und das röckelchen ist rot mit goldnen sternen darauf.

davor eine menge baumwollen schafe, bonbonnièren, paquete und andre Dinge. von den ästen des baumes hing ein schwarzer schaal von durchbrochenem seidenzeug mit goldstickereien, darauf eine grosse zitternde spinne und im netze selbst die offiziere und civilisten aus meiner scheere. ausserdem eine eiserne garnwinde aus Luck's händen und ein seidnes Kleid, schwarz und blaugestreifter popeline. auf dem tische lagen ferner Gisels geschenke, ein hut von rosa seide mit spitzen der ihr wundervoll steht, ein schwarzes sammetwestchen, papier von Luck, mehlweischen und so weiter, auch ein paar gummischuhe wie Sie sie haben. vor dem roten lederkanapeechen endlich Luck's stand, daselbst ein eingerahmtes bild, das veilchenmädchen von Magnus mit einem zettel daran welcher schnell verschwand, ferner papier und zuckerwerk. neben ihm am ofen breiteten sich kleider und andre putzsachen von Agnes Diest aus. überall lichter, nirgends ein freier platz, ein ewiges gedränge.

während man so schwelgte kamen die austern an, es erhob sich ein ungemeines essen und stillschweigen. darauf zeigte die Giesel ihr werk bestehend in einem folio bilderbuche mit reizenden bildern darstellend die schicksale des dürren herrmännchen, dicken gustelchen und puckligen hänschen welche auf dem weihnachtsmarkt ihre waaren feil bieten. auch andre bilderbücher wurden besehn, gelacht, erzählt, getollt, es war 1 uhr als wir aus der haustür traten und durch den fast warm zu nennenden tiergarten nach hause zogen. heute habe ich bis 10 uhr im bette gelegen, das wird Ihnen indes gar nicht so absonderlich vorkommen...

*16. Marianne von Willemer an Herman Grimm*

Frankfurt, 28. Januar [1852]

Mein lieber Herman!

Wenn es nicht zu anmaßend wäre, so würde ich sagen, daß eine Art Sympathie zwischen uns existiert; soeben setze ich mich an den Pult, um dich einiges zu fragen und zugleich mich in deiner guten Meinung wieder herzustellen, da schellt es und der Briefträger bringt dich wahrhaftig wie du leibst und lebst[1]; das hat mir große Freude gemacht, und wenn ich ein böses Gewissen hätte, so würdest du mir feurige Kohlen auf das Haupt gestreut haben, was auch nicht übel wäre, um vielleicht in etwas den Schnee zu schmelzen, der nachgerade überhand nimmt. Aber ich habe mich einfach gefreut wie ein Kind und finde gar nicht, daß du mir ein böses Gesicht machst, aber ein sehr bekanntes. Ich danke dir, lieber Herman, ich werde es sogleich aufhängen gerade dem Canapé gegenüber; nun weiß ich nicht recht, welchen deiner Briefe ich zuerst beantworten soll: den ersten oder den, der mir ein Gesicht nicht macht, sondern gebracht. Also den letztern, denn er hat außergewöhnliche Vorzüge.

Zuerst mußt du mir aber eine Frage erlauben: Seid ihr broulliert? du und Giesel? oder hat sie meinen Brief[2] nicht erhalten? worin ich ihr die Ursache meines längeren Schweigens auseinandersetzte und ihr nebst herzlichen Grüßen einige stille Vorwürfe an dich zu bestellen gab. Hat sie nun diesen Brief nicht erhalten oder dir nichts davon gesagt, so hat sie unrecht, oder schien er ihr zu unbedeutend, dir darüber zu sprechen, so hat sie sehr recht; nur habe ich es ganz mit Unrecht abwarten wollen, ob eins von euch beiden mir hierauf etwas erwidern wollte, und so ist denn zwischen wollen und nicht wollen eine so große Pause entstanden, daß ich eigentlich sehr unschlüssig war, ob ich dich nicht im Zweifel lassen soll, ob ich krank oder gesund bin, weil [im] erstern Fall du mir mit einigen stärkenden und ermutigenden Liebesbriefen zu Hülfe kommen willst. Und dies sind Rezepte, die man sich auch ohne krank zu sein gefallen läßt. Daß ich mir aber einen Enkel, wie du einer bist, denken soll, der nicht weiß, was er denken soll, das bin ich nicht im Stande, denn du weißt nur zu gut, was du denken und was du schreiben sollst, und ich hoffe sehr stark auf neue gedruckte Beweise; denn hierauf beziehen sich doch wohl die schmeichelhaften Dinge, die man dir sagt, und die, wie es mir scheint, du recht vollkommen zu goutieren weißt. Oder bezieht sich das mehr auf deine angenehme Persönlichkeit? Auch gut, es scheint fast, als wenn du zwischen Grimm und Juan ein interessantes changeant angenommen hättest, denn in deinem ersten Brief schreibst du mir auf der ersten Seite von einem liebenswürdigen bayrischen Gesandten-Kinde und auf der vierten von einem französischen; und ich bin lebhaft an die Stelle erinnert worden: ma ma, ma in Hispania!! – aber so lange du deinem Beichtvater darüber schreibst, hat es keine Gefahr. ma! ma! was sagt Giesel dazu? – Deine Grüße an die Guaita[3] habe ich bestens besorgt; es hat sie recht gefreut, daß du ihrer gedacht. Es ist recht schön von dir, daß du das Alter so honorierst.

Was nun den Grenzboten[4] betrifft, der dich, wie du sagst, über die Eigenschaften aufklärt, die dir mangeln, so kann ich dies nicht beurteilen, weil ich ihn nicht kenne und nicht weiß, ob er nicht zugleich ein Schmuggler ist; allein ich glaube bestimmt, daß es dir nicht schadet, wenn man vielleicht irrtümlich von deinen Fehlern spricht, du kommst dadurch zum Bewußtsein deiner Vorzüge. Dein Stück oder dein Kind vielmehr, was dem Vater so ähnlich sein soll, weiß ich nicht bei seinem Taufnamen zu nennen, wie heißt es denn? Napoleon?

Ich komme wieder auf deinen zweiten Brief zurück, der mir ehrlich gesagt lieber ist als der erste; es schien mir etwas fremdes in dem Inhalt, etwas gereiztes, und deiner Mutter gebe ich sehr recht, daß sie die frevelhafte Apostrophe an die Sonne[5] tadelte. Ich habe dich nicht erkannt in dieser Unnatur. – Aber im Stiche lasse ich dich nicht, du kommst wieder zu dir und ich auch. –

Die Reihe zu grüßen ist nun an dir, das heißt grüße die Giesel; und lebe wohl!

Grüße auch deine Angehörigen von dem

*Großmütterchen*

Ich frankiere also die Briefe nicht, weil du es nicht willst und es ebenso machst.

[ *1* ] Herman Grimm studiosus juris, Radierung von L. E. Grimm, 1848; s. Bildteil. [ *2* ] Brief Nr. 15. [ *3* ] Meline von Guaita, geb. Brentano (1788-1861), Schwester Bettinas, verheiratet mit Georg Friedrich von Guaita (1772-1851). Herman Grimm äußert sich (Gr 1897, 142): »Der Bürgermeister von Guaita war mit einer der Schwestern Bettina's verheiratet. Melina von Guaita war so schön, daß, wie man sagte, die Leute stehen blieben, wenn sie vorüberging, um ihr nachzusehen. … Meline war ungemein ruhig in ihrer Art. Es ist seltsam, daß die Brentano'sche Familie sich in Repräsentanten der größten Ruhe und in solche von außerordentlicher Unruhe teilte. Beide lieferten einander einen schönen Hintergrund. Alle hielten innig zusammen.« [ *4* ] Rezension des »Armin« von Herman Grimm in: Die Grenzboten, 11. Jg., 1852, S. 127f. [ *5* ] nicht ermittelt.

*17. Marianne von Willemer an Herman Grimm*

Frankfurt, 18. Februar 1852

Lieber Herman!

Ich sehe dich schon ein saures Gesicht machen, daß ich so lange nicht geschrieben habe, und meiner Phantasie ist keine gar große Aufgabe gestellt, da ich mich nur umschauen darf, um es an der Wand zu sehen. Du mußt eben ein wenig Geduld mit mir haben, unsereins hat die Gedanken nicht so bei der Hand wie du und andere Poeten, die gar nicht aus den Gedanken herauskommen; das prosaische Leben nimmt eine Großmutter manchmal so in Beschlag, daß sie das Diminutiv darüber vergißt; aber es hat keine Gefahr, es kommt immer wieder zum Vorschein. Wir haben hier allerlei Fährlichkeiten gehabt und ich, als poetische *Main*verehrerin, habe das Vergnügen gehabt, ihn im Keller zu verehren. Ich mußte an Goethes Feuerbewunderer denken: die es Jahr aus Jahr [ein] anbeten, und wenn sie hineinfallen, mit Haut und Haar verbrannt werden.

So schlimm ist es mir nun freilich mit dem Wasser nicht gegangen, ich bin nicht hineingefallen; auch war es ganz hübsch, wie es anfing zu steigen und der Strom, sich füllend, allen Philistern an der Nase vorbeirauschte; aber da wir alle an der Erdenscholle kleben, so drängte uns der Despot aus den untern Räumen und alle wohlfürsichtigen Hausfrauen der Mainufer mußten in höchster Eile ihre Keller räumen. Ei, was flogen die Mägde, die Frauen, die Kinder treppauf treppab und flüchteten nach oben; ich lachte dabei ins Fäustchen, denn als meine 6 Kartoffeln und meine 6 Flaschen Wein in Sicherheit waren, glaubte ich alles überstanden zu haben. Aber freilich mußte ich mein Holz, das frisch gekaufte, unten lassen und nun, da alles Wasser fort, der Schnee sich einstellt oder mindestens droht, weint mein Holz im Ofen, weil es zum Teil naß ist, und ich weine aus Mitleid mit. Aber so schlimm ist es nicht. Es blieb noch einiges davon vom Wasser unerreicht, und wenn du kommen willst, so findest du wie immer ein warmes Stübchen, einen guten Café, einen vortrefflichen Tee, wenn es sein muß auch ein paar hübsche

Mädchen, denn mit *einem* scheint dir gar nicht mehr zu genügen, und recht gute Bonbon, von denen ich vorhabe, dir eine Probe zu schicken, um dein sogenanntes saures Gesicht zu versüßen; vorher bitte ich dich, mir eine Anweisung zu schreiben, wie ich es senden kann, natürlich in einer Schachtel, aber per Eisenbahn? oder Fahrpost? oder wie? mit einem Frachtbrief? Angabe des Wertes? den es freilich nur für dich haben kann, und erbitte mir prompten Bescheid. Da ich nun voraussetze, daß du alles mit Giesel teilst, so will ich gar nicht bemerken, daß ihr es miteinander verzehren sollt. Und an mich denken, wenn es euch gut schmeckt. Nun gib acht! es ist mir nicht möglich, mit dieser von Gott verlassenen Dinte weiterzuschreiben; ich nehme nun die blaue, die ich mir heute gekauft habe.

Die Rezension, die du mir mitgeteilt, ist recht verständig, und wie du sagst wohlwollend; den Fehler, den er rügt: die Rücksicht auf die Bühne, ist insofern keiner, als du darauf keine Rücksicht nahmst, aber darin hat er recht, was er Zeile 1 bis 3 sagt und 19 bis 22.[1] Im übrigen hast du doch mehr geleistet, als man erwarten durfte. Ich wußte nicht, ob ich dir das Blättgen wieder schicken sollte. Ich kann es ganz gut mit der Süßigkeit.

Du wirst dich recht wundern, wenn ich dir sage, daß ich den Eckermann[2] gar nicht besitze und lange nicht gelesen habe, aber eben am dritten Teil von Goethes Briefen an die Stein bin. Du findest am Schlusse, auf dem letzten Blatt vorletzte Seite, den Anfang jener Strophen, die mir Goethe mit meinen Briefen sandte und die gewiß vom 3. März 1831, also nach dem Tode der Stein geschrieben wurden.[3] Doch dies bleibt wie immer unter uns. –

Schreibe mir bald etwas über deine neuen Unternehmungen und sprich von deinen Arbeiten nicht so cavalierement, das schickt sich nicht für 1 bis 3.[4] Auch über deine

Gesundheit wünsche ich einiges zu hören, hast du noch manchmal Nasenbluten? Ich stehe immer auf der Wache, jetzt ist meine schlimmste Zeit. Nun soll dies Blatt sich heben und vom Winde getragen auf deinen Schreibtisch fallen. Heute kommt die Claudine vom Neuhof.

Führe dich gut auf!

das Großmütterchen

[ *1* ] Die Zeilen 1-3 der Rezension (vgl. Anm. 16,4) lauten: »Da es uns deutschen Kritikern gegenwärtig nicht vergönnt ist, die Dramen fertiger und berühmter Schriftsteller zu kritisieren, so fallen unserm Hunger die Arbeiten jüngerer Kräfte zum Opfer.« Ferner Zeilen 19-22: »Was von einem modernen Dichter geschrieben wird, und auf unsern modernen Bühnen zwischen Souffleurkasten und Hintergrund bei einer etwaigen Darstellung nicht wirksam ist, das ist aus irgend einem Grunde auch vom Dichter fehlerhaft empfunden oder ungeschickt ausgeführt.« [ *2* ] J. P. Eckermann, Gespräche mit Goethe, 3 Bde., 1836-1848. [ *3* ] Vgl. Anm. 11,3. [ *4* ] Vgl. oben, Anm. 1.

## *18. Marianne von Willemer an Herman Grimm*

Frankfurt, 28. [Februar 1852]

Lieber Herman!

Ich habe deinen Brief, nämlich den zweiten, nicht recht verstanden; so viel wurde mir aber klar, daß du auf irgend eine Weise verletzt bist; wenn die unschuldigen Brenten[1] daran Schuld sind, so ist es mir sehr leid, ich habe lange gezögert, sende sie aber dennoch wie Figura [?] zeigt, und zwar *1tens*: weil eine Großmutter mit und ohne Diminutiv sich doch wohl ein solches erlauben kann; *2tens* weil ich selbst einmal dazu kam, wie die Armgart mit großer Sorgfalt Pariser Bonbon packte und nach Berlin sandte! *3tens* sind es keine Pariser Windbeutel, sondern ehrliche Frankfurter Brenten von gutem alten Schlage, *4tens* wollte ich dir durchaus damit kein *Gegengeschenk* machen, denn das kann ich nicht, weil das Deine zu wertvoll und nicht zu erwidern, außer mit ähnlichem wo nicht *gleichem*. *5tens* habe ich dein saures Gesicht noch nie anders als freundlich angesehen, was es auch immer erwidert hat, und *6tens* regt sich eine Art Widerspruch in mir, und ich sende die Schachtel, die schon gepackt war, als der fulminante Brief kam, worin mich die Giesel mit deiner Wut bedroht. –

Noch einen Rat will ich dir geben: wenn dir nur gestohlene Bonbon schmecken, so schenke sie weg oder bitte die Mutter, sie möge mit meinem guten Willen die Bonbon freundlich aufnehmen, und du kannst sie ihr dann stehlen, so oft du dazu Lust hast; wie und warum du aber bittere Tränen vergießen mußt, das weiß ich nicht! Ich gestehe auch meine Unfähigkeit, solches zu ergründen, wie ihr denn im Berlin solche *geistreiche* Gefühle cultiviert, daß sie fast wie man von den Paradiesvögeln behauptet, immer fliegen müssen, weil sie verschmähen, sich *nieder* zu lassen. Sollte aber in meiner Sendung, die vielleicht zu *mütterlich* war, irgend etwas sein, was dein Zartgefühl verletzte, so sage es mir, und ich bitte dich im voraus um Verzeihung. Der Firnhaber kann ich deine Grüße nicht bestellen, sie ist auf dem Neuhof, wird aber wohl bald wiederkommen. Deinen früheren Brief beantworte [ich] nächstens ausführlich und danke einstweilen für die Probe aus der Novelle[2]; sie hat mir sehr gut gefallen, aber ich bleibe bei der Prosa und spreche mich wohl darüber aus, wenn du mir es erlaubst. – Die Giesel grüße recht freundlich von mir und sage ihr: ich mache ihr durchaus keine Zumutungen, obschon ich anführen könnte, daß diesen Monat Valentinstag fällt oder fiel, von dem es heißt:

*Am Valentinstage!*
findet alles Entschuldigung!
Jegliche Gabe und jegliche Huldigung
Ob es ein Wagstück oder Vermessenheit
Wer wird es wagen, dies zu ermessen heut
Liebe und Freundschaft hält Maß und Waage
*am Valentinstage.*
*Addio*!

das Großmütterchen.

[ *1* ] Vermerk auf dem Brief von Herman Grimms Hand: »In einer Schachtel mit Brenten«. [ *2* ] »Die Sängerin«?, vgl. Anm. 2,4.

## *19. Marianne von Willemer an Herman Grimm*

Frankfurt, 20. März 1852

Lieber Herman!

Just saß ich an meinem Pult, um dir zu schreiben, als dein Brief kam, und ich habe mich nun doppelt zu verantworten; es geht mir manchmal etwas zu bunt zu, denn dies ist die eigentliche Bezeichnung für einen Zustand, der in allen Farben schillert. Ich bin oft so in der Klemme, daß ich mehrere Tage brauche, um wieder in meine eigentümliche Façon zu kommen; dies ist man sich schuldig, und ich bin nur dann ruhig, wenn ich mich gewahr werde. Das Unglück ist, daß ich mich sehr gern mit anderen assimiliere, und mein eigenstes Wesen ist oft durch meinen eignen Herzensprozeß dergestalt in andere Gefühlsrichtungen aufgelöst, daß ich verschiedne Experimente nötig habe, um die verschiednen Ingredienzien, als da sind: großmütterliche, mütterliche, freundschaftliche, rücksichtliche, innige, vertrauliche, gesellige so zu sondern, oder wenn du willst zu rütteln, daß die Mixtur meiner Gesundheit (Seele) keinen Nachteil bringt und ich im *Grunde* immer dieselbe bin. Hier laß mich etwas anknüpfen, was mir in deinem Brief aufgefallen ist. Du schreibst mir bei Erwähnung der Accazie, die ich recht gut kenne, sie steht auf meinem Blumentischgen und ich habe schon oft diese eigentümliche Vorrichtung zum Schlafe beobachtet, also du schreibst: »als ich mit dir zusammen ging, war mir das Herz ganz enge zusammengefaltet und was hilft es mir jetzt, wenn ich es ausbreite?«

Ich gestehe dir, daß es zum erstenmal in meinem ganzen Leben ist, daß mir dies gesagt wird; im Gegenteil wurde mir oft gesagt und bewiesen, daß in meinem Wesen etwas Vertrauenerweckendes liegt, sehr oft hörte ich die Äußerung: »bei Ihnen geht mir das Herz auf«. Wie kommt es, daß es bei dir umgekehrt war? Du wirst es mir gewiß nicht als Eitelkeit auslegen, was ich dir bemerke, denn ich spreche natürlich von der Zeit und von dem Alter, wo du mich auch kennenlerntest, in der früheren, vergangenen bedient man sich andrer Worte. Und ferner, wenn ich leider diesen mir unerwarteten Eindruck auf dich machte, wer hindert dich, dein zusammengefaltetes Herz auszubreiten? Ich will deinem Vertrauen ein großmütterliches offen halten.

Dienstag den 23ten

So weit war ich den Samstag mit meinem Brief gekommen, als mir jemand in die Quere kam; ich konnte nicht weiterschreiben, auch den Abend nicht; den Sonntag ging ich in den Dom, habe mich wahrscheinlich erkältet, mußte meine elende Personage zu Bette jagen, bekam Halsweh und bin erst heute wieder in einem leidlichen Zustand, obschon es mir vorkommt, als würde ich keine großen Sprünge machen. Ich sende daher dies Blatt nur, um ein zweites von dir nicht abzuhalten. Deine Intendanten-Unterhandlungen[1], das neue Trauerspiel[2], die poetische Novelle in Prosa: dies alles im Nächsten.

Vor allen Dingen muß ich dir noch erzählen, wie mir am Donnerstag um 12 Uhr Nachts, wo ich nach Hause kam, ein Billet in die Augen fiel, was ich auf meinem Nadelkissen vorfand; es war von Sophie Schweitzer, worin sie mir die Verbindung Freymunds und Claudinens³ anzeigte, Gott segne sie beide! möge es Arnim nie vergessen, welches Opfer Claudine ihm bringt, denn sie bringt es allerdings; und zwar in Hinsicht auf die Pflichten, die sie übernimmt und auf das Urteil, was man über sie zu fällen sich erlauben wird, und was (ich weiß du schweigst gegen *jedermann*) gerade in der Familie am härtesten ausfallen wird. Ich meine hier niemand bestimmtes, am wenigsten die Sophie, die bei allem, was sie auch dabei empfinden mag, eine Schwester zu verlieren wie die Claudine, doch viel zu gut und zu liebevoll ist, um an sich zu denken, und nur für Claudinens Glück besorgt ist. Aber soviel ist gewiß, alle Madamen sind in großer Aufregung, und wenige wissen eine solche Liebe zu würdigen, die Männer schon, die urteilen viel gerechter. Laß diese Zeilen niemand sehen und sage mir aber deine Gedanken, so etwas spricht sich besser, als es sich schreibt; aber dennoch will ich sie wissen.

Ich glaube, es wird mich nicht den ganzen Abend ohne einige Sehnsucht nach meinem Bette lassen; ich schließe dies Blatt und mache mir Vorwürfe, daß ich deine Briefe nicht besser beantwortet habe, ein andermal mehr.

Grüße wen du willst! von dem

*Großmütterchen*

[ *1* ] Wie Grimm am 21. März 1852 Claudine von Firnhaber im Vertrauen mitteilte, habe »Der Prinz von Charlolais«, ein Stück »in der Scribeschen Art«, bei der Intendantur eine gute Aufnahme gefunden: »ich werde einige dort gewünschte abänderungen mit leichter mühe vornehmen und vielleicht in einiger zeit auf dem theaterzettel

prangen... effect macht das stück jedenfalls, ich sage das nicht aus
eitelkeit sondern weil [ich] es ganz kaltblütig drauf angelegt habe.
sonst hätte man es auch gar nicht angenommen und mein entrée in
diese bahn musste ich à tout prix erlangen.« (NFG/GSA Bestand 03/
698 [706]) [ 2 ] »Demetrius« (Manuskript), Berlin, Unger, 1853, 56 S.
[ 3 ] Die verwitwete Claudine von Firnhaber und der gleichfalls verwitwete Freimund von Arnim (1812-1863), Bettinas ältester Sohn,
heirateten am 28. 5. 1852 auf dem Neuhof.


## 20. *Marianne von Willemer an Herman Grimm*

[Frankfurt], 20. April [1852]

Lieber Herman!

Es wäre kein Wunder, wenn du an dem Großmütterchen irre würdest! Ich glaube und hoffe dennoch, daß es
nicht der Fall ist! Du kannst dich immer darauf verlassen,
daß schweigend und mitteilend ich dieselbe bleibe, und
die kurzen Pausen unsers Briefwechsels behandle ich melodramatisch, was freilich nicht in die Ferne reicht.

Du hast ganz recht, daß deine Exposition von den Be-
weggründen der Arnimischen Verbindung[1], mich zu einer
augenblicklichen Erwiderung hätte verpflichten sollen,
besonders da sie mir ganz aus der Seele geschrieben war;
aber du mußt das Vertrauen zu mir haben, daß ich eben
nicht konnte; nun muß ich mir aber einige Erklärungen
über folgende Stellen in deinem Briefe erbitten; du sagst:
*man muß bekennen, daß die Heirat ein Glück ist.* Und gleich
darauf sagst du wegen der Ungleichheit des Alters unter
andrem: »es wäre besser, wenn es anders wäre; ja, es kann
sogar einen Anschein von mehr als unpassend haben,
wenn eine Frau mit weißen Haaren einen jungen Mann
heiratet. *Aber das haben sie unter sich auszumachen, ich
würde an seiner Stelle vielleicht nicht den Mut gehabt haben,
sie anzureden.«* Nun begreife ich recht gut, daß in obigen

Worten ein Tadel für Claudine nur durch ihre edlen Motive beseitigt werden kann, allein dieselben Motive auch bei Freymund voraussetzend, kann ich nicht recht begreifen, warum du an seiner Stelle nicht den Mut hättest haben sollen, sie anzureden. Natürlich wenn du in seiner Lage und in seinem Alter gewesen wärst. Eins muß ich noch berichtigen, wenn es in meinem Briefe den Anschein hatte, als wenn hauptsächlich Sophie Schweitzer hart über Claudines Verbindung geurteilt hätte, so ist das ein Irrtum, sie war erschüttert; und abgesehen von ihren religiösen Bedenken, mochte sich das Gefühl der Verlassenheit in den Vordergrund stellen, aber *hart* war sie nicht. Und am härtesten war eine andre, die ich nur *dir* nenne, Josephine Brentano![2] Doch da sind wunderliche, unbewußte Motive schuld, deren sie sich nicht bewußt sein mag und die ich ahnen, aber nicht gewiß wissen kann. Mathilde[3] kenne ich zu wenig, aber ich unterschreibe dein Urteil über sie, daß sie einen gesunden Herzenskern hat.

Der Claudine habe ich deinen ersten Brief gelesen (natürlich stellenweise) und werde auch aus deinem zweiten mitteilen, was ihr Freude machen kann. Sie hat dir wohl schon geschrieben, sie bleibt in Frankfurt, bis ihre Schwester die neue Wohnung bezogen hat. Daß sie denken sollte, du oder deine Giesel hätten etwas über den Lauf gehabt, den diese Dinge eingeschlagen, ist mir eben so unwahrscheinlich, als wenn ich es hätte denken sollen; zudem ist sie jetzt aus deinem Briefe überzeugt, wie du darüber schreibst. Daß du armer Freund, in deinem ersten Briefe am Krankenbette deiner Mutter, und im zweiten an dem deiner Giesel sitzest, ist recht rührend, und ich wollte dich gerne ablösen, wenn ich könnte; aber ich sitze vor meinem eignen Krankenbette und beobachte meinen Puls und Herzschlag und habe auch wunderliche Ansichten über Raum und Zeit. Meine arme Seele liegt vor meinen Augen krank danieder, und obschon ich bald mit Milde, bald mit Strenge ihr auf die Beine helfen möchte, so verfehle ich fast immer die rechten Mittel; wenn sie sich erheben sollte, rücke ich ihr die Kissen zurecht, und wenn ich sie rüttle und aufrichten will, bricht sie zusammen.

Was du mir über Carrières Beurteilung[4] schreibst, verstehe ich vollkommen; sei überzeugt, daß man *nie* die Blüte deines Gedankens, deiner Seele, erkennt; wenn man auch die Frucht obenhin betrachtet, um zu erkennen, ob es eine Kirsche oder eine Ananas ist.

Beantworte mir diese Zeilen nicht eher, als bis ich der Giesel für die ihrigen gedankt und per via Hermana an sie absende. Du sollst dann auch einen Botenlohn haben. Nun sei getrost und pflege deine Kranke und grüße sie einstweilen. Sage ihr: sie hätte mir gute Worte geschrieben, die ich in treuem Herzen bewahre. Leb wohl und vergib!

mehr als je das Großmütterchen

[ *1* ] Marianne reagierte sehr empfindlich auf alle Äußerungen zu der in Aussicht stehenden Verbindung; einerseits war sie um das Glück der ihr sehr nahestehenden Freundin besorgt, andererseits wird sie sich der unfreundlichen Kommentare bei ihrer eigenen Heirat erinnert haben. Zu dem Altersunterschied von sieben Jahren trat der Umstand, daß die kinderlose, vermögende Katholikin einen Protestanten heiratete. Dieser hatte aus nur 1½jähriger Ehe ein nunmehr vierjähriges Söhnchen, das mütterlicher Pflege bedurfte. [ *2* ] Josephine Brentano (1804-1875), Tochter von Antonie und Franz Brentano, Gattin von A. Theodor Brentano. [ *3* ] Mathilde von Guaita, geb. Mumm (1815-1890), Gattin von Leberecht von Guaita, Schwiegertochter von Meline von Guaita. [ *4* ] Bettina hatte Moriz Carrière (1817-1895) um eine Rezension des »Armin« gebeten (B. v. A., Werke u. Briefe, Frechen 1961, Bd. V, S. 460 f.). Neben der in Brief 16,4 genannten ist eine weitere anonyme Rezension im Lit. Centralblatt Nr. 2, 1852, erschienen.

Berlin, 27. april 1852
12 uhr nachts

Liebes großmütterchen

wollte ich auf deinen brief warten, so weiß ich, daß ich in einer woche ebenso weit sein würde, als ich heute bin. deine scroupel über meine heiratsansichten treiben mich an, deinen befehl zu übertreten und dir diejenigen explicationen zu beschleunigen, deren du bedarfst. wenn ich nämlich schrieb, daß ich an Fr[eimund]'s stelle nicht den mut gehabt haben würde etc, so dachte ich dabei gar nicht an einen tadel, denn ich dachte nur an mich und weder an Fr. noch Cl[audine], was mich aber betrifft, so würde mich, da von einer leidenschaft nicht geradezu die rede ist, die betrachtung aller umstände vielleicht einen wunsch haben verschweigen lassen, dessen gewährung keine unbedingte notwendigkeit wäre. ich bin fest überzeugt daß Cl. nicht aus bloßer aufopferung so handelt, sondern daß wirkliche neigung im spiele ist, ja ich würde mich verwundern, wenn diese fehlte, aber ehe sie ihr jawort gab, würde ich diese nimmermehr erwartet und von jener zuviel verlangt haben.

eine heirat ohne liebe ist ekelhaft, wo aber die liebe ist, da kann nicht die aufopferung allein sein, wenigstens beide zusammen. ich aber wäre vielleicht zu bescheiden gewesen, um an die eine zu glauben oder die andere zu fordern.

du siehst, daß ich nur von mir spreche und zwar von mir als einem, der noch wünscht und mit sich berät, ob er verlangen soll. von dem, was ich tun würde, wenn mir alles gewährt wäre, redete ich nicht.

offenherzig bin ich vollkommen, denn es ist keine hinterlist gegen die, welche man liebt, daß man sie mit möglichster gerechtigkeit beurteilt. deshalb kannst du alles,

was ich zu gunsten dieser heirat gesagt habe, für wohler-
wogen halten und jedes wort als einen geldbeutel betrachten, der voll echter dukaten ist. der familie verdenke ich
jedes unfreundliche wort und sehe es als ein zeichen eines
egoismus an, den ich nirgends so habe blühen sehn als in
Frankfurt. diese leute sind so sehr auf das beschränkt, was
ihnen allein angenehm ist, daß sie es sich einander nicht
einmal mehr übel nehmen. ich hoffe, das zaudern hat ein
ende und die hochzeit führt beide aus der stadt, an der nur
ein guter flecken ist. du weißt wohl, wo er liegt, nicht weit
vom Main drei treppen hoch.[1]

die Giesel läßt sich schönstens für die gemachten ver-
sprechungen deinerseits bedanken und faßt die pause
melodramatisch. sie ist auf der besserung.

die Cl[audine] hat mir nicht geschrieben. der tod ist dazwischen gekommen, der den armen Franz[2] doch endlich
mitgenommen hat. es läßt sich weiter nichts sagen, als
daß es ein trauriges ereignis war. sterblich sind wir alle;
ich stand ihm nie besonders nahe, warum soll ich mich in
gefühl lügen, das mir nicht von selbst kommt. bedauern
ist keine trauer.

lebwohl und glaube nicht, daß dich dieser brief deiner
promessen entbindet,

dein Herman.

[ 1 ] Mariannes Wohnung in der Alten Mainzergasse Nr. 43.
[ 2 ] Franz von Savigny (1808-1852), Sohn von Friedrich Karl von
Savigny und Kunigunde (Gunda), geb. Brentano, Bettinas Schwester.

*22. Marianne von Willemer an Herman Grimm*

[Frankfurt], 5. Mai [1852]

Lieber Herman!

Es war sehr gut, daß du mir noch einmal geschrieben, ehe du meine Antwort abgewartet; du hättest bis heute warten müssen, ohne wenigstens von deiner Seite den halben Weg zu machen; wenn ich nicht irre, so schrieb ich in meinem letzten Brief von meiner kranken Seele, nun bin ich aber an Leib und Seele krank! Am 26. April legte ich diesen auch zu Bette und laborierte bis heute an einer heillosen Grippe, die mir nach mehreren mißlungenen Versuchen erst heute erlaubt, einige Stunden aufzustehen; ich stehle diesen Probeerhebungen einige Minuten, um sie dir zu schenken; nach dem Beispiel des heiligen Crispin sage der Gisel, sie möge um so schneller gesunden, als ich wahrscheinlich langsam damit zu Stande komme, und behalte mich in gutem Andenken. Adieu.

wie immer aber etwas
kleinlaut, das *Großmütterchen*

Über den armen Franz weiß ich nichts zu sagen. Wenn es der Giesel sehr leid ist, so tröste sie mit liebevollen Worten und ich bitte sie, auch einige der armen Tante Gundel vom Großmütterchen zu sagen.

*23. Herman Grimm an Marianne von Willemer*

Berlin, 6. mai 1852

Liebstes großmütterchen

es ist 12 uhr abends, ich komme eben von Arnim's zu hause und finde deinen brief auf dem tische, d. h. ich griff im dunkeln danach, warf sämmtliche schwefelhölzer auf die erde, kam endlich doch zu licht und muß nun lesen, auf welchen verbotenen wegen du dich wieder befindest.

vor allem will ich wissen, weshalb du krank an seele bist. du hast es mir zweimal geschrieben, ich frage danach und bitte dich mit dem stock in der faust um eine antwort. bilde dir einmal ein, meine junge weisheit vermöchte etwas über deine alte und lass es darauf ankommen, ob ich nicht doch ein oder zwei worte finde, die öltropfen auf die wunde sind. aller ausgesprochener trost ist lüge, wenn er das unglück vergessen machen oder verkleinern will, und nur der sollte zu trösten die lippen öffnen, der die wolken verscheucht, um den himmel durchblicken zu lassen. aber es gibt einen trost, den man sich selber nimmt, indem man fühlt, daß ein anderer mitempfindet oder nur den guten willen dazu hat.

es ist ein jammer, wenn die menschen schlechter sind als man denkt, sagt die Giesel, und ich antwortete, der jammer ist noch größer, wenn sie wirklich so schlecht sind, als man gedacht hat. ich weiß, daß du mich nicht verrätst, darum gestehe ich dir den vollkommenen ekel, den mir die art eingeflößt hat, mit welcher man der Cl[audine] ihre heirat in Fr[ankfurt] betrachtet und behandelt hat. ich will keine details erwähnen, die du kennen wirst und die ich nur zufällig erfahren habe, aber sage mir, wie nennst du leute eigentlich, die so handeln? die so gering voneinander denken und keine scheu vor sich tragen, es offen auszusprechen? aber du hast mir versprochen, dir nichts merken zu lassen, sonst habe ich ein böses gewissen.

die Mathilde [von Guaita] ist hier, es sind tausend geschichten vorgefallen, die unausweichlich hinter ihr drein ziehn, wo sie auch auftreten mag. ich kann die art, wie ihre krankheit besprochen wird, nicht angenehm finden.

doch zum teufel mit alledem, es muß doch endlich anander wetter werden und du wirst gesund werden. ich habe einen brief aus Wien bekommen, von einem, der mich bruder in Apollo anredet und meinen Armin recensieren will. er mag es tun und mich zur belohnung in ruhe lassen. zur vergrößerung der wonne schickt er eine dramatische arbeit mit von sich und bittet um mein offenes, gerades urteil.[1] Du weißt, was das heißen will in's deutsche übersetzt. und das ganze wird mir von einem brünetten unbekannten überbracht, der ein livländer ist, 2 jahr in Amerika war und dort an der tropensonne ein bändchen gedichte ausgebrütet hat, welche er mir ebenfalls in goldschnitt verehrt und zugleich seine wohnung ankündigt. Iegór von Sivers, mohrenstraße 57. sie heißen »palme und birke«, ich dächte, der würde sich an ihm die erstere verdienen, welcher an ihm die zweite zur richtigen anwendung brächte. da sitz ich und bin ein autor, ist das nicht vernügen genug für einen nachmittag? aber noch besser, ich muß mit der Bettine in die Matthäikirche, wo ein graf Schulenburg eine geistliche musik seiner mache aufführren läßt. heiliger herrgott, das mußt du dir gefallen lassen! es dauerte 2½ stunde und war zum tollwerden, die tante Bettine hielt mich gewaltsam fest, weil ich instinctive am auskneifen war. da ist ein gesunder nachtwächter ein wahrer wonnesegen gegen dies gedudel. dabei ward ich hungrig; als ich zu Arnim's kam, fand ich statt des tees 1000 verwickelte geschichten, die ich mir erzählen lassen mußte, dann wurde die rede des grafen Arnim[2] vorgelesen, 5 spalten größten formates über den ganzen leib. dann ward ein concert besprochen zum besten einer schwindsüchtigen familie, dann war es 11 uhr vorbei, ich duselte mit Luck durch den tiergarten und tröstete ihn indirect, daß er die Armgart so lange nicht gesehn, und endlich sitze ich hier und tröste mich selber, indem ich alles schreckliche in liebe verwandle.

der Giesel geht es besser. sie war zum zweitenmale draußen. das wetter will noch nicht herzhaft warm werden. heute abend, wo mancher bäume laub schon ein dach über mir breitete, daß nicht mehr wie so lange zeit die sterne durch die nackten zweige schienen, ward es mir sehr vergnüglich im herzen, ich will gern alt werden und mir nichts draus machen, wenn nur alle jahr das frische laub nicht ausbleibt.

ich habe mir Klinger's werke[3] gekauft und lese darin. wären wir zusammen, so sprächen wir darüber. er ist ein mann der einen um 10 jahr älter macht, wenn man ihn recht begreift. er hatte eine ungeheure erfahrung, aber ich denke manchmal, wenn er das, was er schreibt, so tief gefaßt hätte, wie man es fassen könnte, so hätte er es lieber verschwiegen. Göthe ist das Rom, wohin alle wege führen, wenn man auch oft gar nicht auf ihn ausgegangen ist. was der verschwiegen hat ist mehr, als 1000 andere als unnütze weisheit zusammentragen.

meine novelle[4] habe ich nach Leipzig geschickt und noch keine antwort. ebensowenig vom theater.[5] der mensch ist eine sonderbare geige, man kann so hoch über der welt schweben, daß einem alle menschen wie ratten und mäuse vorkommen und klebt dennoch wieder fest an ihren kleinlichen interessen, lebt und ertappt sich alle tage auf jämmerlichen gedanken, die man wie das ungeziefer wegfangen, aber im wachstum nicht verhindern kann.

leb wohl und werde gesund an leib und seele, es bleibt dir doch nichts andres übrig, das der mühe wert wäre, ernsthaft erstrebt zu werden.

ich bin dein treuer enkel
und unglücklicher autor
Herman.

schreib mir bald einige worte über dein befinden, damit ich mich nicht ängstige, sei so gut.

[Notiz von Mariannes Hand:]
>     Zur Schwalbe sprach das Mädchen
>     O liebe Schwalbe fliege.[6]

[ *1* ] Faust Pachler (1819-1892), Grimm trat mit ihm in Briefwechsel.
[ *2* ] Adolf Graf v. Arnim-Boitzenburg (1842-45 Minister des Innern).
[ *3* ] Friedrich Maximilian Klinger (1752-1831), Dichter des Sturm
und Drang, Jugendfreund Goethes. Herman Grimm erzählt von Bettina: »Ein Buch lag stets auf ihrem Tische, in dem sie oft las, und das
ich noch bei niemand anders sah: Klingers ›Betrachtungen und Gedanken‹« (Gr 1880, 282). [ *4* ] »Die Sängerin«; vgl. Anm. 2,4. [ *5* ] Vgl.
Anm. 19,1. [ *6* ] Die erste Strophe des Gedichts »Die Schwalbe« (vgl.
d. folg. Brief u. Anm. 33,1) lautet:

>     Zur Schwalbe sprach das Mädchen,
>     O liebe Schwalbe fliege
>     Hin zu den blauen Bergen
>     Zum Hirten, der die Rosse
>     Im Eichenthale weidet.
>     Sing' ihm, daß ich ihn liebe,
>     Und daß ich sterben werde,
>     Wenn er mein Herz verachtet.

## 24. *Marianne von Willemer an Herman Grimm*

Frankfurt, 12. Mai 1852

Ja lieber Herman! du sollst sogleich die Antwort auf deinen
herzlichen Brief haben, daß es mir besser geht, an Leib und
Seele! Ich bin zwar noch nicht ganz so kräftig, als ich mir
einbilde, daß ich werden könnte, aber war doch schon im
Freien, habe die Sommerluft geatmet, und deren *heilsame*
Influenza hilft die *heillose* austreiben; was nun meinen See-
lenzustand anbelangt, nach dem du so teilnehmend fragst,
so wüßte ich wirklich keinen Geist und kein Herz, dem ich
lieber darüber *sprechen* könnte, als ich sie bei dir zu finden
weiß. Aber um über einen Zustand zu schreiben, muß man

ihn *überfühlen* und wo möglich *übersehen*, und das hoffe ich
später von meiner alten Weisheit zu erlangen, und dann
soll mich deine junge darin unterstützen; soviel nur, daß
ich nach langer Erfahrung und nach dem, was ich über so
viele oberflächliche, einseitige, durchaus unwahre Urteile
der Menge weiß, es doch *nicht* dahin bringen kann, sie zu
ignorieren, obschon ich glaube, daß ich mir ein Gefühl von
Geringschätzung erlauben darf. Doch dies ist nur ein ge-
ringes Andeuten meines complizierten Befindens. Mit na-
türlichen Worten kann ich dir deutlich machen, daß meine
Nerven in hohem Grade erregt und abgespannt sind; da
nun diese wie bekannt die Strickleitern sind, worauf die
Seele dem Leib in die Fenster steigt und er dadurch see-
lisch wird, und so auch umgekehrt, so scheint mir das die
beste Erklärung. Doch kannst du mir glauben, daß dein
lieber Wille, mich zu trösten, schon die mildesten Öltropfen in mein Herz gegossen, denn das ist eigentlich der
soufre douleur bei allen Krankheiten.

Also bist du nun zum Ruhm eines Autors gelangt und
wirst alle Nebenaccidenzien erst zu verkosten haben, ehe
der Haupttreffer herauskommt. Daß junges Volk an dich
herankömmt und dein Urteil will, ist natürlich, daß du
das sprechen sollst, wie es meint und wünscht, ist noch
natürlicher, und daß es grob ist, wenn es sich neben dich
stellt – was ich zwar nicht behaupten kann, aber ahnen
darf –, das finden sie nicht, und das ist die Unnatur. Die
Antwort vom Theater erwarte ich nicht mit dem gleichen
Interesse als die von Leipzig. Dein Stück kenne ich nicht,
aber die Novelle ist mir lieb, und ich freue mich, daß du
sie drucken läßt; noch ein Schoßkind habe ich, das nette
Gedicht: Zur Schwalbe sprach das Mädchen, O liebe
Schwalbe fliege etc – –

Das solltest du drucken lassen, nicht?

Die Claudine ist fort und durch meine Grippe habe ich

sie nicht noch einmal gesehen; ich weiß auch nicht, wie es geht, ob F[reimund] auf dem Neuhof angekommen ist, ob sie abgereist sind, nichts, gar nichts. Wenn nun schon eine Wohltat darin liegt, nach einer Krankheit auszuruhen und mit Allotria verschont zu werden, z. B. mit Kirchenmusiken, mit Arnim-Vorlesungen, so erfährt man aber auch kaum das Notwendigste und das Angenehme. Doch war soeben die Meline Guaita hier und meinte, diese oder anfangs nächster Woche würde ihre Verbindung sein. Gott sei mit ihnen.

Hättest du mich über Klingers Werke befragt, so würde ich dir geraten haben, sie zu lesen, aber nicht zu kaufen. Ich kenne nur weniges von ihm, aber dies wenige wird einem nicht zum Besitz, es ist ein Anlehen, was mit der Zeit an Interesse verliert, ich weiß durch Willemer manches aus seiner Jugendzeit. *Goethe!* ja wer ihn kannte! Wärst du mir gegenüber, ich könnte dir wohl von ihm erzählen, was nicht alle wissen; wenn sich die Strahlen seines Geistes in seinem Herzen conzentrierten, das war eine Beleuchtung, die einen eignen Blick verlangte, es war wie Mondlicht und Sonnenlicht, eines nach dem andern, oder auch wohl zugleich, und daraus erklärte sich auch jenes Wundervolle seines Wesens, sein gewahr werden, sich klar machen und für andre zur wahren aber verklärten Erscheinung bringen. Genug! –

Grüße recht herzlich deine Giesel und sage ihr, sie möge nicht müde werden, sich die Menschen gut zu denken; man kommt schon manchmal an die rechten. Auch soll sie langsam genesen, die zu frühe Emanzipation hat mich um 8 Tage zurückgeworfen. Gib acht auf sie!

Nun leb wohl, mein treuer Herman, vergib was diese Zeilen Krankhaftes haben und ertrage es.

herzlich<br>dein *Großmütterchen*

[Frankfurt], 27. Mai 1852

Mein lieber Herman oder mein getreuer Eckard!

Ich finde *wirklich,* daß du es *wirklich* bist! Ich habe soeben deinen Brief wieder *durch*gelesen, dein Herz *durch*gefühlt, und alles was du mir gesagt, sehr anwendbar gefunden; nur habe ich gemerkt, daß ich vielleicht in der überreizten und krankhaften Stimmung dir doch wohl eine zu bedenkliche Vorstellung meines Seelenzustandes beigebracht habe; ich gestehe, daß mich augenblicklich ein an sich sehr unbedeutender Vorfall etwas verletzte, muß aber zugleich bekennen, daß ich, mißtrauisch wie ich bin, mir die ganze Geschichte erfunden hatte, und mich später überzeugte, daß ich unrecht hatte. Was du nun im allgemeinen über das Urteil der Menschen oder Leute sagst, ist sehr wahr, und ich bin mehr oder weniger in dem Fall gewesen, wenig Gewicht darauf zu legen; meine Lebensverhältnisse waren seit meiner Kindheit von so ungewöhnlicher Art, daß ein Tadel wohl nicht zu vermeiden war, aber die ihn ausgesprochen, mußten mir doch Gerechtigkeit widerfahren lassen, und der üblen Nachrede, wenn sie laut werden konnte, mußte eine günstige Vorrede notwendig folgen, obschon es gewöhnlich umgekehrt ist. Wenn wir uns einmal wiedersehen, will ich dir meine Ansichten hierüber vermachen, obschon ich durchaus nicht mehr an den Tod denke, aber vor 3 Wochen wirklich daran dachte; der herrliche Mai, der täglich hinauslockt, der ist auch schuld daß ich dir nicht sogleich geschrieben habe, wie du es verdienst, da du so ehrlichen und liebevollen Anteil an mir nimmst.

Die Claudine ist nun Freymunds Frau; sie sind vor einigen Tagen in Coblenz gewesen und werden nun wohl wieder unterwegs sein. Man hat sich endlich müde gesprochen und verwundert und gewöhnt sich an das Unabänderliche. Ich habe sie nur vor ihrer Abreise auf den Neuhof gesprochen, da war sie sehr bewegt; nun hat sie aber einige Worte an Sophien [ihre Schwester] geschrieben, sie schien sehr heiter und beglückt. Meline Guaita, die bei der Trauung zugegen war, sagte mir, daß abgesehen von allem andern, was überzeugend war, die Verbindung eine durchaus geeignete zu nennen wäre, auch im Äußeren kein störendes Mißverhältnis aufgefallen [sei]. Freymund habe wenigstens eben so alt, wo nicht älter ausgesehen, als Claudine. Sie hat freilich graue Haare, aber er hat schon eine bedeutende Glatze, was denn bekanntlich auch nicht jugendlich aussieht.

Ich bin nun jede Woche im Begriff fortzufliegen, aber ich weiß eben nicht wohin! in ein Bad? müßt ich wohl aber mag nicht, an den Rhein? möcht ich wohl, aber kann nicht, und so bleibe ich wahrscheinlich zum erstenmal sitzen, denn ich bin eigentlich noch nie sitzen geblieben. Eben fällt mir ein, daß dir Armgart gewiß alles ausführlich erzählt, wie es auf dem Neuhof gewesen ist und was für einen Eindruck das ganze Verfahren auf sie gemacht hat. In Claudinens Benehmen war doch gewiß die vollkommenste Wahrheit, und so muß sich auch Freymund dargestellt haben, was bei den übrigen Arnims ein seltner Fall ist; unbewußt und mit Bewußtsein sind sie nie ohne Coquetterie, Giesel etwa ausgenommen, und dies sage ich nicht, weil du sie lieb hast, denn ich sage sogar, auch sie ist eitel (nicht coquette) und ist es wohl unbewußt. Es ist ganz eigen, daß durch die ganze Brentanoische Familie dieser Grundzug oder dieser *Windzug* durchweht, und daß alle produktiven Glieder der Familie diesen Krankheitsstoff mit in ihre geistreichsten Gebilde einschmuggeln, wie die Bettine, die sich nicht entblödet, mehrere von Göthes Gedichten im Divan für ihre Gedanken auszugeben, und deren Ich immer vor ihre Werke gespannt ist, damit man den Postillion gehörig blasen hört. So ist es auch mit dem Clemens.[1] So schön er schreibt, so tief er zu fühlen *scheint*; er coquettiert mit Gott wie mit seiner Geliebten, und vor allen Dingen – er schreibt! aber es ist doch keine rechte Wahrheit in seinen Empfindungen. Zum Mit*leid* bewegt er, aber selten zum Mit*gefühl*. Die Deportes[2] ist gerade so, sie wird auch nächstens etwas drucken lassen, so hörte ich wenigstens.

Ich habe ein wahres Mitleid mit deinem Luck, daß er sich in dieses Geistesmeer verirrt hat. Da muß man schon im Schwimmen sehr geübt sein, um alle Klippen und Sandbänke zu vermeiden.

Was machst du? was schreibst du? woran denkst du? du hast mir diesmal gar nichts mitgeteilt als den Robinson[3], der ganz allerliebst ist und auf seiner kleinen Insel ein unsterbliches Leben führen wird. Sage deinen beiden Papas, ich ließe ihnen gratulieren zu dem deutschen Wörterbuch.[4]

Nun addio. bleibe gesund! bleibe mir gut und bleibe wie du bist.

M. W.

[ *1* ] Clemens Brentano (1778-1842); vgl. Anm. 67,4. [ *2* ] Ludovica (Lulu) des Bordes, geb. Brentano (1787-1852), Schwester von Bettina. [ *3* ] nicht ermittelt. [ *4* ] Zum Erscheinen der 1. Lieferung des *Deutschen Wörterbuches* von Jacob und Wilhelm Grimm.

### 26. *Marianne von Willemer an Herman Grimm*

Stift Neuburg, 21. Juni 1852

Du siehst wo ich bin, und warum ich dir längere Zeit nicht schrieb; du mußt wissen, daß ich schon seit 8 Tagen reise und doch erst am Freitag hier angekommen bin; ich hoffte einige Tage lang, einen Begleiter zu erwischen, der auch für die Schlosser[1] eine angenehme Überraschung gewesen wäre; allein er war abgehalten und so kam ich denn allein, um der guten Frau die Regentage überwinden zu helfen. Es ist das erstemal, daß sie *ganz allein* ist. Marie Steinle[2], die sonst immer bei ihr auf dem Stift ist, mußte bei dem Wochenbette der Mutter nach Hause und wird auch noch einige Wochen zu ihrer Pflege bleiben; noch früher als diese abkommen kann, gehe ich wieder nach Frankfurt und komme erst im Herbst auf längere Zeit. Dann wäre es sehr liebenswürdig von dir, wenn du mich hier aufsuchen wolltest; es ist wunderschön auf dem Stift. Leider habe ich das schlimmste Wetter getroffen, alle Tage Regen, und wenn sich der Himmel auf einige Minuten erhellt, so kann man auf den nassen Wegen doch nicht gehen.

Ich freue mich über deine fortwährende Tätigkeit und glaube, daß der Plan deines neuen Trauerspiels[3] vortrefflich ist. Daß nur 4 Personen auftreten, ist wohl dahin zu verstehen, daß diese allein handeln und reden, wiewohl ich mir nicht recht denken kann, wie du die verschiedenen Motive der beiden Hauptpersonen, Demetrius und Olga, ohne Vertraute etc. – – entwickeln willst; denn Selbstgespräche, Monologe, haben immer etwas problematisches; aber ich bescheide mich und hoffe *recht sehr,* daß du mir das Manuscript sendest. Das Gedicht[4], was du deinem letzten Brief beischriebst, hat mir ausnehmend gefallen; es gibt ein Bild, das wahr, lieblich, poetisch und doch so einfach ist; es ist von einem ganz eigentümlich nächtlichen Hauch umweht; der Duft, die Blumen, der Ton der Nachtigall, die Erscheinung des Mädchens nehmen drei der edelsten Sinne gefangen. Das Verlöschen des Lichtes macht eine ganz eigne Wirkung; aber meiner Empfindung nach müßte das Gedicht in Versen sein, denn so harmonisch wie es ist, sollte es auch melodisch, das heißt im eignen Sinn des Wortes sich darstellen, und – ich glaube fast – an niemand gerichtet sein; dies würde den Reiz der nächtlichen Einsamkeit noch erhöhen.

Von Claudinen habe ich bis jetzt noch keine Zeile, was mir ein bisgen leid tut, obschon es mir sehr begreiflich ist. Aber der Kopf begreift manches, was dem Herzen unverständlich bleibt, und so umgekehrt. Aber sage nichts.

Wenn du mir einen Brief auf das Stift senden willst so ist die Adresse: Stift Neuburg. Heidelberg.

Hast du Düntzers Frauenbilder a[us] Goethe's Jugendjahren[5] gelesen? Die vielen Anmerkungen machen mir den Eindruck eines Weges, der aus lauter Brücken besteht. Und vieles ist nicht wahr.

Kennst du Redwitz' Gedichte?[6] Ich bin begierig zu hören, wie sie dir gefallen; ich lese sie hier auf dem Stift, nach und nach.

Lebe wohl lieber Herman und Freund! du siehst, daß ich damit ende, womit ich gewöhnlich anfange: also im Anfange und am Ende.

unverändert M. W.

[ *1* ] Sophie Schlosser; vgl. Anm. 2,1. [ *2* ] Tochter des Malers Edward von Steinle; Sophie Schlosser hatte sie nach dem Tode ihres Gatten als ihre Gesellschafterin auf das Stift Neuburg geholt. [ *3* ] »Demetrius«. [ *4* ] nicht ermittelt. [ *5* ] Heinrich Düntzer, Frauenbilder aus Goethes Jugendzeit, Stuttgart-Tübingen 1852. [ *6* ] Oscar Frh. v. Redwitz, Gedichte, Mainz 1852.


*27. Herman Grimm an Marianne von Willemer*

[Berlin, 30. Juli 1852]

... noch ein gedicht. das ich am 22 juli nachts in der Wiepersdorfer bibliothek gemacht habe. ein vers lieber, und viel werth ist er nicht.

Im dunkel zu des lebens flug entfaltet
fühlt er daß ferne hellung ihn erfasst
ihn an sich zieht und lockend groß gestaltet
ein glück verheißt das er im herzen hasst
er stürmt heran, das strahlenvolle waltet
tyrannisch daß er taumelnd es umrast
bis er im netz der strahlen sich verstrickt
versengt erstarrt weil er ins licht geblickt.

ein armer Schmetterling der um meine lampe flatterte
und sich nicht retten lassen wollte.

die Clodine geht erst mitte august ins Seebad weil der
Freimund nicht ganz wohl ist. sie geht dann mit der
Maxe.

lebwohl

heute und immer

dein treuer enkel.

## 28. Marianne von Willemer an Herman Grimm

Frankfurt, 3. August 1852

Mein lieber Herman, deinen mitternächtlichen Brief habe ich gestern richtig erhalten, aber vor allen Dingen
verwahre ich mich gegen deine Behauptung, du hättest mir *zwei* Briefe geschrieben und keine Antwort erhalten.

Der letzte, den ich sogleich nachgesehen, war vom 25.
Juni und fing an wie folgt: Wo habe ich deinen Brief gelesen? Mitten im freien Feld, wo nichts von Schatten war als
der eines niedrigen Kirschbaumes und so weiter; so lautet
also deine *Antwort*, und seitdem habe ich keine Zeile von
dir als die letzten vom Freitag. Ich weiß mich nur insofern
schuldig, als ich nicht gleich wieder geantwortet habe; was
du nun eine Beschwörung nennst, ist insofern unstatthaft,
als du keinen Geist citieren kannst, wenn ich auch meinen

guten Willen zeige; aber mein Herz hast du wirklich wieder beschworen, und vor allem muß ich mich verteidigen und sagen, daß ich erstens: nicht krank bin, wenn auch nicht kerngesund, was einen Doppelsinn haben mag; zweitens: nicht verloren; drittens: nicht versteckt. Ich sitze in keiner Höhle und wälze keine Steine, am wenigsten vor ein Herz; bekenne aber, daß ich nicht recht verstehe, was du mit diesem Steinabwälzen sagen willst. Liegt *dir* ein Stein auf dem Herzen? oder *mir*? das ist nicht unmöglich. Was meinst du mit dem Berg? du verschwendest zu viel Witz an das einfache Großmütterchen, und ich glaube eben nicht, daß mein Schweigen Berge versetzt und das Gesetz der Schwerkraft aufhebt. Allein um es zu entschuldigen, müßte ich dreimal schreiben und finde doch keinen triftigen Grund, daß ich nicht sogleich für deine Strophen an Goethe[1] gedankt. Sie haben mir ausnehmend wohl gefallen; überlese sie noch einigemal; das Licht und die Wärme, das sie ausströmen, wird alles nächtliche Ungetüm verscheuchen, was in deinem mitternächtlichen Brief spukt. So hoffnungslos hast du mir noch nie geschrieben, und alle Beispiele von innerer Öde und Trockenheit, die du aus dem Ärmel schüttelst und so poetisch auszustatten dir ein selbstquälerisches Vergnügen machst, sind doch nur verständlich, wenn, wie ich aus eigner Erfahrung weiß, man diese Zustände ganz einfach Abspannung nennt und die Ursache in der für uns unnatürlichen Hitze sucht, die uns Frankfurter wenigstens aus aller Fassung brachte, da wir für solche Extreme nicht erschaffen sind und weder Häuser noch Gärten noch Hüllen dafür haben; soll ich dir offen gestehen, daß es nicht die einzige aber doch eine der Ursachen war, daß ich so lange nicht schrieb, denn ich war noch viel aschgrauer gestimmt wie du, hatte den ganzen Tag alle Läden zu, schlief oder schlief nicht mit offnen Fenstern, was ich seit

Jahren nicht mehr getan, und hatte den Jammer, immer an das Stift Neuburg zu denken, woher ich eben kam, wie nach einer Oase mit Palmen, Quellen, Blumen, Datteln und wunderbarer Luft, was mir in der Wüste, in der wir lebten, wie eine Mirage vorkam, und mußte nun später erfahren, daß sie dort eben so lechzten wie wir; das Thermometer stand auf *33* im Schatten, und *49* in der Sonne und der Main war 24 Grad warm.

Warum du mit den Eltern nicht nach Thüringen gegangen, weiß ich eigentlich nicht, es würde dich erfrischt haben; hier ist es jetzt ziemlich öde; die Schöff Brentano[2] ist in Schlangenbad, die Sophie Schweitzer ist krank; die Savignys sind in Baden, werden aber in diesen Tagen erwartet und gehen auch nach Schlangenbad; ich suche sie [Frau v. Savigny] nicht auf, »sie soll sich haben vernehmen lassen« (ist eine für sie erfundne Redensart), daß Freymund ein grosses Opfer gebracht, Claudine zu heiraten: erstens, *wegen dem Adel*, zweitens, weil er von ihr *keine Kinder zu hoffen hat* und drittens, weil sie nicht mehr jung und schön ist; ich frage, warum hat er es denn getan? Claudine hat ja nicht um ihn geworben. Ich habe genug an diesem Geschwätz, die Galle steigt mir in das Dintenfaß.

Und nun noch einige Worte für dich.

Mittwoch, den 4ten.
Gestern abend wurde ich durch einen Besuch gestört. Später wollte ich wieder anfangen, wo ich geblieben, doch hatte sich indessen der Himmel mit Wolken bedeckt; der Mond war blutrot aufgestiegen und versteckte sich gleich wieder; im Westen zog ein Gewitter auf, es blitzte prachtvoll; unter der Brücke hervor schwamm ein Nachen mit Lichter, worauf der Sachsenhäuser Singverein einige gute und einige schlechte Gesänge in die schwüle Nacht

sandte, wozu der Donner in der Ferne den herrlichsten Grundton intonierte; alles wurde feierlicher, geheimnisvoller; zuletzt sangen sie noch O Sanctissima, ora pro nobis! und waren eben an Lande; das letzte Licht verlosch. Und nun brach der Sturm los und ein tropischer Regen, vor dem alle Läden sich schließen mußten, machte dem Zauber ein Ende. Es war Mitternacht und mit dem Schreiben war es am Ende. Nun noch ein Wort des Trostes: habe Geduld, warte diese Seelenmüde ein wenig ab, und es wird der Geist die Schwingen entfalten, wie du es gewohnt bist, und womit du hoch über Berlin hinausfliegen wirst in die Wolken und unter die Wolken, wo die Brünnlein rauschen.

Ich kann es dir kaum glauben, daß meine Briefe dir so notwendig sind, daß sie dir überhaupt etwas sein können; sage mir recht ehrlich warum? ja, ich meine es ehrlich mit dir und habe dich lieb, aber das ist bald gefühlt und bald berichtigt; was sonst noch bleibt, ist nicht viel: ich weiß nichts und kann dir wenig bieten. Einmal in meinem Leben war ich mir bewußt, etwas Hohes zu fühlen, etwas Liebliches und Inniges sagen zu können, aber die Zeit hat alles, nicht sowohl zerstört, als verwischt, und was von Erinnerung mir geblieben, ist ein ahnungsvolles Erkennen der Wahrheit und Schönheit, wo ich sie zu finden glaube.

Also sei getrost mein Freund! und warte. Bettinens neues Buch[3] wird selbst von ihrer Familie refusiert, ich habe es noch gar nicht gesehen.

Deine Bemerkungen über Düntzer sind sehr wahr und wären noch wahrer, wenn das Buch wahrer wäre; ich könnte eine Menge Tatsachen nachweisen, die *falsch* sind; und nun erst die Combinationen, wie kann sich eine solche Philister-Seele unterstehen, Goethe vor- und nachzuempfinden! Dann zitiert er immer Bettinen! dies Lug- und

Trug-Compendium! ich ärgere mich schon wieder und will
dir doch zuletzt sagen, daß ich unverändert
bleibe dein *Großmütterchen*

[ *1* ] nicht ermittelt. [ *2* ] Antonie Brentano. [ *3* ] Bettina von Arnim,
Gespräche mit Dämonen, Berlin 1852.

### 29. *Herman Grimm an Marianne von Willemer*
donnerstag abend

auf der gräser blüten
spielt gelinde regung
zitternde bewegung
füllt die heide an
schatten liegt vereinsamt
wo die kiefern steigen
und bei windesschweigen
zieht gewölk heran

Berlin, 7. august 1852

Liebes großmütterchen

nicht aus coquetterie sondern aus not nehme ich diesen
alten briefbogen, den ich einmal in Wiepersdorf benutzte,
und antworte dir auf deinen brief. ich bin melancholisch,
ich war es und ich werde es sein. das heißt, es werden sich
mit der zeit alle die abgehauenen stämme, äste und her-
ausgerissenen wurzeln, die mir wirr auf der seele lasten,
wie in den amerikanischen äckern in gute erde verwan-
deln, wenn sie verfault sind, einstweilen aber drücken sie
alles zu boden und nur einzelne halme steigen in die höhe
durch ein günstiges ungefähr. vielleicht ist auch mein
schwaches knochengebäude daran schuld, daß meine
seele, die wie eine volle ähre auf zu schwachem halme

hinüber und herüber wankt, seekrank geworden ist – aber wozu so viel witz verschwenden, sagst du ganz recht. wir leben nicht in Arcadien, das wird einem oft schauderhaft nahegerückt. das scheinen dir lauter rätsel zu sein, es ist nur eine ewige umschreibung für einen peinigenden druck, der mich so schwer behaftete, daß ich zu zeiten dachte, es hielte nicht mehr aus. ich könnte dir auch einzelne steine herzählen, aus denen dies gefängnis erstand, aber die steine sind es nicht, sondern ich selber habe mit meiner verstimmung den mörtel hergegeben, der sie verbindet. deshalb sind die steine der unschuldigere teil.

es wird auch besser werden und eine zeit kommen, wo ich mich nachträglich auslache, ich tue es jetzt schon halb und halb, wenn ich mir rechte mühe gebe, allein die kostet es mich doch.

was excellenz in Baden[1] sich hat vernehmen lassen, ist der saure saft der aus einer solchen pomeranze allein fließen kann. ich habe dieser frau solange mißtraut, bis ich reellen grund fand, mich von ihr abzuwenden; was in der Bettine zu unbewußter vermischung von lüge und wahrheit ward, das ist in ihr zu grenzenloser falschheit geworden, ich möchte sagen instinktiver falschheit, denn sie weiß vielleicht kein wort davon. ach, wenn man so jung ist und menschenherzen schon so nackt sehen muß, ich wollte teures geld für einen sack voll illusionen geben, wenn sie mich auch hinterher mehr als tränen kosten würden. was hilft erkenntnis. die welt zu verbessern gibt man bald auf, aber wenn man auch sich selbst in vielem für incurabel erklären muß, das ist das schauerliche an der sache.

ich wollte du sagtest mir einmal offen, was falsches in dem Göthischen briefwechsel[2] sich findet. er und die Günderode[3] sind doch bücher, in denen auch die blasierteste phantasie frische quellen findet. was für ein leben, und wenn es gelogen wäre. ich wollte ich säße bei dir, um darüber con amore ein wörtchen zu sprechen. du fragst, warum ich nach deinen briefen verlange und sagst, daß das hinter dir läge, verwischt und verloren, was mich hätte zu dir locken können oder müssen. das ist die frage. du hast der welt eitelkeit hinter dir; ich weiß, daß du mich nimmst ohne wünsche, ohne eigenes interesse im schärfsten sinne. so kann ich ohne rückhalt reden; ist mein zutrauen groß, so weißt du, daß es kein mantel ist für verborgene gedanken, die du in jüngeren jahren vielleicht hättest dazwischen herauslesen müssen, um nicht beleidigt zu sein; bin ich auf der andern seite verschlossen, wo ich es sein will, so weiß ich wieder, daß es dich nicht beleidigen kann, denn wir geben einander ohne zu fordern. glaubst du ich verlangte von dir einen schwall von gefühl, den nur diejenigen kennen, welchen alle einfachheit fremd geworden ist? nichts will ich, als daß du an mich denkst, wenn du meine briefe empfängst und wenn du an mich schreibst. menschen, die es fühlen, wie wir zwischen himmel und erde schwebend unsern kurzen gang vollenden, empfinden zugleich, daß sie in alle ewigkeit einsam bleiben. und verlangen nicht, was sie nicht geben können. man müßte denn einander lieben, aber auch dann bleibt wahr, was ich gesagt habe, denn zwei liebende herzen sind doch nur der rechte und der linke flügel *einer* nachtigall.

dein Herman.

[ *1* ] Kunigunde von Savigny. [ *2* ] Bettina von Arnim, Goethes Briefwechsel mit einem Kinde, Berlin 1835. [ *3* ] Bettina von Arnim, Die Günderode, Berlin 1840.

Frankfurt, 6. [September] 1852

Mein lieber Herman!

Heute nur einige flüchtige Worte, nur um dir [zu] zeigen, daß ich nicht vor habe, dich im Stiche zu lassen, auch ein Wort zu dir und von dir mir immer vonnöten scheint; doch möchte ich in Ruhe deine letzten Briefe beantworten und deshalb nehme ich sie mit auf das Stift Neuburg, wohin ich wohl in 8 Tagen zu kommen hoffe. Diese kurze Frist habe ich noch kaum Zeit, einigermaßen mein Haus zu bestellen und meine Einrichtung für eine Abwesenheit von wenigstens 8 Wochen zu treffen. Was nun dieser *Hatz* vorausging, war auch nicht geeignet zur ruhigen Sammlung. Nur einiges will ich dir anführen: einen Enkel Maler, der hier sein erstes Bild ausstellte, dann selbst kam und in 8 Tagen wieder abreist; zweitens, einige in die Wochen gekommene Enkeltöchter; drittens, verschiedne auf dem Lande wohnende Bekannte, Verwandte, die besucht sein wollten und mußten; und so weiter; es war eine Zeit, wo ich das alles leisten und sehr gut vertragen konnte, aber nun fange ich an zu spüren, daß mir ein Leben entgegen kommen muß, wenn ich das meine nicht dabei consumieren soll. –

Wenn ich auf das Stift komme, dann gehe ich wie du im Tiergarten auf Entdeckungen aus und finde in den Stimmen ohne Worte, die mir der Bach, die Kräuter, die Bäume, die Flügeltierchen zuflüstern, die herrlichste Übereinstimmung, wodurch sich meine Seele wieder gewahr wird; und wie der Schmetterling aus seiner langen Verpuppung bricht, so erneut sich mein ganzes Wesen in dem frischen Naturleben; deine sehr hübschen Strophen haben auch geprüft, ob die Puppe noch Leben hat. O ja! sie lebt noch. –

Claudine hat mir geschrieben; auch davon später.
Für jetzt leb wohl!

*unverändert* das Großmütterchen


### 31. *Marianne von Willemer an Herman Grimm*

Stift Neuburg, 18. Oktober 1852

Mein lieber Herman!

Endlich ist mir ein Stündchen Zeit vergönnt, um dir sagen zu können, wie leid es mir war, deine liebe Schwester[1] versäumt zu haben; es traf sich so unglücklich, daß ich gerade an dem Tag gar nicht nach Hause kam als erst abends 8 Uhr; da sie nichts hinterlassen hatte, wo ich sie finden konnte – denn so gescheit war mein Mädchen gewesen, sie zu fragen – so wußte ich sie gar nicht auszufinden; auch unsre Bekannten hatten von dem Onkel[2] gar nichts gehört, und ich mußte am Ende ganz Verzicht leisten; um so mehr, als der Briefbote, der mir einen Brief von Erfurt brachte, mich versicherte, er habe die Familie Grimm in keinem Gasthof ausfindig machen können. Wäre der Zeitpunkt, wo deine Angehörigen in Frankfurt eintrafen, nicht ein so verhängnisvoller für mich gewesen, so hätten doch alle diese Hindernisse nicht eintreten können: die Krankheit eines Enkels, sein bald erfolgter Tod, der Abschied eines andern, die Abreise eines dritten. Du siehst, mein Lieber, daß alle diese Zufälle dein armes Großmütterchen sehr in die Klemme brachten. Und ich bin eigentlich noch darin, denn hier auf dem Lande wird entweder spazieren gelaufen, *oder* es kommen Besuche, *oder* man ist so müde, daß man schlafen muß, *oder* man verliert sich ins Allgemeine, daß man an seine nächsten Interessen nicht mehr zu denken fähig ist. Damit will ich aber nicht sagen, daß ich einen Augenblick die wahrhaft tröstliche Empfindung verkenne, die mir wird, wenn ich mir dein treues und wahres Gemüt vergegenwärtige und leider ohne Antwort, aber doch wie fragend, mein Wort an dich richte, ob du mir nicht böse bist, daß ich die meine so lange verzögert und auch jetzt nur ein Zeichen meines Lebens gebe, da ich vergeblich versuchen würde, auch nur einen deiner Briefe zu beantworten. Nur aus dem vom 30. August will ich für deine liebe Andeutung danken, daß du von mir nicht verlangst was ich *habe*, aber was ich *bin*; und wenn dir das genügt, so wirst du mich immer wieder finden, mit allen Modificationen, die Zeit und Erlebnisse auch auf mich und mein Wesen bewirken; wirst du mich immer dieselbe finden, denn ich habe das Vertrauen, daß ich dich verstehe und du mich.

Du fragst mich ferner, in wiefern sich in Bettinens Briefen *Lüge* oder *Dichtung* und Wahrheit begegnen, und darauf bemerke ich nur, daß sie erstere nicht sowohl en gros als en detail anwendet; es wäre doch wohl möglich, daß du einmal wieder in meinem Stübchen auf dem Canapée zu sitzen kämst, wo ich dir über dieses Thema genügende Aufschlüsse geben könnte; ich will aber nicht gesagt haben, daß ich der Dichtung ihre unbezweifelte und unbeschreibliche Anmut und Schönheit ableugnete, ja nicht davon hingerissen wäre; aber bei solchem Reichtum muß man jeden falschen Schmuck entbehren können. Ich war einen Augenblick im Zweifel, ob ich dieses ungenügende, zerrißne Blatt absenden soll; aber nimm es als das, was es ist, da es nicht anders sein kann; auf jeder Seite ein paarmal unterbrochen, schreibe ich diese letzten Worte während eines Sturmes, der mich diese Nacht um allen Schlaf brachte und meine Nerven in einem Grad in Schwingung bringt, daß ich kaum die Feder halten kann. Denke recht oft an mich, lieber Freund. Ich kann mich noch immer nicht gewöhnen, mein Alter und meine Anschauungen und Wahrnehmungen in die rechte Übereinstimmung zu bringen; es würde mich weit glücklicher machen, wenn ich durch den Schleier meiner weißen Haare die oft allzu hellen Erscheinungen der Außenwelt beobachten könnte, aber ich lasse mich eben durch das Licht blenden, das oft lügt und es niemals zur völligen Klarheit kommen läßt.

Bettine ist, wie ich höre, in Frankfurt mit ihren Töchtern Max und Giesel[3], du wirst wohl durch letztere wissen, wie lange sie dort zu bleiben gedenken; so gerne ich nun letztere gesehen hätte, so will ich dir ganz offen gestehen, daß ich recht froh bin, nicht da zu sein; ich würde durch den Zwiespalt meiner Gesinnung und der Anerkennung, die ich so vielem Geist und Güte schuldig bin, in eine recht peinliche Stellung gekommen sein, da ich gewohnt bin, mich immer wahr und ohne Rückhalt zu geben. Dies natürlich in Bezug auf die Mutter.

Daß ich der guten Claudine noch nicht geantwortet, mag dir beweisen, wie schwer es mir wird, meine Liebe und Anhänglichkeit in Worte zu kleiden. Kommt eine Botschaft von dir zu ihr, so sage ihr, daß ich treu ihr Andenken bewahre, im tiefsten Herzen nähre und *recht bald* schreiben werde. Leb wohl.

*gedenke mein*

[ *1* ] Auguste Grimm (1832-1919). [ *2* ] Jacob Grimm. [ *3* ] Zu dieser Zeit hielt sich Bettina mit den Töchtern Armgart und Gisela in Weimar auf, wohin ihnen Herman Grimm Mitte Oktober für 14 Tage folgte. Über den Weimar-Aufenthalt ausführlich in der Einleitung, S. 25 f. Erst im Dezember traf Bettina in Frankfurt ein, vgl. Brief 33 v. 8. Dezember 1852.

*32. Marianne von Willemer an Herman Grimm*

Stift Neuburg, 28. Oktober 1852

Lieber Herman!

Wie ist es denn mit dir? bist du mir böse? da hast du sehr unrecht; bist du krank? dann geht es dir gerade wie mir. Auf dem schönen Stift bei dem herrlichen Herbst, der alle Berge mit den wundervollsten Farben verklärt, bin ich nun schon 14 Tage lang in mein Zimmer gebannt und kann von Glück sagen, daß der Himmel und ein Stück Berg mir so freundlich in die Fenster schauen. Ich will auch gar nicht klagen, es waren Tage hier, als wären sie gerade vom Himmel gefallen, und wenn es auch mein letzter Herbst sein sollte, so war er für mich dennoch ein Frühling! – Diese Zeilen sind eine Auszeichnung für dich, denn ich habe erst vor 3 Tagen den ersten Brief an meine Kinder geschrieben, du mußt also recht freundlich sein, wenn du das Großmütterchen unterschrieben siehst, und durchaus nicht protzen, wie wir in Frankfurt sagen, sondern ein recht freundlich Gesicht machen. Dann hast du auch noch zwei Aufträge von mir auszurichten, der erste ist: ein freundlicher herzlicher Gruß an deine Schwester. Ich habe ein ganz eigen Gefühl, wenn ich an sie denke, daß es mir nicht gelungen, sie kennenzulernen und zu sehen, und daß es eben nur Kleinigkeiten waren, die bei dem Trauerfall noch mithalfen, uns auseinander zu halten; dies gibt meinen Gedanken an sie etwas ganz eignes, unbefriedigtes, und ich wünsche, durch ein freundlich Wort die Entbehrung zu motivieren; daß ich deinen lieben Onkel auch nicht zu sehen bekomm, ist mir wahrhaft schmerzlich.

Der zweite Auftrag ist an meine gute liebe Claudine; daß sie an mir zweiflen könnte, weil ich ihren ersten Brief noch nicht beantwortet habe, das fällt mir natürlich nicht im Traum ein, aber sage ihr einige herzliche Worte von mir, und ich habe noch sehr die Absicht, vom Stift zu schreiben, wenn es Gottes Wille ist, daß ich mich nicht noch eine Weile mit mir selbst beschäftigen muß, was eine gar langweilige Existenz voraussetzt; ich hoffe also, bald gesund genug zu sein, um ihr zu sagen, daß ich die alte Treue für sie bewahre und *oft*, sehr *oft*, an sie denke!

Nun bin ich aber wirklich müde und schließe dieses Blatt, während mir der Wind schon einen dichten Schwarm roter und gelber Blätter an mein Fenster warf. Leb wohl und lasse etwas von dir hören.

unverändert das Großmütterchen

Grüße die Max und die Giesel, wenn sie zurück sind.

### 33. Marianne von Willemer an Herman Grimm

Frankfurt, 8. [Dezember] 1852

Du hast mir mit dem Almanach eine wirkliche Überaschung und eine große Freude gemacht; du wirst es auch nicht anders gedacht haben, als daß ich etwas hatzig, »wie man in Frankfurt sagt«, den Herman Grimm aufsuchte und mit dem größten Wohlgefallen die beiden Gedichte[1] las; an meinem Liebling erfreute ich mich umso mehr, als ich mir gestehen mußte, daß durch die Darstellung ein an sich wahres und poetisches Motiv außerordentlich gewinnen und verlieren kann, und ich meine, es wäre dir sehr gelungen, den antiken Gedanken in gleicher Sprache durchzuführen. Es ist ein nettes Basrelief oder wie ein Bildchen aus Pompey; das zweite hat mir auch sehr gut gefallen; das tragische Motiv und der entscheidende Moment sind ergreifend. Ich muß es auch gestehen, daß die geheimnisvolle Behandlung der Begebenheit taktvoll und würdig ist; nur wäre vielleicht ein einziger Lichtblick oder Blitzstrahl, wie du willst, entscheidend, ob das Mädchen ihn sucht und nicht findet, oder ihn zu ihrem Jammer gefunden hat unter seinem Rosse oder unter seines Rosses Huf, verblutet? –

Daß ich die vielen Gedichte des Musenalmanach nicht alle durchgelesen habe, das wirst du mir glauben, den Michel Angelo[2] aber habe ich auf deine Empfehlung aufgesucht und als Caracterbild vortrefflich gefunden. Der Kampf seines Herzens mit dem Schönheitsgefühl des Künstlers und der Gewalt, die für ein ehrgeiziges Gemüt die Furcht, sich lächerlich zu machen, hat, scheint mir sehr gut aufgefaßt und, wie du sagst, auch gut durchgeführt. Das Gedicht, was du mir in deinem Brief schicktest über das Bild von Delaroche[3], ist sehr gut; du hast den Gegenstand nach *seiner* Auffassung ganz gut verstanden und dargestellt, aber dem Gedicht fehlt ganz natürlich und eben deswegen derselbe Ausdruck, der dem Bild fehlt; ich sage voraus, daß es mich sehr ergriffen hat und daß ich es ganz vortrefflich finde, aber ist es auch wahr? Marie Antoinette, das *Weib*, die Oestereicherin, das heiter harmlose Wesen, die Katholikin, war nicht stark oder, laß mich es sagen, unweiblich genug, um auf diese Weise ihr Todesurteil gehört zu haben. Ja, das will ich zugeben, sie konnte es anhören mit diesem Bewußtsein, es nicht verdient zu haben, mit dieser Verachtung ihrer Richter, mit dieser Hoheit des Gefühls; aber auf der Rückkehr, abgewendet von diesen Elenden, war sie wieder das schutzlose Weib, dem Tode hingegeben, und ein Blick aus den schönen rotgeweinten Augen nach oben, von wo ihr allein noch Trost kommen und ihrem ganzen Wesen, seinen Bedingungen gemäß, kommen mußte, wäre vielleicht natürlicher, weiblicher und rührender gewesen, und hätte selbst einer Königin, die sie bis ans Ende sein wollte, recht gut zu Gesicht gestanden. Doch das ist Gefühlssache, und ich bescheide mich, denn das Bild ist vortrefflich.

Deine Giesel habe ich gesprochen und auch Bettine; obschon ich mir vorgenommen hatte, sie nicht zu sehen, so muß ich doch gestehen, daß mir letztere besser schien, als ich mir dachte, daß sie sein könnte; weil das Alter gewöhnlich excentrische Naturen zur Caricatur macht. Sie scheint doch ruhiger zu sein und da sie noch so geistreich ist wie sie war, so hat sie mir einen guten Eindruck gemacht, obschon ich nicht gut auf sie zu sprechen bin; die Giesel hat sich recht lieb benommen, und wir würden uns wohl ganz gut verstehen; sie hat mich mit dir aufgezogen und dich meinen Liebhaber genannt, das kann man sich schon gefallen lassen, da du zugleich ein Geliebter bist. Sie wird dir nun von Weimar geschrieben haben, und wenn du antwortest, so grüße sie recht schön.

An Claudine habe ich neulich geschrieben, sie wird nun wohl wieder in Wiepersdorf sein und meinen Brief erhalten haben. Mit meiner Gesundheit geht es leidlich, es macht sich wieder, der Humor regt sich in der Puppe, ich hoffe er soll bald auskriechen, aber es fehlt ihm an Nahrung; das Philistertum ist kein Element für einen Tag- und Nachtfalter. Einstweilen leb wohl. Du hörst bald wieder von mir; ob noch vor Weihnacht, weiß ich nicht. Bleibe gesund, sei fleißig, treibe was dich treibt und verzeih den pedantischen Brief, der so viel Striche hat, aber keine Gedankenstriche sondern Gedankenlose.

Grüße mir fein die Schwester und alle, die du lieb hast. Ich hoffe, dazu rechnest du auch

das *Großmütterchen.*

---

[ *1* ] Die beiden Gedichte »Die Schwalbe« und »Die Tochter des Langobardenkönigs« erschienen in: Deutscher Musenalmanach für das Jahr 1853, hg. von O. F. Gruppe, Berlin, Reimer, S. 323 ff. u. 325 ff. (vgl. Anm. 23,6). Eine Variante des letzteren Gedichts in einem Brief Herman Grimms an Karl Simrock [o. D., ca. 1850] (NFG/GSA 135,1).

[ *2* ] »Michel Angelo Buonarotti« von Paul Heyse. [ *3* ] Das FDH
bewahrt zwei nur wenig voneinander abweichende Niederschriften
(HS-15487).

Marie Antoinette von Paul Delaroche.

 Tränen hast du viel vergossen / aber lange ist es her
denn die quellen sind verschlossen / und die augen nur noch schwer
 von dem haupt die locken hangen / das ein früher winter schlug
stolzer bist du nicht gegangen / als es noch die krone trug
 freier hast du nicht geboten / als dich noch die macht umfing
statt des tuchs ein schlichter knoten / um den hals der purpur hing.
 um dich her zusammensanken / alle träume die dir lieb
bis ein einziger gedanken / dir als letztes eigen blieb.
 frei von reue des verfehlten / fern von schaudern vor dem tod
hörst du jene die dich quälten / und die menge die dir droht
 schreitest mit gewissen schritten / zu dem letzten gange hin,
warst du jemals mehr inmitten / eines volks die königin?


### 34. *Marianne von Willemer an Herman Grimm*

Frankfurt, 2. Januar 1853

Mein lieber Herman!

 Endlich sind die großmütterlichen Angelegenheiten
mit dem Christkindchen beseitigt und ich darf mir schmei-
cheln, heute abend ein paar Stunden ohne Unterbrechung
mit angenehmen Dingen auszufüllen; daß ich also an dich
denke, mußt du wie natürlich zu deinen Gunsten auslegen, daß ich vorhabe, deinen Brief vom 12. Dezember zu
beantworten, ist noch ein Stein mehr in dem Brett, in das
ich dir schon ziemlich viele geworfen habe, denn deine
letzte Epistel war ziemlich verstimmt, und du hast mich
leidlich abkapittelt. Was mir nun am meisten aufgefallen
ist, war dein Unmut über mein Urteil, das ich über das
Bild der M[arie] Antoinette auszusprechen wagte. Ich will
*sie* nicht anders haben, als sie wahrscheinlich in ihren letzten Tagen und Stunden war, noch weniger vergleiche ich

ihr Geschick mit dem der Maria Stuart, Anna Boleyn und wie sie alle heißen; ich will auch gar nicht, daß sie wie eine Heilige aussehen soll, und das bisgen Trotz ist ihr wohl zu gönnen, wenn sie es gehabt hat; aber sie war ein *Weib*, und nur Königin, weil ihr *Mann* keiner und auch kein König war, und so glaube ich ganz sicher, daß sie wie ein Weib zum Tode ging, und unser Herrgott hätte ihr gewiß verziehen, wenn sie auch die *schweren Augenlider in die Höhe gezwängt hätte.* Einen Blick kann man wohl dahin senden, wohin die ernsten Worte drangen: Mein Gott! warum hast du mich verlassen? Zudem streiten wir ja nicht um Marie Antoinette sondern wegen Delaroches Auffassung und Darstellung. Ich sagte: er hat sie nicht richtig caracterisiert, und deine Strophen sind ja die Worte zu *seiner* Melodie. –

Den langen Brief aus dem Elephanten hatte ich richtig erhalten, und mich an der Elegie sehr erbaut. Ich meine, daß ich dir es geschrieben. Ich fand schon deshalb, daß sie mir sehr wohlgefallen, weil ich alle Hauptworte mit großen Buchstaben versehen hatte, mir das Ganze recht anschaulich zu machen, und es war gut; auch heute, wo ich sie wieder durchgelesen, scheint sie mir sehr gelungen und voll Wohllaut, besonders ist der Anfang schön: »Herbstliche Wolken«[1] u. s. w. und dann: »Zephyr hebt noch einmal die schlafbefangenen Glieder«. Nur zwei Stellen sind *mir* störend: die eine heißt: »*Ich auch* folge dir nach« etc. – die beiden Worte machen nacheinander beim lauten Lesen keinen guten Effect, und dann: »ich verlasse den *Platz*«, da mein ich, *Ort* wäre schöner. Auch würde ich lieber sagen: »Hoch zu dem *Fenster* hinauf, aber ihn finden sie nicht.« *Genug*, ich fühle es wie du, daß er nicht mehr da ist! –

Ich hatte eigentlich vor, dir ein Buch zu schicken, in das er einige Strophen geschrieben, und dies Vorhaben will ich recht bald ausführen; aber ohne irgend ein kleines Andenken an Ihn und mich will ich dieses Jahr nicht bei dir erscheinen, laß dir also die kleine Beilage gefallen, bis auf weiteres; ich habe dich ohnehin bedacht, wenn ich sterbe (was hoffentlich noch nicht so bald geschehen wird), dann sollst du manches erben, was *du* nur zu haben wert bist.[2]

Weil ich gerade von mir spreche, so will ich dir noch sagen, daß ich einen argen Schnupfen habe und mich wie ein Philister gebärde, aber innerlich musiziert es noch ganz munter, und wenn ich ein Instrument finde, was in derselben Tonart gestimmt ist, dann gibt es dir noch ganz gute Harmonien. Leb wohl. Prosit das neue Jahr. Und sei treu und ehrlich wie im alten.

*Mariane*

Ohne Proscript kein Heil und Segen, und eben bemerke ich, daß ich im großen Buchstaben machen so geübt bin, daß ich auch welche mache, wo sie nicht hingehören; da ich soeben hörte, daß die Arnims mit dem neuen Jahr nach Wiepersdorf kommen wollen, und ich nicht zweifle, daß du dann auch hinkommen wirst, so grüße die ganze Sippschaft von mir und vor allem die Claudine; frage, ob sie meinen Brief erhalten; das ist aber nicht, als ob sie mir antworten müßte, ich wollt es nur gerne wissen, und ferner, ob sie mich noch ein wenig lieb hat? Das kann sie dir mündlich versichern, und du kannst es mir schriftlich zu verstehen geben und Gott danken, daß du bei Gelegenheit deinen letzten verschnupften Brief wieder etwas illustrieren kannst.

Einstweilen lebe wohl und sei hübsch artig.

den 3ten Januar.
da werden alle guten Wünsche wahr!

[ *1* ] Die Elegie (Herbstliche Wolken…) im FDH und StA MG.
[ *2* ] H. Grimm hierzu (Gr 1869, 274 f.): »Sie hatte die Absicht, mir ihren Briefwechsel mit Goethe zu hinterlassen, trotzdem… hat sie schließlich anders darüber verfügt.« Vgl. Brief 35.

## 35. *Marianne von Willemer an Herman Grimm*

Frankfurt, 17. Januar [1853][1]

Hierbei, lieber Herman, das versprochene Buch, dem ich einen *Comentar* zu besserem Verständnis in beiliegendem Briefe mitgegeben. Ich habe nur noch die kleine Geschichte zu erläutern: wie die erste Ausgabe der Wanderjahre erschien, die du vielleicht in dieser Zusammenstellung gar nicht kennst, schickte Goethe ein Exemplar an mich und eines an Frau Schopenhauer; durch den wunderlichsten Zufall wurden die Adressen verwechselt; aber auf einen Tausch, den ich vorgeschlagen hatte, wollte Frau Schopenhauer nicht eingehen, und statt dessen sandte mir Goethe die kleine Strophe auf grün Papier, die ich später in das Buch klebte; das übrige steht in seinem Brief.[2]

Deinen deutschen Brief habe ich mit wunderlichen Augen betrachtet, ich wußte erst gar nicht, was mich daran verblüffte, bis du mir es am Ende desselben selbst erklärst; was so fremd tut, ist nicht das rechte, und ich bitte dich inständig, mir auf die gewohnte Weise zu schreiben, ohne alle große Buchstaben[3], die ich lieber entbehren will, als dich selbst.

Es freut mich sehr, daß du den schwarzen Othello gesehn; für dich muß er ausgezeichnet gewesen sein, ich hörte gar viel über ihn schwätzen, aber auch gutes Urteil, und in meiner Phantasie hat sich eine wundervolle Erscheinung gebildet, wie die körperliche Gestalt, die Shakespeares Geist angenommen, vielleicht ist das zuviel gesagt, aber wer kann für seine Einbildungen.

Frau v. [Name durchgestrichen, unleserlich]⁴ kenne ich recht gut, viel besser, als sie vielleicht meint; ob sie sehr gescheut oder sehr gescheut gemacht ist, wirst du bald weg haben; ich glaube ihre Seele ist wie ihr Leib. Du wirst schon dahinter kommen; wenn du ihr ein wenig die Cour machen willst, so wird sie dich catholisch machen wollen und wird auch nicht böse darüber sein; sie behauptet von der Pique an dem lieben Gott gedient zu haben bis zu ihrem jetzigen Avanzement. Sie kommt mir vor wie ein Kaufmann, der seine schönsten und besten Waren im Glaserker aufstellt; es ist ein Radowitzisches Naturell, dies alles in Camera caritatis, aber sei so gut und mache ihr die Cour! ich möchte wissen, wie sie sich dabei gehabt.

Über deine Scrupel, ich möchte dir etwas geben, was andre auch möchten, muß ich wirklich lachen; erstens, wenn ich dir etwas schicke, was mir wert ist, so hat es für andre gar keinen Wert; und ich weiß schon, daß du dich neben mich setzest, weil du wohl viel Leute aber nicht viel Menschen findest. Wenn ich nicht in der Hatze deine Briefe beantworten muß, so lese ich immer vorher einige von deinen Briefen durch. Nun habe ich heute ein Gedicht gefunden vom 30. August, worunter steht: *eben gemacht* und wirklich, man fühlt es ihm an, so warm, so frisch, so unmittelbar steigt es aus der Stimmung des Augenblicks, daß man sich immer wieder dabei fühlt, als wenn man es zum erstenmal liest, es fängt an: »Plätze wo ich gern gesessen, Wege die ich gern gegangen«. Wenn man solche Keime im Herzen und Geist trägt, soll man geduldig die Früchte abwarten und nicht, wie du zuletzt schriebst, schwarzes Gewölk im Kopfe haben und die Raben sich um die Nase fliegen lassen. Ich glaube mit dir, daß es eine Krankheit ist, die jeder durchzumachen hat, und zu deinem Troste will ich dir einen Vers von Goethe sagen,

den er mir einmal unter ein Bildchen von Frankfurt
schrieb:

> Als die Tage noch wuchsen
> gefiel das Leben mir wenig,
> nun abnehmend in Eil
> könnten gefallen sie mir.

Mache es wie Er und du wirst zufrieden sein, und deshalb habe ich dir auch ein Lied im Buch gezeichnet.

Fast muß ich fürchten, daß dich mein Päckchen nicht in
Berlin findet; da wird es wohl auf dich warten und auch
meinen verspäteten Glückwunsch zu deinem Geburtstag
noch immer etwas später anbringen. Ach! wie bist du so
glücklich erst 25 Jahre alt zu sein, was steht noch alles vor
dir! und wieder ein Vers von Goethe:

> Mein Erbteil wie herrlich, weit und breit!
> Die Zeit ist mein Besitz, mein Acker ist die Zeit.

Nun genug: grüße mir alles schriftlich und mündlich,
was sich von mir will grüßen lassen, und vor allem deine
Giesel; bleib gesund und habe keine Wolken und keine
Raben.

Lebwohl<br>das Großmütterchen Willemer

[ *1* ] Gr 1869, 266 unrichtig: 17. Juni 1852; Grimm las Juni statt Jan.
und bermerkte nicht, daß Marianne irrtümlich das verflossene Jahr
1852 angegeben hatte. – Der 17. Januar 1853 ergibt sich aus Folgendem: 1) Der Brief enthält einen verspäteten Glückwunsch zum 25.
Geburtstag Grimms am 6. Januar 1853; 2) das am 2. Januar 1853
angekündigte Buch, Goethes Wanderjahre, geht mit diesem Brief
ab; 3) Empfangsvermerk in Grimms Tagebuch: 18. Januar 1853.
[ *2* ] Das Marianne übersandte Exemplar der »Wanderjahre« enthielt
eine Widmungsstrophe an Adele Schopenhauer; dieses Versehen
suchte Goethe durch den seinem Brief vom 12. Juli 1821 an Marianne
beigelegten Vers freundlich scherzend zu korrigieren. Grimm beschreibt die Eintragungen Goethes (Gr 1869, 265):

»... auf dem ersten Blatt die Inschrift: Fräulein / *Adele Schopenhauer* / Erinnerung / des 12. Jun. 1821. / Weimar. / Goethe.

Eingeklebt aber, dieser Schrift gegenüber, auf dem inneren Deckel des Buches ein grünes Blättchen mit Folgendem:

Wer hat's gewollt, wer hat's gethan? / So liebliches erzielt? / Das ist doch wohl der rechte Roman / Der selbst Romane spielt!

Weimar / am 12. Juni / am 12. Juli. / 1821.«

Herman Grimm hat sowohl diesen Brief Mariannes als auch den Brief Goethes vom 12. 7. 1821 (bei Weitz Nr. 106) und die »Wanderjahre« mit den Eintragungen Goethes dem Goethe-Schiller-Archiv in Weimar geschenkt. [ *3* ] Herman Grimm schrieb zu dieser Zeit lateinisch mit kleinen Anfangsbuchstaben und übernahm damit Jacob Grimms Überzeugung, daß eine Verwilderung des Buchdrucks im Laufe des 16. Jhs. die Großschreibung der Substantiva als »misbrauch« eingeführt habe. [ *4* ] Es wird sich um die noch oft erwähnte Frau von Sydow handeln, Gattin von Rudolf von Sydow, preuß. Diplomat, ab 1853 Regierungspräsident in Sigmaringen, ab 1863 Preuß. Bundestagsgesandter.

### 36. Marianne von Willemer an Herman Grimm

Frankfurt, 14. März 1853

Mein lieber Herman! Länger darf ich Dich nicht auf Nachricht von mir warten lassen, obschon ich mich nur auf einige Worte beschränken muß; ich fühlte mich schon einige Wochen lang sehr unwohl, ohne daß ich so eigentlich wußte, was es war; nur der Atem fehlte mir ganz entschieden, und insofern blieb mir kein Zweifel, besonders wenn ich zu meinem lieben Stübchen aufstieg. Woher dieser Manco entstand, blieb unentschieden, bis denn vor heute 8 Tagen ein heftiges Nasenbluten, das am folgenden wiederkam, diesem Zustand eigentlich ein Ende machte, aber eine so große Schwäche hinterließ, daß ich mit Mühe die Feder bewege und mir außerordentlich sanft vorkomme, dabei aber so aufgeregt bin, daß mich alles wieder reizt und bewegt, was mir sonst ganz gleichgültig ist;

doch dies soll mehr oder weniger nach jedem Blutverlust der Fall sein, was du wohl aus Erfahrung weißt. Ich habe nun um mein wertes Ich mehr Worte gemacht als recht, aber jeder Kranke ist Egoist, und ich wollte dir nur gerne damit sagen, daß ich ungern deine freundlichen und herzlichen Worte unbeantwortet lasse. Ich behalte mir vor, deine beiden Briefe in den nächsten, so Gott will beßren Tagen zu beantworten, und füge nur zu der Beschreibung meines halben Ich's hinzu, daß es nicht davor verantwortlich sein kann, wenn es durch Sturm und Regen, durch Schnee und Winter zu klarem Sonnenschein, und heute wieder zu einem entschiednen Regen durchgejagt, anfängt vom Wetter zu sprechen und sogar davon zu schreiben, aber es ist das wunderlichste und wunderbarste, was ich noch je erlebte.

Aber nun genug! habe noch ein wenig Geduld und bleibe mir gut!

*Das Großmütterchen*

Grüße alle Arnims.

## 37. *Marianne von Willemer an Herman Grimm*

Frankfurt, 7. April [1853]

Mein lieber Freund! Diesmal sende ich dir ein Briefchen, was du wohl so gut bist, der Claudine zu geben; sollte sie nicht mehr in Berlin sein, so stecke es in ein Couvert und schicke es nach Wiepersdorf, daß es bestimmt in *ihre* Hände kommt. Ferner habe ich dieser Bitte, wozu ich sogleich den Dank spediere, noch einen Rat anzuschließen; dein letztes Blatt kam mir wie ein geharnischter Ritter vor, in vollem Waffenschmuck gegen alle Riesen, Drachen, Ungeheuer und *Zwerge* der sogenannten Societée, und ich wundre mich nur, daß du deine Sporen noch nicht

dabei verdient hast, wie magst du alles so schwarz an-
schauen? Warum fischst du dir nicht ein einzelnes Men-
schenkind heraus und legst die Seelensonde an, ich habe
es immer so gemacht und habe mich um das Ganze wenig
oder gar nicht bemüht; laß sie doch schwätzen, und plau-
dere du mit irgend einer Frau von Sidov oder mit einem
hübschen Mädchen. Und schwöre nicht, weder Schwüre
der Liebe noch des Hasses. Denn für deine Zukunft mußt
du einige saure Äpfel anbeißen, und wenn es sein kann, so
schäle sie erst, du wirst sehen, ohne Schale geht es besser,
denn jeder Apfel hat *einen* Kern, der gut ist, man muß ihn
nur zu finden wissen.

Wenn ich nun von mir einiges sagen soll, so geht es mir
schlecht, ich bin zwar nicht krank, aber gesund ist doch
anders; zudem habe ich häusliche Misere, meine Clara ist
krank und ich bemerke zu meiner Verwunderung, daß
man sich an allerlei Bequemlichkeiten gewöhnt, die man
auch aus andern Händen entweder unbequem findet oder
sie lieber ganz entbehren will; ich will dir nur gestehen,
noch verstehe ich die Kunst nicht, alt zu werden, und weil
ich es bin, entstehen die wunderlichsten Conflicte in meinem conto currente. Du merkst wohl aus dieser Phrase,
daß ich der Handelsstadt angehöre, wer kann sich aller
Elementargeister erwehren, die uns sichtbar und unsicht-
bar umschweben!

Von Dir! deinem Tun, deinem Lassen weiß ich im
Grunde auch nicht viel; daß dich die Bettine maltrai-
tiert, hast du mir zuletzt geschrieben, und ich setze hinzu:
traue ihr mehr, wenn sie dich schilt, als wenn sie dich
lobt.

Was du über Goethe schriebst, ist sehr wahr! aber, ich
sprach einmal mit ihm von einem mir sehr nahestehenden Freund, der viel schrieb und nur über philosophisch-
religiöse Gegenstände.[1] Da sagte er mir, »Weh ihm, er hat

keinen Ballast geladen«. Das Blatt hält nur noch einen Gruß und ein

*Großmütterchen*

[ *1* ] J. J. von Willemer, vgl. Brief 38.

## 38. Marianne von Willemer an Herman Grimm

Frankfurt, 13. Mai 1853

Mein lieber Herman!

Es bleibt dabei, du bist doch der beste und treuste aller meiner Adoptivenkel, und es freut mich, daß du niemals das Vertrauen zu mir verlierst, wenn ich es auch oft auf die Probe stelle oder setze, wie du willst. Nein, böse bin ich gewiß nicht, ich wüßte nicht warum, und *krank* bin [ich] auch nicht, wiewohl mir zur Gesundheit gar manches fehlt. Doch kann ich diesmal einiges zur Entschuldigung meines langen Schweigens anführen. Erstens: war mein Mädchen krank, gar nicht unwichtig, wenn man nur *Eine* hat; zweitens: war vor 14 Tagen die goldne Hochzeit meiner ältesten Tochter[1], gewiß ein seltnes Fest für eine Großmutter; da gab es manches vorzubereiten, einen Kinderhochzeitszug ins Werk zu setzen, wobei ein Rosen-, Silber-, und Goldpaar fungierte. Da es lauter schöne Kinder waren, so machte sich der Zug von 20 Paaren sehr hübsch. Es regnete Gedichte und Toaste aller Art; fromme, lustige, sentimentale; die langweiligen herrschten vor. Natürlich mußte die Großmutter auch ihr Licht leuchten lassen, aber ich habe es pfiffig gemacht, es an einem andern angesteckt, das von jeher gut gebrannt hat; vor 50 Jahren wurden die goldnen Brautleute auf der Gärbermühle getraut; als Geschenk bekommen sie jetzt ein nettes Bild von der Gärbermühle; diese Umstände benutzte ich, um das Stammbuchblatt, was wir von Goethe besitzen, und was er uns im Andenken an die Gärber-mühle von Weimar sandte (es steht unter seinen Gedich-ten an Personen), mit einigen Veränderungen, besonders des ersten und letzten Verses, auf diesen Tag anzuwenden, und ließ es mit einer humoristischen Einleitung, wie sie mir gerade auf die Zunge kam, vom Stapel laufen. Das hat den gehörigen Effekt gemacht und wir waren alle zufrie-den; Du siehst, wie gewandt ich bin, mir fremdes Gut anzueignen; aber ich mache es nicht wie die Bettine, ich schreibe keine Briefe mit dem prosaischen Inhalt seiner Gedichte, als wenn sie über meine Gedanken geformt wä-ren.[2] Aber ich, ich benutze auch als *mein* Eigentum, was der ganzen Welt angehört.

Verzeih, daß ich dich mit meinen Entschuldigungen so lange behellige, und laß mich nun deine Briefe beantwor-ten: Der vom 10. April macht mich etwas verlegen, weil er so alt ist; aber ich suche es dadurch gut zu machen, daß ich ihn pünktlich widerlege und fange damit an, womit du aufhörst; du meinst oder meintest, ich könnte denken: daß dir das Großmütterchen ein wenig die Leviten über den Apfel und den Kern gelesen, hätte einen Zweifel an deiner Menschenkenntnis vorausgesetzt, und deine Ver-teidigung gegen diese Autorität habe mich verletzt. Ganz im Gegenteil, da müßte ich keinen Anteil am Apfelbiß haben, wenn es mir nicht lieber wäre, daß du die *Freundin* entschuldigst, als daß du dem *Großmütterchen* recht gibst –.

Um auf den Ballast zu kommen, der dich zu beschweren scheint, so weiß ich nichts von Jacobi und seinem Brief-wechsel mit Goethe[3], sondern jenes Wort sprach er zu mir über Willemers Bestrebungen und literarische Arbeiten; und ich wollte damit sagen, daß Goethe viel Ballast gela-den und viel auswarf, was sich auch als solcher erwies, aber das Schiff behielt doch die volle Ladung und den *Dichter* zum Steuermann.

Nun komme ich an den zweiten Brief, der gerade dasselbe berichtet, was ich dir schreiben könnte. »Pfingsten, das liebliche Fest«, bringt uns zwar Blüten in Menge, aber sie frieren und wir frieren mit; bis gestern hatte ich noch Feuer in meiner Stube, und ich ärgre mich, daß ich heute keins habe. Die Nerven sind am meisten beteiligt bei diesem Unwetter, so kann man es füglich nennen; Wärme, Wärme, ist die erste Lebensbedingung. Ich finde es ganz natürlich, daß du bei unserm Mangel an den Überfluß in Italien denkst, aber dort war es auch nicht besser, im Aprile wie sie dort den Mai antizipieren, haben sie allerlei deutsche Beobachtungen machen können; warum du aber meinst, man müsse kein Herz haben, um in das Land zu gehen: »wo still die Myrthe blüht«, weiß ich nicht zu deuten. Es ist ja sehr gut, wenn man wie du ein volles und eben deshalb etwas schweres Herz mitnimmt, man kommt dann nicht so leicht in den Fall, es zu verlieren. Der andre Koffer ist freilich noch notwendiger gefüllt mitzunehmen, das Leerwerden macht sich von selbst. Ich habe dort auch (nämlich in Rom) einen ehmaligen Enkel von früheren Zeiten, einen bei der preußischen Gesandtschaft angestellten Wolf (Goethe)[4], aber er ist mir nicht so treu geblieben wie sein Großvater, der von 1815 bis zum letzten Monat seines Lebens einen ununterbrochenen Briefwechsel mit mir führte. Von dem obigen habe ich sehr lange nichts vernommen, habe auch kein Verlangen danach. Über die Charakterbilder von Beda Weber[5] hätte ich viel mit dir zu verhandeln, und ich würde es auch schriftlich versuchen, aber heute nicht; ich muß auch das Buch ganz durchgelesen haben. Ich bin mit deinem Urteil ganz einverstanden, aber nicht mit deinem Ausspruch, daß dir sein Wesen antipathisch sein müsse, das glaube ich nicht. Es ist eben ein ganz eignes Exemplar eines Menschen: *Tiroler*, Benedictiner, eifriger Grieche, Naturenthusiast und Stadtpfarrer in Frankfurt am Main! Ziehe dir selbst das Fazit; aber du wirst gestehen, daß einige Aufsätze: der Tod eines Dorfcaplans »Michael Feichter Möhler in Meran« ganz vortrefflich geschrieben sind. Er hat einen ganz eigentümlichen Stil, es wimmelt einem vor den Augen wie ein Feld voll Blumen, die eben im Aufbrechen sind, nebst allerlei unheimlichen Getiers; aber es nimmt sich doch gut aus, es hat etwas Schöpferisches. Du würdest gut mit ihm auskommen, schon weil er Goethe hoch verehrt trotz dem Maler Koch.[6] Er ist eben ein Mensch.

Dieser Tage habe ich Frau Köster[7] besucht, die arme Frau dauert mich sehr, sie scheint so betrübt; wir haben viel von dir gesprochen; hätte ich gewußt, daß deine Schwester an dem verfehlten Tag in diesem Haus war, dann würden wir uns gewiß kennengelernt haben. Grüße sie aber doch von mir, wenn ich schon halb böse bin.

Auch die Claudine erinnere an das Großmütterchen, die sehr oft an sie denkt und durch Sophie Schweitzer von ihr hört; schreibe mir doch ihre Adresse in deinem nächsten Brief.

Ferner, was denkst du? was machst du? was schreibst du? sage mir bald einiges darüber und gräme dich nicht zu sehr, daß Goethe früher starb, eh du anfingst zu denken; du hast den gehörigen Anteil an seiner Erbschaft.

Die Giesel grüße recht freundlich von mir und laß dich von ihr lieb haben für sich, – und für das

*Großmütterchen*

[ *1* ] Meline von Willemer und Friedrich Scharff hatten am 28. 4. 1803 geheiratet. [ *2* ] Vgl. Einleitung, S. 28. [ *3* ] Briefwechsel zwischen Goethe und Friedrich Heinrich Jacobi, Leipzig 1846. Herman Grimm

hatte angenommen, daß sich Goethes Wort vom »Ballast« auf Jacobi bezog. [ *4* ] M. Wolfgang von Goethe, 1854 Legationssekretär, dann Legationsrat bei der Preuß. Botschaft in Rom; vgl. Anm. 10,4. [ *5* ] Beda Weber (1798-1858), katholischer Geistlicher und Schriftsteller. [ *6* ] Jos. Anton Koch (1768-1839), Maler. [ *7* ] nicht ermittelt.

## 39. *Marianne von Willemer an Herman Grimm*

[Frankfurt], 1. Juni 1853

Lieber Herman!

Heute wirst du doch wohl mit mir zufrieden sein, da ich recht ordentlich antworte; 10 Tage sind eine kleine Pause für ein schreibfaules Großmütterchen; ich bin aber mit deinem letzten Brief gar nicht zufrieden! Welch ein weltschmerzlich Gedicht hast du mir da aufgeschrieben, so will ich keins mehr sehen, schäme dich! Du bist so reich begabt vor vielen Menschen und trittst mit Füßen, was andre so gerne aufheben möchten; wer hindert dich denn, »der Natur zartesten Linien nachzuspüren und die Gedanken anzuranken an ruhgetränkte Betrachtung«, warte es ab, bis die Muse dich heimsucht; aber du willst eben gleich das Vorzüglichste leisten, denn obschon du »den Ruhm mit Ekel fortschleudern« willst, so schreibst du mir auf derselben Seite: »es sehen zuviel Augen auf mich, denen ich eine öffentliche Probe ablegen muß.« – Du bist nicht unbefangen genug mit deinen Sachen, sonst hättest [du] auch den Prinz von Charolais (wenn ich recht gelesen) nicht zurückgenommen; wenn du mich gefragt, ich hätte dir zugeredet, es anstürmen zu lassen, wenn es auch nicht vollkommen, so ist es gewiß bühnengerecht und soviel ich mich erinnere ein Lustspiel; das ist schon eine Empfehlung in jetziger Zeit, wo man für classische Stücke eine Abneigung mit in das Theater nimmt. Sage mir nicht, daß

*I. Herman Grimm, Photographie um 1859*

*II. Marianne von Willemer, Photographie nach einer*
*Daguerreotypie um 1860*

*III. Herman Grimm, stud. jur., Radierung von*
*L. E. Grimm, Juli 1848*

*IV. Marianne von Willemer, Bleistiftzeichnung
nach Edward Steinle*

diese Motive für dich keine sind, ich weiß es, aber warum soll man sich nicht freuen, ein gutes Lustspiel zu schreiben; es wäre ja nur die Einleitung gewesen, und dein Demetrius hätte nicht weniger gut sein dürfen; doch ich möchte nicht, daß du meintest, das Großmütterchen wolle wieder altklug tun, aber eins muß ich nachholen, Molière hat vortreffliche Lustspiele geschrieben und Goethe konnte keine schreiben. –

Nun muß ich mich doch noch verteidigen über deine ironische Bemerkung »daß ich unsern Herrgott in die Höhe logieren will«, wo soll ich [ihn] denn hin logieren? Ich stelle mir den Himmel nicht vor wie eine blaue Wand, wo er dahinter auf einem Thron sitzt; allein was ich in der Natur als das Schönste und Erhabenste kenne ist *Oben*! die Sonne, der Mond, die Sterne, der Blitz, der Donner, – der majestätische Baum wie die Licht und Stab suchende Blume bis zum kleinsten Moos. Und die edelsten Vorzüge der körperlichen Bildung des Menschen, seine aufrechte Stellung, der Blick des Auges, der ihm ausschließlich angehört, weist nach *oben*, die Flamme strebt nach *oben* zu dem Urquell des Lichtes. Warum sollte es mir nicht erlaubt sein, unsern Herrgott da *oben* zu suchen, wo ihn schon geistreiche Heiden suchten, ehe sie mit uns zu glauben berufen waren, daß uns der *heilige* Geist von oben komme; wo soll ich ihn denn suchen? Ich glaube, die Hegelianer sagen, Gott ist im Menschen; aber da hast du, lieber armer Herman, ihn noch nicht gefunden, sonst würdest du mir kein so trostloses Gedicht aufgeschrieben haben, worin du nicht allein Gott nicht findest, sogar dich selbst zu verlieren scheinst. Doch ist das nicht so böse gemeint, denn das nächste anmutige Gedichtchen voll Humor und Naturgefühl beweist, daß auch die Blüten deines Geistes immer frisch sprossen; mein Urteil über Marie Antoinette muß dich doch geärgert haben, da du mir es so lange nachgetragen hast, und ich bleibe dabei, sie war keine Hegelianerin, hatte den Strauß[1] nicht gelesen, und wenn auch Kaiser Joseph ihr Bruder war, demungeachtet eine Katholikin, früh unterrichtet nach *oben* zu blicken, und wie herrlich das Bild auch ist, den Caracter, den historischen, hat es doch verfehlt.

Jetzt habe ich dir zuviel vorgeschwätzt, muß ich leider sagen; es ist bedeutend, daß man nicht sagen kann vorgeschrieben, das geschriebne Wort scheint immer etwas von einer *Vorschrift* zu haben, und ich wünsche, du könntest mich sogleich nach jedem Wort, nach jedem Gedanken belehren, daß ich mich verschrieben habe; ich bilde mir ein, das Wort auf der Zunge stehe mir mehr zu Gebot als das in der Feder, weil auch nach dem alten Sprüchwort, das Herz denselben Weg lieber geht.

Nun grüße mir vor allem die Claudine und die Giesel und halte es auch für Grüße. Auch die Schwester nicht zu vergessen und wer von den Deinen an mich denken mag.

Halte deinen Geist aufrecht, laß dich nicht in die Tiefe ziehn und behalte mich lieb.

Mariane Willemer.

Durch Verzögerung blieb mein Brief einige Tage liegen und so eben, wie ich ihn siegeln will, erhalte ich den Demetrius.[2] Ich siegle ihn aber dennoch und lese diesen mit Bedacht. Vielen Dank für die Sendung.

[ *1* ] David Ludwig Strauß, Das Leben Jesu, 2 Bde., Tübingen 1835/ 36. [ *2* ] Siehe Anm. 19,2.

Frankfurt, 18. Juni 1853

Vor allen Dingen verzeih mir lieber Herman, daß ich so spät deinen letzten Brief erwidere und für die Sendung deiner beiden Werke[1] danke; ich war vor einiger Zeit so müde an Leib und Seele, daß ich den ganzen Tag eine Neigung zu schlafen hatte, die mich wahrhaft ängstigte; nun geht es wieder besser, viel Bewegung in freier Luft hat mich wieder ins Gleichgewicht gebracht. Noch nicht so ganz damit zu Stande gekommen, wäre ich fast durch deine Aufforderung, dir mein Urteil über die beiden Sachen, die du geschrieben, mitzuteilen, wieder um alle meine Errungenschaft gekommen; so sehr mich das Vertrauen rührt, das du in mich setzest, so muß ich zugleich gestehen, daß es weit über Verdienst geht, denn ich glaube dir schon einmal dies alles weitläufig auseinandergelegt zu haben, daß ich nur von dem Eindruck Rechenschaft geben kann, der bei mir ein ganz individueller, durchaus kein maßgebender für dich sein kann; was ich aber bei dem gewissenhaften Durchlesen empfunden, denn nur auf meine *Empfindung* kann ich mich berufen, das will ich dir sagen: der Demetrius hat mich sehr interessiert, die Caractere sind wahr, bleiben sich treu und sind Ort und Zeit sehr angemessen; besonders ist dir Demetrius gelungen, weniger Ivan. In seinem Trotz ist etwas Kindisches, auch die Vision, die ihn motivieren soll, scheint mir zu idealisch möchte ich sagen; es ist aber nicht das rechte, es würde wirksamer – glaube ich – wenn sie Marva hätte, was psychologischen Grund voraussetzte, freilich müßte die Erscheinung anderer Art sein, auch müßte Marva indirekt dadurch auf Ivan wirken, wie ich denn die Scene ganz vortrefflich finde, wo sie Demetrius entdeckt, was geschehn. Auch Olga ist dir sehr gelungen, so wie alle Gespräche mit ihr und Demetrius. Auch seines mit Ivan im Kerker bis auf die Stellen, wo er mit diesem feilscht um sein Stillschweigen; ergreifend sind die letzten Scenen, und ich glaube von großer dramatischer Wirkung, auch die Sprache ist edler, harmonischer gegen den Schluß, auch in einigen Monologen hebt sie sich aus dem gewöhnlich, ich muß es dir ehrlich sagen, ungefeilten Dialog, der nicht sowohl Härten als Nachlässigkeiten verrät. So kommen oft Stellen, wo fünf, sechs, acht einsilbige Worte die Diction entstellen; ich wüßte nicht zu sagen warum, aber ich fühle, ich höre es. Störend ist es auch, daß man immer von Ivan sagt: der Mensch! und es kommt *oft* vor; im Traumspiel macht sich der Mensch nur im allgemeinen geltend und als Individuum klingt es zu bürgerlich. Dann heißt er immer: der Narr! das ist unschön; so könnte ich vieles sagen, was dem einzeln Vollkommenen die Harmonie nimmt. Ich habe mir alle Stellen gezeichnet, wo ich gerne oft nur ein einziges Wort anders gesetzt wünschte. Wärst du hier, ich könnte mich ganz mit dir verständigen, nun muß ich fast fürchten, daß du meine Bemerkungen kindisch, unbedeutend, anmaßend findest. Aber es fällt mir eben ein, daß ich dein Drama mit einem schönen Gesicht vergleichen möchte, dessen edle Züge durch Blatternarben zwar nicht entstellt, aber verschleiert sind. Und ich muß noch einmal bemerken, deine Sprache leidet nicht an Sandkörnern deinem Caracter entsprechend, wohl eher daran, daß in deinem Schreibtisch neben der *guten Idee* kein Platz für die Feile zu sein scheint.

Die größte Freude, ja ein wahres Gaudium, ist mir an dem ganz schönen Monolog des Demetrius, wo er der Olga den Dolch auf die Brust setzt, der Anfang: *zurück ihr kennt mich alle, er lebt! er lebt!* und so weiter bis: *Zum erstenmal ein freier Blick hinauf*; – was für mich noch triumphierlicher ist als Ivans: *O ihr Sterne blicket ihr* etc. etc. Aber genug und dennhoch viel zu wenig! –

Was die Novelle anbelangt, so muß ich sagen, daß sie mir sehr gut gefallen, die Ruhe der Darstellung bei so tragischer und leidenschaftlicher Entwickelung hat etwas Ergreifendes; auch mir machte sie den Eindruck einer aus dem Französischen übersetzten; sie erinnert an die Geschichte der Antonelli in den Unterhaltungen D. A. von Goethe[2] unbeschadet ihrer Orginalität und ich denke du wirst mehr in dieser nationellen Auffassung schreiben, weil ich glaube, daß es eine vortreffliche Übung ist, sich in andern Himmelsstrichen frei bewegen und sich das ... [Wort unleserlich] aneignen zu können.

Was du mir über den Ruhm, über die Vorsicht deines Namens wegen[3] schriebst, ist mir ganz klar geworden, ich werde mich nie mehr so mutwillig darüber aussprechen, ich hätte das alles vorher wissen und fühlen sollen, um so mehr, als mir die ganze Namensbedenklichkeit schon vorgekommen, und zwar bei Goethes Enkel Wolf. Allein dieser hatte keinen glücklichen Erfolg, da seine ungemessene Eitelkeit alle Pietät vernichtete.

Über unsere Controversen muß ich dennoch ein letztes anführen: alles über Marie A[ntoinette] gesagte sollte meine Meinung, daß sie nicht *historisch* aufgefaßt ist, womöglich deutlich machen, aber ich hab es halt nicht genügend hingestellt. Was ich in Bezug auf dein Gedicht sagte, das kam mir aus dem Herzen, du solltest nie solche ägyptische Finsternisse fühlen; ich habe dich auch keinen Augenblick für einen Hegelianer gehalten, aber daß du so ironisch von *Oben* mit einem etwas geringschätzigen Blick nach *unten* sprachst, hat mich, vielleicht mit Unrecht, ein wenig gereizt.

Wenn Du mir das Stück, was du eben abschreibst, schikken willst, so machst du mir eine Freude damit. Dann will ich dir einen Vorschlag machen; wenn das Album nicht gar zu groß ist, was die Max für die Hochzeit[4] von euch bekömmt, so hätte ich wohl etwas, was ihr Freude machen könnte; es ist eine Originalzeichnung von ihrer Großmutter, Max geborne Laroche. Es kann, wie du leicht denken kannst, keinen Anspruch auf Kunstwert machen, ein kleines Landschäftchen mit Rotstift auf schlechtem Papier gezeichnet, aber wenn sie gar nichts ähnliches von ihrer Großmutter hat, doch vielleicht nicht ohne Wert für sie; wenn du mir die Größe der Blätter senden willst, so kann ich es hier aufziehen lassen auf sauber Papier. Schreibe mir gleich, ob du meinst, daß es zweckmäßig ist.

Die Geschichte von dem Feldjäger und der Prinzessin hat mich sehr interessiert, es ist eine ganz kuriose Begebenheit, aber für eine Novelle etwas zu heiglich. Man müßte doch eigentlich wissen woher und wohin! wenn du etwas von diesem Feldstürmer erfahren solltest, so schreibe es mir.

Dies Blatt liegt, wie du merken wirst, schon einige Tage in meiner Mappe, ehe ich es abschicken konnte; du wirst wohl gedacht haben, daß ich dir wenig Teilnahme beweise, aber es ist nicht wahr, und du hast es auch nicht gedacht; die wenigen schönen Tage haben mich wieder verlockt ins Freie, in Wald und Ferne, und da es bekanntlich im Juni keinen Abend gibt, vielmehr alles Tag ist, leuchtender, goldner, lichtvoller Tag, der unmittelbar vom Mond abgelöst wird, den wieder um drei Uhr morgens der junge Tag verjagt, so kommt eine wohlgeratene Seele gar nicht zum Sitzen, auch eine großmütterliche nicht. Besonders wenn sie einen Turm[5] besitzt, der eine herrliche Aussicht auf Berge, Stadt, Fluß, Gefilde, zwei kleine heimliche Stübchen und viele Dutzend Enkel hat, die sehr gerne sich ein Gläschen Bier, Maiwein, Schinken, Braten und was es eben gibt, bei ihr schmecken lassen. Am Samstag war die Frau Schöff nebst Tochter und Schwiegersohn[6] und Steinle bei mir *oben*, am Mittwoch *10* von meinen wirklichen Enkeln und heute wollte Marie Brentano nebst Kindern[7] und Freunden mir die Freude machen; aber es regnet schon den ganzen Tag, was freilich die Schwingen lähmt, aber der Feder zu gut kommt.

Mein liebes gutes *Clödchen*, wollte ich schreiben, tue es aber nicht und setzte meine Herzens-*Claudine* an die Stelle, die grüße mir doch ja recht von Herzen und sage ihr, daß ich mich freue, daß sie an mich denkt und daß ich ihr auch gewiß bald schreiben will. Ist denn Freymund niemals in Berlin? du sprichst immer nur, daß Claudine da wohnt, nie daß er bei ihr ist. Sie sind doch glücklich?! bei dem Quartett hätte ich schon sein mögen, das muß ein herrlich Diner gewesen sein.

Ist Frau v Sidov nicht mehr in Berlin? du schreibst mir ja gar nichts von dieser Himmelsstürmerin. Ein wahres Verhängnis für diese hochstrebende Seele, daß sie nach Sigmaringen muß, nachdem sie auf Madrid hoffte. Ich kann mir das Zeugnis geben, daß ich ein gut Teil Menschenliebe in mir spüre, aber bei diesem *Wesen* geht sie mir aus; ich meine, sie müßte auch schreiben wie die Gräfin Hahn-Hahn[8], für die sie eine treffliche Henne wäre. Aber unter französischer Firma. Madame la Coq Coq et Madame la Coquine.

Man muß sich bezwingen, dies rat ich mir selbst. Nun will ich dich schließlich bitten, mir nichts übel zu nehmen, mich zu entschuldigen und ferner zu glauben, daß ich es herzlich gut mit dir meine. Grüße die Giesel

*vom Großmütterchen*

[ *1* ] »Demetrius« und die Novelle »Die Sängerin« (vgl. Anm. 2,4).
[ *2* ] Geschichte der Antonelli: die einer Sängerin in Goethes »Unterhaltungen Deutscher Ausgewanderten«. – Den ursprünglichen Titel »Aus den Memoiren des Herrn v. F.« änderte Grimm auf Vorschlag von Gutzkow in »Die Sängerin«. Dieser hatte sich bei Grimm versi-

chert, daß es sich nicht um eine Übersetzung aus dem Französischen
handele (Tageb. H. Gr. v. 11. u. 18. Januar und 1. Juli 1853). [ *3* ] Vgl.
Brief 39. [ *4* ] Maximiliane v. Arnim und Eduard Graf v. Oriola heira-
teten am 28. 6. 1853 in Wiepersdorf. [ *5* ] M. v. Willemer an S. Boisse-
rée am 10. 4. 1840: ». . . die arme Mühle steht ganz verlassen, doch das
Häußchen auf dem Mühlberg ist wieder neu aufgebaut, und mein
Eigentum«, in: Dt. Rundschau, Bd. 132, 1907, S. 425. [ *6* ] Antonie
Brentano mit Tochter Josefa (Josephine) und deren Gatten A. Th.
Brentano. [ *7* ] Kinder: Georg Berna (aus erster Ehe) und Maria
Brentano. [ *8* ] Ida Gräfin v. Hahn-Hahn (1805-1880) veröffentlichte
1851 »Von Babylon nach Jerusalem«, es folgten weitere Romane mit
katholischer Tendenz.


## 41. *Marianne von Willemer an Herman Grimm*

Frankfurt, 10. August 1853

Mein lieber Herman! Vor allem andern die bestimmte Versicherung, daß wenn ich auch in einem halben Jahre – was
Gott verhüte – nicht schreiben sollte, so bist du nicht
schuld und ich auch nicht. Entweder bin ich krank oder
tot – was Gott so lange wie möglich verhüten möge – oder
es ist mir sonst unmöglich. Aber ich lasse dich nicht mehr
los, da ich dich am Bündel habe und du mich. Was meinst
du? die besten Menschen sind so dünn gesäet, daß man die
vollen Ähren sammeln und bewahren muß, wenn man das
Glück hat, sie zu finden. Die poetischen Gemüter, die zugleich ehrlich sind und treu, die hält man warm und hoch!
Also haben in deinem letzten Brief weder trostlose Dinge
gestanden, noch war ich eigentlich krank, aber melanco-
lisch war ich allerdings, mit und ohne Ursache; und um es
ganz einfach zu sagen nervenschwach, und zwar auf eine
peinliche und quälende Weise, worüber mein gesundes
Ich meinem kranken Ich die heftigsten Vorwürfe machte
und dennoch ganz abhängig von ihm war; die unange-
nehmste Folge dieses Zwiespaltes war eine große Abnei-

gung etwas zu tun und namentlich zu schreiben, was mir im eigentlichen Sinne des Wortes manche Tage rein unmöglich war; und du hast ganz recht, daß ich *sehr* oft an dich dachte und meinte, es wäre wohl billig an der Zeit, dir zu antworten, aber dabei blieb es. An diesem Entschlußmangel habe ich wahrscheinlich diesen Winter noch zu büßen, denn ich sollte eigentlich in ein Bad, aber da ich nicht wußte *wohin, mit wem* und *wann,* so bin ich noch hier in Frankfurt und hätte es doch so nötig. –

Nun muß ich aber in Wahrheit sagen, daß auch ohne dein letztes Blatt vom 7. August dieses meinige nun schon in deinen Händen wäre, versteht sich vollgeschrieben, wie ich es noch willens bin. Denn mein Herzensgewissen regte sich in der letzten Zeit gewaltig, und wie der Bote deinen Brief brachte, fühlte ich wirklich die Wirkung der feurigen Kohlen auf meinem Haupte, ich wurde rot bis unter meine grauen Locken, was mir nicht gar oft geschieht. Was du aber von einem fortwährenden und begünstigten Nebenbuhler schreibst, der mich wohl gar entführt haben könnte, verstehe ich durchaus nicht. Wer ist denn das? es ist wohl eine Fortsetzung deines poetischen Zustandes, in dem du dein neues Lustspiel schriebst, dessen Titel, wenigstens den zweiten, du mir ohne weiteres dediziert hast[1]; aber ich freue mich ganz besonders, daß du mit deinem Opus zufrieden bist und der gute Erfolg auch dir eine Freude machte. Gewiß wäre ich gerne dabei gewesen, ich habe eine sehr gute Meinung davon, denn ohne Anwendung des Titels auf deines unsichtbaren Nebenbuhlers Nichtexistenz, scheint er mir sehr vielversprechend, er hat etwas Calderonisches. Und ich bin fest überzeugt, daß deine Comedie mir gewiß besser zusagt als *Was ihr wollt,* das ich freilich vorigen Herbst *schlecht* vorlesen hörte; wenn es dir aber wirklich recht Ernst damit wäre, deine Papiere vor mir auszubreiten und mich unter deinen Zuhörern zu wissen, so hättest du eigentlich von Marburg[2] aus den kleinen Abstecher nach dem Main machen können; aber ich begreife, daß du zu sehr mit der Mutter beschäftigt warst, um ein Großmütterchen besuchen zu können. Ich freue mich mit dir, daß sie wieder gesund ist. Und wenn du wieder an die Schwester schreibst, so grüße herzlich von mir.

Claudine wird die Freude haben, ihre Tante Meline Guaita recht bald zu sehen. Diese wird ihre Tochter in Hannover[3] besuchen und einen Besuch in Rehme[4] machen, ich gebe ihr auch diesmal einen Brief an Claudine mit.

Max Oriola war hier mit ihrem Gemahl und wohnte bei Louis Brentano in Rödelheim[5], sie blieb nur einige Tage; durch ein Versehen ist mir die Einladung mit ihr zu Mittag zu essen nicht zugekommen; ich hörte von allen möglichen Bundesvisiten, die jeden Abend der wenigen Tage ihres Aufenthaltes in Bande legte, und habe sie deshalb nicht besucht. – Du hast mir aber *auch gar nichts* von der Hochzeit[6] geschrieben. Man fand sie etwas gealtert und übel aussehend, aber liebenswürdig und glücklich. Ich will nun den späten Boten meiner unwandelbaren Anhänglichkeit nicht länger aufhalten und die vierte Seite nur anfangen, um zu erklären, warum ich die Zeile, die ich wieder ausgestrichen, nebenhin gekleckst habe; ich meinte schon über das vierte Blatt hinausgeschrieben zu haben und wollte doch noch von der hellen Türritze einiges sagen; nämlich ich glaube nicht, daß du dich begnügen müßtest *dadurch* zu gucken. Du kannst die Türe recht ordentlich aufmachen und deiner Zukunft klar werden. Daß du dich mit Schuster und Schneider noch eine Zeit durchbeißen mußt, ist allerdings um Zahnweh zu bekommen, aber mit Mut und Fleiß kommt man weiter als mit den besten Schuhen und Kleidern.

Schreibe mir immer, was dir einfällt, aber mache es nicht wie der König Ahasverus in Goethes Puppenspiel, der sagt: beschlossen hab ich's, jetzt geht's mich weiter nichts mehr an.

Also nochmals zum Schluß einen guten Gruß an die Giesel, die mit ihrer Mutter in Ems ist oder war, und nochmals die Versicherung meiner unsterblichen Großmütterlichkeit meinem lieben grimmigen Enkel.

*M Willemer.*

[ *1* ] Eifersucht – der Liebe Grab, oder: Der unsichtbare Nebenbuhler. Lustspiel in 3 Aufzügen (vollst. Abschrift 47 S. StA MG Ms 185). Lt. Tageb. H. Gr. 4. August 1853: »das Lustspiel fertig abgeschrieben. abends bei Arnims vorgelesen…« [ *2* ] Lt. Tagebuch war Grimm vom 22.-26. August in Marburg. [ *3* ] Sophie Detmold. [ *4* ] Rehme bei Bad Oeynhausen. Lt. Tageb. H. Gr.: »13. aug. Bettine u. Giesel u. Armgart abends 10 uhr nach Rehme…« [ *5* ] Louis Brentano bewohnte nach seines Vaters Tod (Georg Brentano) den Landsitz Rödelheim bei Frankfurt, den Herman Grimm wie folgt beschrieb: »Ich habe das Haus noch vor Georges Tod gesehen, der es ganz nach seinem Sinne eingerichtet hatte. Die offenen Türen des mit weißem Stuck und Marmor ausgelegten Gartensaales, dessen innere Türen mit rotem Tuch beschlagen waren, gingen auf eine sanfte Rasenfläche, die sich bis zu der quer durchströmenden Nidda erstreckte und auf der weiße Pfauen ihren Aufenthalt hatten. Über den Fluß hinüber versenkte sich das Auge aber- und abermals in Wiesenflächen, von leichten Gebüschen manchmal durchzogen, bis zum Gebirge hin.« (Gr 1896, 144). [ *6* ] Bei der Hochzeitsfeier war es zu einem Vorfall zwischen Herman Grimm und Siegmund von Arnim (Sohn Bettinas) gekommen, durch den das Verhältnis beider Männer zueinander nachhaltig gestört wurde (H. Grimm an Claudine von Arnim vom 5. Juni 1855 (NFG/GSA 03/698 [706]).

## 42. Marianne von Willemer an Herman Grimm

Mein lieber Herman!

Hierbei dein Lustspiel[1] mit vielem Dank zurück. Es hat mir sehr viele Freude gemacht, die Intrigue ist pikant und der Dialogue frisch und rasch, doch siehst du deine Sachen nicht gehörig durch, sonst würdest du den *Herrn* nicht so oft mitreden lassen, was ich dir zum Possen gezählt und neben mit Nummern bewiesen habe; doch das ist nur zum Spaße. Wenn ich dir einiges bemerken darf, so wäre es vielleicht ein indirektes Lob, wenn ich sage, daß man an Calderons Lustspiele denkt und daß gerade dieses *Verdienst* einen Nachteil für dein Stückchen mit sich bringt; du hast ihm schon den südlichen Grund und Boden angewiesen, ich würde es noch bestimmter tun und als Autor würde ich die Bedingung machen, daß es ganz im spanischen Costüme gespielt werde oder im italienischen, was zum Teil durch die Männernamen schon angedeutet ist; dadurch wird Gilberts unsinnige Eifersucht, die Serenade, das Kommen der Mädchen, das tobende Türeinschlagen gehörig motiviert; aber dann darf Felix nicht gesprächsweise sagen: auf Ehre! das klingt berlinerisch. Er darf bei seiner Ehre etwas versichern, aber selten, auch dürfen die beiden Männer nicht Wein zusammen trinken, das ist urdeutsch. Caecilie ist dir sehr gelungen, sie ist allerliebst mit ihrem Trotz und der kleinen weiblichen Eifersucht auf Therese; diese ist zwar sehr liebenswürdig, einfach, edel gehalten, aber nicht vorwurfsfrei; sie ist wirklich unwahr gegen Gilbert, und so weit durfte es nicht kommen, sie mußte ihm offen die Wahrheit sagen, am wenigsten Caecilien den Vorwurf machen, daß *sie* an allem Schuld sei. Nach meinem Gefühl wäre es vielleicht gut eingeleitet gewesen, wenn beide Mädchen schon einiges Interesse für Felix verraten, wenn auch durch flüchtiges Begegnen veranlaßt, so würde doch Theresens schneller Herzenswechsel nicht so auffallen, »denn vielfach wirken die Pfeile des Amor«. – – Daß sie sich von Gilbert getrennt, dagegen ist nichts zu sagen, es ist sogar notwendig, aber Gilberts letzte Worte, Worte so rührend und resignierend auf jedes Glück, lassen einen Stachel zurück, den Therese mit der Hand, die sie Felix reicht, noch tiefer drückt. Doch das ist individuelles Gefühl, und ich glaube, daß ein Mann anders fühlt. Einiges, was mir aufgefallen als ungehörig oder störend, habe ich mit Bleistift unterstrichen, auch dünkt mich, daß Gilbert zuviel schimpfe auf die Mädchen; doch wie gesagt ist das Clima, der Grund und Boden, bei allem von Bedeutung. Ich erinnere mich, den Lügner von Goldoni, ein sehr nettes Stück, in einer deutschen Übersetzung auf dem hiesigen Theater gesehen zu haben. Der unberufne Übersetzer war so taktlos, die Handlung nach *Leipzig* zu verlegen, die in *Venedig* spielt, wodurch das Ganze eine Färbung erhielt, die es wahrhaft ungenießbar machte; aller Anmut bar und aller Grundbedingung entbehrend, die der Entwicklung ihr Recht verleiht und sie wahrscheinlich macht. Dein nettes Stück ist ein Kind des Süden und so möge es vom Stapel laufen; sei nicht böse, daß ich über Kleinigkeiten so viele Worte mache, ich meine es gut, wenn auch vielleicht irrig, und ich möchte, daß deine Sachen aus einem Gusse wären.

Nun noch einige Worte als Entschuldigung, daß ich das Manuscript so lange behalten habe: die afrikanische Hitze, die wir hatten, nötigte mich nicht allein zu einer ägyptischen Finsternis, da man vor 7 Uhr Abend keinen Laden öffnen durfte, sie machte mich auch krank; seit vorigen Sonntag habe ich einen schmählichen Husten und, etwelchen Folgen einer rätselhaften Erkältung zur Beute, vermißte ich Schlaf und Appetit, bis ich heute beides wieder gefunden, nun in einem etwas erträglicheren Zustande bin. Und da die Glühhitze der letzten Tage sich gestern abend durch ein leidenschaftliches Gewitter Luft machte, die sich heute zu einem heftigen Sturm erhob, so will ich auch gleich auf den Flügeln des Windes deine Papiere absenden; laß dies auch als eine Entschuldigung gelten, wenn meine Gedanken etwas verweht und meine Bemerkungen keinen rechten Zusammenhang haben, es weht ein wahrer Schirocco, so ungestüm, als man nur wünschen kann.

Von Claudinen habe ich einen liebenswürdigen Brief, sie spricht mit Ruhe über ihr Glück, und das ist ein sicheres Zeichen, daß es wahr ist. Sie schrieb mir auch von dir und deinen Arbeiten unter anderm von der Novelle sagt sie: »es würde *mir interessant sein zu erfahren, ob du die als Modell genommenen Personen erkannt.*« Das verstehe ich nicht, habe auch die Personen nicht erkannt, obschon ich nun vielleicht eine Spur habe. Schreibe mir etwas darüber.

Man sagt hier allgemein Armgart[2] würde nun auch heiraten, ist es wahr?

Hebe die Grüße an Giesel nicht lange auf, ich sende immer frische.

Leb wohl, gedenke mein, laß mich dir empfohlen sein.

*Mariane*

Hast du den Medecin de campagne von Balzac gelesen?

[ *1* ] »Eifersucht – der Liebe Grab«. [ *2* ] Armgart von Arnim heiratete erst nach dem Tode ihrer Mutter am 25. 3. 1860 Albert Graf von Flemming (1813-1884), preuß. Gesandter in Karlsruhe.

*43. Marianne von Willemer an Herman Grimm*
Frankfurt, 1. Oktober 1853[1]

Mein lieber Herman!

Für heute nur diese wenigen Worte! und auch einige von unserm Freunde[2] die ich als Empfehlung und Entschuldigung sende. Ich bin schon abgereist, wenn Du dies Blatt entfaltest, ich glaube es wenigstens; Deine beiden Briefe nehme ich mit auf das Stift Neuburg um sie dort recht ruhig zu beantworten, schreibe mir nicht eher als bis Du meine Antwort hast; verzeih die Eile die in meinen Buchstaben krabelt, ich sage wie der König Ahasverus: »Geschrieben hab ich's, jetzt gehts mich nichts mehr an.«

Ich denke 3 bis 4 Wochen in Heidelberg zu bleiben, wenn der October erträglich ist; dann beziehe ich mein liebes Stübchen und lebe so lange Gott will. Wie Goethe nach dem Tode seines Sohnes gefährlich erkrankt, schrieb er in den ersten Tagen seiner Genesung nur die Worte: ich lebe und liebe noch! Ich denk Dir das noch öfter zu schreiben und bleibe unverändert

das Großmütterchen.

Von Deinen Angehörigen war doch niemand krank? Du auch nicht?

[ 1 ] Die Wiedergabe des Briefes folgt dem Abdruck im Goethe-Jahrbuch, hg. v. L. Geiger, Frankfurt a. M. 1880, Bd. 1, S. 369. Wilhelm Scherer leitet ihn mit der Mitteilung ein:
»In Herman Grimms Besitz befindet sich eine Karte mit grün und goldenem Rand, in deren weißes inneres Oval von Goethes Hand geschrieben:
Ein treuer Freund / leider nicht / in Person.
Die Karte ist eingelegt in folgenden Brief an H. Grimm.«
[ 2 ] Hinweis auf die beigelegte Karte von Goethe.

Stift Neuburg, 27. Oktober 1853

Mein lieber Herman!

Du mußt es mir schon zu gut halten, daß ich fast volle 14 Tage nach Empfang deines inhaltreichen Päckchens erst heute dafür danke. Wenn du wüßtest, wie zeitraubend der Aufenthalt auf dem Stift ist, du würdest mir verargen, daß ich die wenige, die mir vielleicht noch gegönnt ist, mit vollen Händen spende und dafür das Bewußtsein des Vergehens eintausche, das alle günstigen Augenblicke mit einem schmerzlichen Zauber umgibt; es versteht sich von selbst daß den geselligen Verhältnissen manches Opfer gebracht und dies gerade am ungeduldigsten – von mir – ertragen wird. Wenn ich nun mich hierin täuschte, daß ich in ländlicher Ruhe und Stille mich meinem Schuldgefühl in Hinsicht der Beantwortung deiner Briefe entschlagen könnte, so war ich umso zerknirschter, als ich die neue Sendung erhielt und dein liebes freundliches Briefchen mich überzeugte, daß du weniger dem Alter als der Jugend in mir gehorchest, wenn du meinem Willen entgegen und meinem Wunsche gemäß mich zuerst auf dem Stift willkommen heißt. Ganz besonders hat mir dein Herbst[1] zugesagt; ist es die gleiche Stimmung oder die Übereinstimmung der Natur mit deiner Anschauung und Anwendung; kurz ich hatte ein Gefühl des Verlierens und Wiederfindens in diesen Strophen, daß ich auf die ersten Worte der letzten resigniere und mich an die klaren Tage halte.

den 31. Okt.

Daß es mir nicht möglich war, den wenigen Worten noch einige zum Schlusse beizugeben, mag dich überzeugen, daß ich heute auf ein Fest verzichte, was in Heidelberg dem Prinz-Regent zu Ehren gegeben wird, und mit allen den gewöhnlichen Illustrationen von Schüssen, Blumen, Triumphbögen und dergleichen angetreten wird. Ich lasse die Schlosser allein fahren und warte bis zum Abend, wo man das Schloß beleuchten will; da gehe ich mit. Ich habe mir diese Zeit erpreßt, um mit dir zu sprechen. Es ist unglaublich, welche Masse von Besuchern sich auf dem Stift drängen; am Donnerstag in voriger Woche waren als logierende hier: Frau Bernus und ihre Kinder, *Herr v. Talnay*, Herr Siegmund, Frl. Hell (?); als vagierende aus Frankfurt: Beda Weber, Frau Schöff Brentano nebst Tochter, Herr Dr. Kellner, Herr Schmitt, Maler Carelli aus Neapel, dermalen in Frankfurt; aus Heidelberg: Dr. Röd, Herr Baer, Frau Heidweiler, Dr. Höfle.[2] Dies alles kam unerwartet – unwillkommen will ich nicht gerade sagen – aber diese Menschenwolke verbreitet sich über den ganzen Tag wie der Nebel, der sie einhüllte; und was nicht zum Diner kam blieb zum Tee. Die Tony, Josephine und Beda gingen um 6 Uhr fort, die Heidelberger kommen dann erst an, und welche Philister! – Wenn es auch nicht alle Tage so geht, so bezeichnet doch dieser eine die Art und Weise, wie sie alle sein könnten und gelegentlich auch sind; wenn man nun endlich auf sein Zimmer kommt, so ist natürlich keine Zeit mehr zum Schreiben, und ich bin so müde, daß mir die Gedanken ausgehen.

Dennoch konnte ich in guten Minuten dein Gedicht[3] lesen, und ich sage dir offen und ehrlich, daß es mir *sehr* gefällt; die Diction ist wirklich schöner, als du glaubst – einige Stellen ausgenommen, die du gar leicht ändern kannst – es ist ein Wohllaut über das Ganze verbreitet, der nicht allein in der Sprache liegt, der aus dem Herzen zum Herzen strömt und so einfach und wahr sich ausspricht, daß man glaubt, es könnte einem soeben eingefallen sein; ich habe es mit großer Rührung gelesen, weil mir klar wurde, daß du viel weiter gekommen und auf gutem Wege bist. Nur eines scheint *mir* nicht wahr und stört die Wirkung der so duft- und ruhevollen Mondnacht der Exposition. Die Abschweifung seiner Gedanken ist natürlich und sogar notwendig entwickelt, weil sie uns den Schauplatz und die Zeit des Ereignisses vorführt; allein bis zu den Worten: »die Zeit wird kommen dachte er« wäre es fast genug und was der Dichter[4] in der folgenden Strophe hinzufügt ist zwar gut gedacht und ausgesprochen, aber der Mond geht indessen unter, und die magische Beleuchtung, auf die mit großer Wirkung der Schimmer in dem lauten Hause folgen könnte, wird gestört durch solche prophetische Betrachtungen. Du siehst, daß ich noch immer das Großmütterchen bin und mir zuviel herausnehme. Nun schließe ich dies Blatt mit dem herzlichen Glückwunsch, daß dein Demetrius angenommen ist und zur Aufführung kommt[5]; die erste Scene des dritten Actes, die du mir schicktest, ist sehr gut; warum hast du sie denn ausgelassen?

Aber nun muß ich Ende machen, obschon ich noch viel zu sagen hätte, sonst erlebe ich, daß dies Blatt noch ein paar Tage liegen bleibt, denn morgen gehe ich nach Speyer, um den Dom zu sehen; ich will deiner gedenken und wünsche dir stets alles Gute. Herzliche Grüße der Giesel von deinem

*Großmütterchen*

Das Manuscript schicke ich dir von Frankfurt aus zurück, es wäre zu unverschämt, es behalten zu wollen; –

[ *1* ] nicht ermittelt. [ *2* ] Dem engeren Freundeskreis Mariannes können zugerechnet werden: Antonie Brentano und Tochter Josephine Brentano, der Frankfurter Stadtpfarrer Beda Weber und ihr Verwandter und Arzt Friedrich Erich (Fritz) Kellner (1822-1863); ferner die mit Sophie Schlosser verwandte Familie v. Bernus, deren

Sohn Alexander von Bernus (1838-1908) zu ihren Wahlenkeln zählte. [ *3* ] Traum und Erwachen. Ein Gedicht in acht Gesängen, Berlin 1854, 133 S. [ *4* ] An dieser Stelle folgt im Original: »bis zur allermodernsten Gestal«; vermutlich wollte Marianne diese Worte, die nicht im Sinnzusammenhang mit der Fortführung des Satzes stehen, wieder streichen, sie hat aber irrtümlich nur das Wortfragment »Gestal« gestrichen. [ *5* ] Zu den Aufführungen s. Anm. 49,2.

### 45. *Marianne von Willemer an Herman Grimm*

Frankfurt, 22. N[ovember] 1853

Deinem Wunsche gemäß, mein lieber Freund, schreibe ich heute nur die Nachricht, daß ich gesund in meinem Stübchen angekommen bin und den Herbst, den du so poetisch aufgefaßt, nicht mehr vermisse, denn es ist Winter, entschieden aber unschön. Ich freue mich der Mainansicht, wie vor 8 Tagen der des Neckars, und habe am letzten Sonntag im Kreise meiner Kinder und Enkel meinen 70. Geburtstag[1] angetreten; obschon mir die Kälte etwas mehr zusetzt als vor 30 Jahren, so reicht sie mir noch nicht bis ans Herz, und ich spüre noch immer eine gute Temperatur in meinen Gedanken und Gefühlen; es kommt freilich darauf an, ob die andern es auch spüren. Seit 8 Tagen bin ich nun zurück und empfinde wie wahr du sagst:

>»und doch wie gern, wenn man sich ausgeschwärmt
>sucht man am alten Platz, das alte Glück
>und kehrt von den Gestirnen still zurück,
>zum Feuer, das gewohnte Wände wärmt.«[2]

Ich muß dir nur gestehn, daß ich schon in Heidelberg den Versuch machte, dein Gedicht einem, *meinem* Arzte[3] vorzulesen; ich wollte kein ander Urteil, als was du von einem jungen Mädchen verlangst; ich wollte wissen, ob es fesselt und sich verständlich herausstellt für Leute, die eben kein großes Interesse an Gedichten in dieser klassischen Form nehmen. Doch schien er mit großem Interesse dabei zu sein und hatte mir auch die Bemerkung gemacht, daß diese erste Abschweifung bis zu den Canonenstrophen eine gewaltsame sei; es versteht sich, daß es ein junger Mann ist, der, wenn auch nicht mit dir denken, doch mit dir fühlen könnte; hier in Frankfurt wird es unter den jungen Mädchen, die ich kenne, kaum eine geben, der ich ein Urteil zutraue, aber wenn es dir recht ist, so will ich einer Freundin, die freilich nicht viel jünger ist als ich, das Gedicht mitteilen, und was *sie* sagt, kannst du gewiß brauchen, es ist eine durchaus geistreiche Frau. Das Gedicht an Niederee[4] ist in der Form ganz besonders schön, ja es ist durchaus so Goetheisch, daß, wenn dein Name nicht darunter stünde, ich es bestimmt glauben würde. Auch die Idylle[5] ist sehr schön und tief empfunden, jugendlich warm und innig, die Staffage ist reizend, der Gedanke neu, originell, aber die Gesellschaft, das weittragende Glas hat mir etwas Verletzendes, obschon der Verrat notwendig ist.[6] Wie du es anders machen konntest, weiß ich nicht. Reizend ist der Vers: und ich horchte dem Ton des plätschernden Wassers. – – – –

Echt weiblich und der Natur abgelauscht ist, wenn sie sagt: doch ich brauchte der nur von der ich glaubte, du liebtest sie etc. etc. – – aber was so wahr und treffend gefühlt ist, das ist nicht so schön gesagt wie die andern Strophen; ich meine, ein rascher Blick unwillkürlich wie ein Blitz, nach der Nebenbuhlerin, würde sich besser machen als: »doch ich brauchte nur . .«[7] ganz weiblich liebend ist der Vers: »damals wär ich mit dir in die Tiefen des Meeres gesunken.« Julie hätte nichts besseres sagen können. Aber genug, die Idylle ist gut, einige kleine Fehler im Rhythmus wirst du entfernen im Lautlesen. Ich wünsche dir mein Freund, daß du, wenn auch nicht gleiches, doch ähnliches erleben möchtest.

Gewiß bist du jetzt l'impresario in angustia, denn das Herz wird dir gewaltig klopfen, wenn dein Demetrius die ersten Worte spricht. Mache dich auf allen Neid, Mißgunst und wie das Gefolge heißen mag, das den Dichter verfolgt, [gefaßt,] wahre aber auch dein Gemüt vor der Gefahr des allzu großen Beifalls und bleibe dir selbst treu. Schreibe mir, wenn es vom Stapel läuft. Ich will mit dir fürchten, hoffen und mich freuen.

Von Claudinen weiß ich nichts, weißt du etwas? Giesel grüße und deine Leute von deinem

*Großmütterchen*

[ *1* ] Vermutlich will Marianne sagen: »mein 70. *Lebensjahr* angetreten«. Ihren 70. Geburtstag feierte sie im nächsten Jahr (vgl. Brief 60 vom 22. 11. 1854). Ihr Geburtsdatum wird mit dem 20. 11. 1784 angegeben. [ *2* ] Verse aus dem 1. Gesang von »Traum und Erwachen«, s. Anm. 44,3. [ *3* ] Dr. Fritz Kellner. [ *4* ] An Niederee, in: Deutscher Musenalmanach für das Jahr 1854, hg. von O. F. Gruppe, Berlin, Reimer, S. 381 ff. Herman Grimm in einem Briefentwurf vom 10. 9. 1853 in seinem Tagebuch (StA MG Ms 64): »der tod des armen Niederee hat mich in diesen Tagen auf das schmerzlichste überrascht. ich erfuhr ihn erst einen tag nach dem leichenbegängnis. mein bruder war genau mit ihm befreundet ich sah ihn seltener, aber er war soweit ich umher sehe der einzige junge Mann dem ich carte blanche für die Zukunft gegeben hätte. Cornelius wird sehr betrübt darüber sein, er sprach mir oft seine Freude aus, ihn gefunden zu haben.« [ *5* ] »Der spaziergang am meere«, Berlin, 16. october 1853 (StA MG Ms 112); veröffentlicht unter dem Titel »Der Spaziergang am Ufer«, in: Deutsche Wochenschrift, hg. v. Karl Goedeke, Hannover 1854, S. 695-698. [ *6* ] Der Vers lautet: »schon auf der hälfte des wegs erblick ich die ganze verwandschaft / und das weittragende glas wie ein geschütz aufgestellt.«

[ *7* ] Der Vers vollständig: »doch ich brauchte der nur, von der ich glaubte du liebtest / sie und liebtest mich nicht, rasch in die augen zu sehn.«

Frankfurt, 16. Dezember 1853

Lieber Freund!

Verzeih die späte Erwiderung deines letzten Blattes und erlaube mir eine einfache Entschuldigung: die zweite Sendung deines Gedichtes[1] war soeben angekommen, als ich Gelegenheit nahm, meiner Freundin das ganze Heft zu geben, und mir vorbehielt, ausführlich darüber mit ihr zu sprechen. Nach einiger Zeit mußte ich es bei ihr holen lassen; sie ließ mir sagen, wie gerne sie es selbst gebracht hätte, allein sie dürfe nicht aus dem Zimmer und hoffe, mich recht bald bei sich zu sehen. Allein nun fing bei mir der Jammer an; denn ich bin schon über 8 Tage unwohl und zwar recht mit dem Bewußtsein, daß man endlich nicht mehr so leicht wie ehedem dergleichen abschüttelt, aber daß ein so barbarischer Husten, wie ich einen habe, oder Gott sei Dank *hatte*, eine morsche Hütte viel leichter erschüttert als ein festes Häuschen. Ich war auch einige Tage zu Bette, damit die Stützen einige Zeit hatten, sich wieder ins Gleichgewicht zu setzen. Ich muß also im voraus sagen, daß ich dir nur mein eignes Urteil über deine neuen Gesänge schreiben kann, wollte dich aber nicht länger warten lassen, um dir zu sagen, daß sie mir fast noch besser gefallen als die ersten; es sind Stellen darin, bei denen mir sogleich eingefallen ist, was Goethe einst sagte, als er bei mir am Clavier saß und ich ihm Lieder aus des Knaben Wunderhorn vorsang, von Himmel[2] componiert: unter anderm das nette Liedchen »Ich weiß mir ein Mädchen hübsch und fein etc«: er sagte: das sind Worte, wobei ein alter Poet vor Neid platzen möchte. Und ich glaube, daß mancher junge und alte Poet dasselbe von deinen Gedanken sagen könnte.

Ja du bist ein Dichter! nicht daß alles vollkommen wäre, an der Diction ist vieles zu verbessern oder eigent[lich] am

Metrum, aber das sind kleine Mängel, die du in jedem Augenblick verbessern kannst, aber es sind so viel Anmut, Zartgefühl, Herzenskunde, so liebliche Bilder in dem Gedicht, z. B. der Zweig, der sich herabbiegen läßt, aber sogleich wieder aufwärtssteigt; die beiden Blüten, die so reich duften; ich finde kein Ende und habe keine Zeit, alles zu besprechen. Aber für heute nur noch die Bemerkung, daß die Excursion nach Ägypten zu der Sphinx, obschon die Darstellung sehr schön ist, etwas zu großen Umweg macht, um die verborgenen Leiden des Herzens unter unbewegter Form zu bezeichnen; oder ich verstehe es wohl nicht recht, und das sei dir ein Beweis, daß es andre, die nicht gescheiter sind, auch nicht verstehen, und daß ich allenfalls mir doch zu sagen getraue, daß jenes colossale Rätselbild nicht in deine wohlgebildete, ethische Novelle paßt. Und nun genug für diesmal und nächstens mehr.

Hierbei findest du eine Parodie auf »der Müllerin Verrath«[3], ich weiß nicht ob es dir bekannt sein kann; ich fand es unter alten Papieren vielleicht ist es dir etwas neues. Die kleine Schachtel enthält eine Paste mit Goethes Kopf[4], ich habe oft damit gesiegelt, darum ist das Petschaft nicht neu, aber aus guter alter Zeit; wenn Du es gebrauchst wie ich es denn wünsche, so brauche die Vorsicht, das Wachs erst nur ein wenig verkühlen zu lassen, damit die Paste nicht springt und sich kein Siegellack daran hängen kann. Gedenke in der Christnacht deiner Großmutter und grüße alle deine Lieben, auch meine treue Claudine.

[ *1* ] Traum und Erwachen, 4. u. 5. Gesang. [ *2* ] Frd. Heinrich Himmel (1765-1814), Hofkapellmeister in Berlin. [ *3* ] Über die Parodie auf Goethes Romanze »Der Müllerin Verrat« von Fr. K. J. Schütz ausführlich bei Weitz, S. 653 f. Auf eine Wiedergabe hier wurde ver-

zichtet. [ *4* ] Der zu diesem Brief gehörige Umschlag trägt zwei Siegelabdrücke mit Goethes Kopf, einen weiteren mit den Initialen M W. Marianne berichtete Goethe in ihrem Brief vom 16. April 1825, wie sie dieses Petschaft geschenkt erhielt. Theodor Creizenach merkt an: »Das Geschenk... rührte nach schätzenswerter Mitteilung von Frau Rat Schlosser her.« (Briefwechsel zwischen Goethe und Marianne von Willemer, Stuttgart ²1878, S. 208.) Herman Grimm schreibt (Gr 1869, 282): »Sie gab mir... ein Petschaft: Goethe's Profil in einem Glasfluß, mit Perlmutterstiel.« Reinhold Steig überliefert (Aus Suleikas hohen Tagen, Jb. d. FDH 1907, S. 225): »Das Petschaft ist vom Empfänger in Ehren gehalten worden, und erst im vorletzten Lebensjahre hat er es, wohl restauriert, zu ihm treuen Händen weitergeschenkt.«

## 47. *Marianne von Willemer an Herman Grimm*

[Frankfurt, 6. Januar 1854][1]

Die heil'gen 3 König mit ihrem Stern
sie essen und trinken und schreiben nicht gern.

Obschon ich weder Kaspar noch Melchior heiße, so glaube ich doch, daß ich die neunte Ader von ihnen habe, und es scheint im neuen Jahr nicht besser mit mir zu werden; ich will dir also nur in Kürze berichten, daß dein Bählämmchen auf gut frankforterisch *Meh*lämmchen sehr freundlich aufgenommen und als wohlbestallter Butterhammel seinen Dienst angetreten hat[2], er nimmt sich sehr gut aus und wird sein gutes Gemüt sehr gelobt; daß ich nun bisher über seine Ankunft geschwiegen, hat nebst obiger auch noch andre Ursachen, ich bin als Kranke und Haushüterin über die Maßen visitiert worden und habe gar wenig stille Abende zu meiner Verfügung gehabt. Obschon ich auf ein halb Dutzend Bescherungen Verzicht geleistet, hat mich die siebente noch bei mir heimgesucht, und ich habe ihr nicht entlaufen können;

nun tritt aber nebst Tauwetter ein entschiedner Stillstand ein, und ich hoffe auch meinen lieben Main wieder lustig strömen zu sehn. Du würdest dich gar nicht bei mir zurecht finden, an der Stelle des lustigen Stromes sehe ich auf eine Schneefläche, von der man halten kann, was man will. Auch das lustige Schlittschuhlaufen konnte man nicht genießen, der Schnee hat alles gestört und verdorben, und so hatte ich nur das allgemeine Vergnügen der gemeinschaftlichen Kälte und den zu erwartenden Aufgang des Mains, wenn er nicht wie gewöhnlich in der Nacht durchgeht. Doch ohne Scherz muß ich bekennen, daß ich in langer Zeit keinen so kalten Winter und einen so heftigen Schneefall wie am dritten und vierten erlebt habe; es sind mehrere Menschen im Freien dabei zu Grund gegangen. Nun etwas anderes: wie geht es mit deinem Stück. Ich war sehr überzeugt, daß du meine Briefe in dieser Zeit nicht vermissen würdest, wo du mit ganz andern Dingen zu schaffen hast, aber vielleicht ist dir doch lieb, ein paar Worte von mir zu hören, weil du meiner Teilnahme versichert bist. Wann geht denn das Schiff von Stapel? schreibe mir noch genau den Tag, ich will dein gedenken.

Hast du etwas von dem neuen Drama Siegelinde von Redwitz gehört? oder ein gescheites Urteil vernommen?[3] Soeben merke ich, daß ich mich verschrieben habe, ich fürchte, das ist dem Redwitz auch passiert; schreibe mir doch, ob du es gelesen und was du davon hältst.

Von der guten Claudine habe ich solange nichts gehört, daß ich fast fürchte, sie hat mich vergessen. Das geschieht allen Personen, die glücklich sind, daß sie die andern vergessen; ich will es mir recht gerne gefallen lassen, wenn es wirklich so ist, woran ich nicht zweifle. Wenn ich lange nicht geschrieben, habe ich einen solchen Überfluß von Buchstaben in meiner Feder, daß ich mehr doppelte mache, als nötig sind. Aber meine Gedanken sind so einfach wie immer, ich freue mich, daß sie dir genügen.

Ich möchte schon nach Berlin kommen und deine guten Altern, Arnims, Sebeck[4], Ritter[5] und meine Claudine in ihrem Wiepersdorf besuchen, aber, aber, es geht nicht mehr; ich habe zwar nur Katarrh bin aber so hinfällig dabei wie ein – – ach, denke dir selbst dazu, wie ich bin. Nun leb wohl und fliege nicht zu hoch nach den Sternen, damit dem Großmütterchen der Nacken nicht schmerzt, wenn sie nach dir sieht.

treulichst    *das Großmütterchen*

Versteht sich, das alles freundlich gegrüßt wird.

[ *1* ] Lt. Posteingangsstempel: 9. 1.; lt. Tagebuch H. Gr.: 9. jan. 1854 brief vom großmütterchen. [ *2* ] Lt. Tagebuch H. Gr.: 20. dec. 53 d. großm. d. porcelainene schaaf geschickt. [ *3* ] Oscar Frh. von Redwitz, Sieglinde. Eine Tragödie, Mainz 1853. Robert Prutz nennt R. einen »Modedichter«, er »kokettiert mit Gott und Glauben und Tugend«; nach dem Erfolg von »Amaranth« (»zwanzig oder mehr Auflagen«) errege die »Sigelinde« nur noch Gelächter. (R. Prutz, Die dt. Literatur der Gegenwart 1848-1858, Leipzig ²1870.) – Hedwig von Olfers schreibt an ihre Tochter Nina Mitte Juni 1853: »Bei uns geht's heute tumultarisch zu, indem plötzlich eine Gesellschaft geladen ist, da Redwitz sein Trauerspiel bei uns vorliest... Grimms und Arnims werden sich wohl kritisch verhalten.« (Hedwig von Olfers, hg. von Hedwig Abeken, Zweiter Band, Berlin 1914, S. 316.) – Herman Grimm äußert sich ausführlich in einem Brief an Karl Simrock vom 24. Juni 1853 über seinen Eindruck von der Lesung und schließt mit den Worten: »da ich in den lobsalm der übrigen nicht einstimmen wollte, und fühlte, daß ihm an einem vernünftigen worte nicht liegen konnte, so blieb ich stets im hintergrunde.« (NFG/GSA Simrock 135,1). [ *4* ] Thomas Johann Seebeck (1770-1831), Physiker; mit Goethe befreundet, den er bei seinen optischen Studien beriet. [ *5* ] Karl Ritter (1779-1859), Geograph; 1800 Hofmeister bei Bethmann-Hollweg in Frankfurt, mit Willemers befreundet.

Frankfurt, 17. Februar 1854

Mein lieber Freund! Schelte mich nur nicht! es müßte
denn dazu helfen, mich aufzutauen, denn alles um mich
und neben mir ist gefroren wie meine Gedanken; wir haben ein wahres Sibirien hier; vor zwei Tagen konnte ich
mir in meinem Mainstübchen ein vollkommnes Bild von
den Schneestürmen machen, die in jenen verlassenen Ge-
genden zu Hause sind. Oder nach Belieben mich auf dem
Weg nach dem großen Bernhard träumen, wo die guten
Bernhardinermönche und ihre Gehülfen, die treuen
Hunde, die Reisenden aus dem Schnee graben. – Lache
mich nicht aus, daß ich vom Wetter schreibe, aber diesen
Winter ist es keine Kleinigkeit, sich davon unabhängig zu
erhalten. Ich weiß nicht, ob ich dir schrieb, daß der Main
einem großen Salon gleich manchmal gegen 3000 Menschen trug und daß Schlittenbahn, Caroussel, Fackelzug,
ein fabelhaftes Treiben und Jagen verursachte; dann ging
er gelassen und solide auf, wie ein frankfurter Philister.
Und nun treiben schon wieder die schönsten Eiskuchen
auf ihm herum; ich wollte nicht meine Hand dafür ins
Wasser stecken, was in dem Augenblick soviel, ja noch
mehr sagen will, als ins Feuer, daß ihm nicht der Einfall
kommt, noch einmal zu stehen. Mein protegé, der 100jäh-
rige Kalender, hat ganz richtig die neue Kälte prophezeit,
und man hat ihn ausgelacht, weil es jetzt mehr als 7 Plane-
ten gibt; aber er behält doch recht, und ich begnüge mich
mit den sieben, bis ich vielleicht die andern genauer ken-
nenlerne, was ich aber ganz geduldig abwarte.

Daß dein Demetrius in Wien aufgeführt wird[1], habe ich
im Intelligenzblatt gelesen, vulgo: Nachricht oder auch
schlechtweg: Blättchen. Ich habe es herausgeschnitten,
um es beizulegen, aber es ist nicht mehr zu finden; du
siehst, daß du schon anfängst, populär zu werden; meiner

Berechnung nach bist du jetzt schon l'impresario in angoscia und ich teile ehrlich und treu deine Kämpfe, bis du überwunden hast; daß die Madame Crelinger die Marva refusierte[2], hat sie bei mir um allen Credit gebracht; aus der Rolle kann man sehr viel machen; aber vielleicht hat sie die Marotte, noch für schön zu gelten. Ich freue mich sehr auf das Ende des Gedichtes; wie ich es aber anfangen soll, die von mir besprochnen Stellen zu bezeichnen, ist mir nicht ganz klar; ich könnte es vielleicht, wenn ich dir vorlesend den Wohlklang ins Ohr rufen könnte! Aber mit einem Bleistiftstrichelchen ist's nicht getan, weil ich keine Gründe angeben kann als mein Gehör. Ich will es sehr gerne tun, und mich soviel wie möglich verständlich zu machen suchen.

Die Siegelinde habe ich nur schlecht vorlesen hören; sie hat gute Scenen, fromme Motive, hin und wieder auch etwas wie Begeisterung, aber eine solche Fülle von Füllworten, eine solche Masse von O und Ach! um die Füße zu egalisieren; und ein solcher Zug von einsilbigen Hülfstruppen in den meisten Versen, ist mir noch nicht vorgekommen. Du weißt, daß ich dir über einige Stellen im Demetrius die Bemerkung machte, daß es mir eine Nachlässigkeit scheine, und das glaube ich auch, aber bei Redwitz ist es Pfuscherarbeit, wenn er es anders besser machen kann.

Wenn ich es über mich gewinnen kann, so lese ich das Stück für mich allein, vielleicht scheint es dem Auge besser als dem Ohr, aber ich zweifle. –

Daß du mir Giesels Stübchen so genau beschrieben, freut mich; nun setze ich mich zu euch auf das Canapé, wo man den Johannes nicht sieht – ich mache mir nichts aus abgehauenen Köpfen – und sehe nach den grünen Wiesen, wenn sie nicht mehr weiß sind, und lege vielleicht gelegentlich etwas in die leeren Döschen. Claudine hat mir geschrieben und scheint wohl und zufrieden! Du hast mir zwar schon allerhand Schnaken geschickt, aber noch keinen *Schreiberndorf* [3]? Tue es.

Ich muß eben wieder lachen, wenn ich den Schluß deines Briefes lese: »es schmilzt hier alles« und alles »patscht im Wasser«; nun friert es Stein und Bein, und du hast nicht zu fürchten, daß dein Demetrius in die Patsche gerät, aber die Schauspieler müssen ihm die gehörige Wärme geben, daß er nicht von der Kälte zu leiden hat. Ich denke oft an ihn und an dich. Treu ergeben.

M. W.

[ *1* ] Eine Aufführung des »Demetrius« in Wien ist nicht zustande gekommen. [ *2* ] Grimm hatte nach Aufforderung durch Hofrat Teichmann (v. 2. 1. 1854 StA MG Br 5918) vergeblich versucht, Auguste Crelinger umzustimmen (Briefentwurf im StA MG). [ *3* ] Schnacke und Schnibberndorf, Lustspiel in 3 Aufzügen. In: Hessisches Jahrbuch für 1854, S. 254-301.

*49. Marianne von Willemer an Herman Grimm*
Frankfurt, 4. [März] 1854

Lieber Herman!

Warum schreibst du mir nicht? Ich warte schon so lange auf Nachricht von dir; ich mochte nicht, daß unsre Briefe sich wieder verfehlten. Wie ist es dir und dem Demetrius ergangen? Bedenke, daß ich gar keine Zeitungen lese, also auch gar nichts über die Aufführung hörte, als was Frau Professor Gebhard oder Gerhard[1] von dem Drama überhaupt an meine Freundin schrieb; sie sprach mit vieler Anerkennung davon und in diesen Tagen sollten mir die bezüglichen Stellen aus dem Brief vorgelesen werden; allein ich kann nicht so lange warten, etwas von dir zu hören, schreibe mir doch! Ich will mich auf nichts weiter einlassen

als, ich muß dir sagen, daß ich den 21. und alle folgenden
Februartage[2] gehöriges Herzklopfen und Magendrücken
hatte und noch habe, bis ich einige Zeilen von dir erhalte.
Mag es nun ausgefallen sein wie es will, so schreibe mir,
und auch wie es dir geht. Vor der Hand nichts weiter

als den herzlichsten Gruß vom
*Großmütterchen*

[ *1* ] Die Gattin des Archäologen Eduard Gerhard (1795-1867).
[ *2* ] Die erste Aufführung des »Demetrius« im Königlichen Schau-
spielhaus war auf Wunsch von Grimm auf den 24. Februar, den
Geburtstag des Vaters, verlegt worden; die zweite folgte am 26. Februar, die dritte am 5. März 1854.


## *50. Marianne von Willemer an Herman Grimm*

Frankfurt, 14. März 1854

Mein lieber Herman! Ich würde dir umgehend auf deinen
Brief geantwortet haben, wenn nicht eignes Unwohlsein,
mehrere Kranken in meiner Familie, deren eine ein Mädchen von 21 Jahren heute morgen begraben wurde, mich
in den letzten 8 Tagen etwas in Aufregung gebracht hätte.
In der ersten Zeit nach der Nachricht über die Aufführung
deines Stückes wollte ich gerne noch einige Rezensionen[1]
abwarten oder gelesen haben, die sich aber bis jetzt auf die
Annonce in der Allgemeinen Zeitung beschränken, die
eben wenig mehr als eine Anzeige ist; von den übrigen ist
mir nichts zu Gesicht gekommen, und ich bin auch gar
nicht begierig darnach; ich habe zu lange gelebt, um nicht
zu wissen, wie es mit den meisten Rezensionen zu halten
ist; es ist mir kürzlich eine über die Sigelinde vorgelesen
worden, die mir niemals zugekommen wäre, und die eine
solche Lobhudelei enthielt, daß sie mir zum Ekel wurde;
und doch wird ihm ein schlimmer Streich gespielt, daß

man seine Tragödie zu einem Lustspiel macht.[2] Dies wird
dir wohl nicht begegnen. Also Mut und vorwärts! Ich will
damit nicht sagen, daß du ohne Überlegung und Prüfung
deine Sachen in die Welt schicken sollst; im Gegenteil, es
wäre vielleicht besser, wenn du ein Werk erst einige Zeit in
deinem Pulte bewahrtest, um es später mit frischem Urteil und mit neuer, ruhiger Anschauung durchzulesen.
Und in dieser Hinsicht ist es mir leid, daß du deine Novelle schon in Druck[3] gegeben, denn sie verdient es, wo
nicht vollkommen, doch anerkannt zu sein. Ich kann mir
recht gut denken, daß bei einem jungen Autor der Spruch:
man soll sein Licht nicht unter den Scheffel stellen, einen
zwiefachen Anklang findet, aber dann muß gehörig gesorgt sein, daß kein sogenannter Räuber oder Putzer die
helle Flamme stört und das Licht nicht ablaufen muß.

Du schreibst mir nicht, wie es in Wien[4] gegangen ist, das
möchte ich auch wissen, und wie die dritte Vorstellung[5]
ausgefallen. Ist von Merkel dein Stück rezen[siert]?[6] Daß
du gedrückter Stimmung bist, finde ich ganz natürlich,
und es freut mich, daß du mir es sagst wie einer Mutter.
Ich muß dir freilich auch raten, es nicht merken zu lassen;
am Ende kommt dir diese Selbstüberwindung wieder zu
gut. Auch mußt du einiges in deiner Stimmung dem Fieber beimessen, das man im Frühling gewöhnlich und in
dem jetzigen ganz besonders spürt. Er sieht immer durch
die halbgeöffnete Türe und bleibt aber ungewiß stehen,
während über seinen Kopf ein Schwarm von schlimmen
Gästen hereinbraust: Nachtfrost, Ostwind (aber nicht der
aus dem Divan), Hustenkobold und ein ganz tückischer,
den man hier bei uns *Mums* nennt und dem jung und alt
mit geschwollenen Backen und Hals und einem gelinden
Fieber die Cour macht. Auch die Nerven sind sämtlich in
einem unleidlichen Zustand, und ich selbst weiß ein Lied
davon zu singen.

Für heute zu diesen wenigen Worten nur noch eines von unsrem Freunde: »Gegen die Kritik kann man sich weder schützen noch wehren; man muß ihr zum Trutz handeln, und das läßt sie sich nach und nach gefallen.«

Sei ruhig und wo möglich gesund! und schreibe bald wieder

deinem *Großmütterchen*

[ *1* ] Rezensionen in: National Ztg. Nr. 97, 1854, Beiblatt (v. Ed. Tempeltey) und in Goedekes »Deutscher Wochenschrift«, Hannover 1854, H. 18 (v. J. Rodenberg). [ *2* ] Wahrscheinlich die Parodie der Redwitzschen Tragödie (s. Anm. 47,3): W. von Merckel, Sigelind. Ein Normal-Lustspiel. Aus dem Sanskrit des Wiener Originals in das Pracrit allgemeiner teutscher Nation frei und getreu verdollmetscht, Berlin 1854. [ *3* ] »Traum und Erwachen«. [ *4* ] Vgl. Anm. 48,1. [ *5* ] Vgl. Anm. 49,2. [ *6* ] Eine Rezension ist nicht nachweisbar; Wilhelm von Merckel (1803-1861) war Kammergerichtsrat in Berlin und Mitglied des »Tunnels über der Spree«.

*51. Marianne von Willemer an Herman Grimm*

Frankfurt, 26. März 1854

Lieber Herman!

Vor allen Dingen sollst du wissen, daß ich krank war und heute zum erstenmal die Feder in die Hand nehme, nur um dir guten Tag zu sagen, denn auf mehreres kann ich mich nicht einlassen; dein letzter Brief fängt an: »die Sache ist nicht so schlimm, als du denkst«; ich denke sie mir aber gar nicht schlimmer, als du sie mir vorgemacht. Im Gegenteil habe ich seitdem wieder einige anständige Worte in der Allgemeinen gelesen und glaube, daß du mit den folgenden auch zufrieden bist, so wie mit dem Einschluß[1], der ja überaus günstig ist.

Wenn es dir vorkommt, als ob ich nicht recht bei Trost

wäre, so magst du ganz recht haben, denn ich fühle mich noch immer krank, und der Frühling, auf den ich hoffe, der will noch nicht bei uns einkehren. So lange wird es dir auch nicht besser, lieber Freund, und mein Rat ist, wenn du deine Reise vornimmst, nicht eher zu kommen, als bis die Blüten kommen; denn vor Ostern ist kein Stern der leuchtet und eine gute Weile nachher auch nicht. Warte bis ich gesund bin, sonst habe ich keine Freude an meinem Dasein und keine an deinem da sein.

So eben lege ich die Feder aus der Hand, und mich zu Bette, und laß den Abend an mir vorübergleiten, der noch nicht hell und nicht mehr dunkel ist.

Gute Nacht denn!

M. W.

[ *1* ] Nicht erhalten.

## 52. *Marianne von Willemer an Herman Grimm*

Frankfurt, 16. April 1854

Mein lieber Herman, ängstige dich nicht, ich bin wieder gesund und freue mich der Auferstehung der Natur und ihres Schöpfers. Es war allerdings diesmal arg genug, aber ich bin noch mit einem blauen Auge davon gekommen, was noch etwas bläulich schimmert, aber dennoch wieder um sich blickt; nun hoffe ich auf einen warmen Regen, der meine gereizten Nerven ins rechte Gleichgewicht bringen soll; darum nur diese wenigen Worte, die durchaus keine Antwort auf deinen Brief sein sollen, nur ein Dank für deine herzliche Teilnahme. Die Brentano[1] sagte mir deine Grüße, und daß auch Claudine meiner in Liebe gedacht. Sage ihr doch, daß ich immer dieselbe bin, und daß der Gedanke an sie mir so wohltätig ist als der Anblick der ersten Blüten, die ich gestern zum erstenmal erblickte. Mit der innigsten Freude hörte ich auch von Brentanos, daß sie glücklich ist und so deutlich, daß es auch die andern merken.

Über dein Gedicht weißt du, wie ich denke; ich schreibe heute nichts, denn ich kann noch nicht so anhaltend die Feder regieren, nur so viel einstweilen, daß es mir gedruckt noch besser gefällt als geschrieben. Das Urteil von Geibel und Heyse[2] ist absurd, es ist gerade, als wollte man die beiden Leonoren aus dem Tasso weglassen. Laß sie schwätzen. Ich muß dir nur gestehen, daß ich gar nicht recht weiß, was ein Psychograph[3] für ein Wesen ist, bitte also mir darüber Auskunft zu geben. Und gratuliere zum Dichterruhm, nur hätte er dich nicht neben die Bettine stellen sollen. Was eine Italienerin ist, weiß ich sehr gut, obschon du mir nichts von *dieser* geschrieben hast. Wahre dein Herz; wenn sie so schön ist, wie du sie schilderst, so ist große Gefahr für dich dabei. Doch nun genug, nimm einstweilen vorlieb und denke an mich. Grüße alle deine Lieben vom

*Großmütterchen*

[ *1* ] Marie Brentano? [ *2* ] Paul Heyse an Herman Grimm am 3. 2. 1854: »Ich habe mich schon einmal, als ich es unternahm, mich über Ihr ›Traum und Erwachen‹ auszusprechen, ungeschickt genug angestellt. Wo es nöthig ist zu *charakterisiren* anstatt zu *kritisiren*, fasst mich immer ein heiliger Respect.« (StA MG Br 3083). Eine eingehende Besprechung von Heyse erschien im »Deutschen Literaturblatt« vom 1. 6. 1854, wiederabgedruckt in: Jugenderinnerungen und Bekenntnisse, Bd. 2, Stuttgart/Berlin 1912, S. 124-132. [ *3* ] Ein spiritistischer Apparat zur Vermittlung schriftlicher Mitteilungen aus dem Geisterreich. Tageb. H. Grimm: 22. 3. 1854 abends bei Arnims psychografirirt.

*53. Marianne von Willemer an Herman Grimm*[1]

Frankfurt, 3. Mai 1854

Lieber Herman! Obschon ich Dir mit umgehender Post schreib, so ist es doch zu spät, um Dir einen Brief zu schikken, der am 2ten von Berlin an Dich kam, und den ich in Gottesnamen wieder nach Berlin zurückschickte, da ich nicht wußte, wie lange Du in Cassel bei Deinem Bruder, von dessen Station in Naumburg an der Saale[2] ich mich keinen Buchstab mehr erinnerte, es konnte für mich eben so gut, ein ganz andrer Ort sein; nun höre ich noch, daß du unwohl bist, und ich empfinde ohnehin einen wahren Katzenjammer, seit du fort bist, ich bin noch lange nicht fertig geworden mit allem, was ich dir sagen wollte, dann bist du auf einmal entwischt wie ein citierter Geist, ferner hat mir die Frau Schöff [Antonie Brentano] die *bittersten Vorwürfe* gemacht, daß ich dich nicht beredet, dein Versprechen zu halten zu Tisch zu kommen, und was das schlimmste ist, ich mache mir selbst die *bittersten Vorwürfe*, daß ich nicht mein Möglichstes getan, denn zum Überfluß ist es auch noch schön warm geworden und wir könnten recht schöne Spazierfahrten machen, aber ich war ganz verdutzt und ließ dich eben reisen; nun ist es dir doch ganz schlecht bekommen, ich hoffe sehr, daß du dich bei deinem Bruder behaglich fühlest und wieder gesund bist. Deinen Brief will ich mit zur Tony nehmen, sie erkennt daraus deine Reue, und ich will ihr sagen, du hättest mich mit deiner Brieflüge auch betrogen.

Adieu schreib bald
*dem Großmütterchen*

[ *1* ] Dieser Brief liegt nur in einer Abschrift von der Hand Herman Grimms vor. [ *2* ] Die Stationen der Reise H. Grimms lt. Tagebuch: 11. april nach Hannover . . . / 26. april von Bonn nach Frankfurt a. m. / 29. april abends in Cassel / 4. mai in Weimar angekommen / 9. mai in

## 54. *Marianne von Willemer an Herman Grimm*

Frankfurt, 31. Mai 1854

Mein lieber Herman!

Ich weiß wohl, daß ich dir drei Briefe zu beantworten habe, und um recht gewissenhaft zu sein, will ich sogar den vierten erwähnen, den du mir aus Cassel schriebst, aber dieser ist in sofern erledigt, als du in Weimar meine Antwort erhalten; aber hier muß ich als zu jener Zeit gehörig einschalten, daß ich jenen Brief, den ich retour nach Berlin schickte, dem Postboten selbst übergeben, und er mir fest versprach, ihn bestens zu besorgen; ich werde mich noch einmal an ihn wenden und mir Erklärung ausbitten.

Was du mir unter dem 11. von Eisenach schriebst, hat mich wahrhaft erquickt. Ich bin immer bei dir gewesen in dem herrlichen laubigen Wald und sogar mit auf die Wartburg gestiegen, und nachts! was sonst meine Sache nicht ist; aber daß du die Freude hattest, dies zu sehen, gönnte ich dir um so mehr, als es etwas seltnes für dich ist, und weil ich weiß, was man empfängt, wenn man nachts allein, kein ander Wollen und Wünschen kennt als das Bestreben, mit vollem Bewußtsein der Natur anzugehören; ich habe mich mit Freude einer Mondnacht erinnert, die ich am Rhein, zwar nur am Fenster, durchwachte, und wo ich die letzten Lichter in den Häusern, die letzten Schritte der Wachen – es war in Mainz – belauschte, und wo endlich jene eigentümliche Stille sich niedersenkte, die die Seele wach erhält, und nur kurze Zeit währte, da die ersten schüchternen Laute der Vögel in dem Gärtchen unter meinem Fenster die Sonne prophezeiten, die auch in voller Glorie über den Hügeln erschien; aber was sind das für Jugendträume eines alten Kopfs! also zur Ordnung:

Dein Brief vom 17. aus Berlin, wo du mir von Weimar sagtest, daß Goethe bei Liszt in Ungnade ist, hat mich nicht frappiert, das ist Wagners Umkreis, der mit seinem Tannhäuser und Lohengrin, auch in der Musik gegen Mozart und Beethoven aufgestanden, und der auch in Redwitz einen Bundesgenossen hat; sie werden längst mit all ihren Flammen und Flämmchen im Zeitenstrom erloschen sein, wenn jene Sterne vom Olymp oder wo anders her sich drin bespiegeln und mit ihrem Glanz das Menschenherz erhellen.

Mit Wolfs[1] und seiner Faisin[?]geschichte hast du mich sehr ergötzt, welch ein Affe ist er doch geworden, ich hätte es nicht gedacht! Er war doch sonst mehr wert. Laß ihn laufen.

Für die Gudrun[2] danke ich recht sehr, aber so bald kann ich sie nicht anfangen zu lesen; wenn sie Eile hat, muß ich sie wieder zurück schicken und sie mir später wieder ausbitten.

»Mein Gedicht macht hier Aufsehen«[3] – so schließt dein Brief, und ich antworte: es macht auch hier welches; ich habe es der Sophie Schweitzer zum Geburtstag verehrt, und da ich auf ihr Urteil viel halte, hat es mich sehr erfreut, daß sie sich mit Anerkennung darüber ausgesprochen, um so mehr, als ihr Mann, ein Klassiker und Goetheverehrer, wohl geeignet, es richtig zu beurteilen. Wir sind nun übereingekommen, du *müssest* eine Fortsetzung oder wenn du willst zweiten Teil dazu schreiben; denn weder die Jo, noch auch die Valeria, wollen wir so spurlos vermissen. Du bist es auch dem Antonius schuldig, den man für dich hält, und der so kühn sagt: kannst du dir sagen unmöglich sei's die Kräfte recht zu nützen etc. etc. Was ich sonst noch an Urteil und Bemerkungen hörte, davon in meinem nächsten Brief. Nur einen Tadel hab ich von allen aussprechen hören: daß nämlich deine Liebesleute immer schlafen, wenn sie am wenigsten dazu gestimmt sein sollten; daß nach der ersten Täuschung Chariton's am Brunnen, *sie* es vermochte, will mir auch nicht ganz klar sein, doch dies ist individuell; ich gestehe, daß ich um jeden Preis darauf gedrungen, den Rückweg zu finden; am Todesbette des Vaters ist es ein andres; auf diesen naturgemäßen Schmerz folgt die natürlich Abspannung um so eher, als beide sich des gesicherten Glükkes bewußt, was ihre liebliche Stellung so rührend ausspricht. Nun genug: und zum letzten Brief, worin mir das Gedicht sehr gefällt; die Sehnsucht spricht sich freilich nur für den so wahr aus, der sie fühlt oder fühlte, aber in allen Gedichten, die wahr sind, wiederholt sich die alte Geschichte und bleibt doch ewig neu. Was kann individueller sein als das Lied: »Ach um deine feuchten Schwingen«, und wenn es nur wenige mitfühlen, so ist es doch gefühlt. -

Nun muß ich dir aber eine drollige Geschichte erzählen, die mir mit der Mathilde[4] passiert ist. Ich muß aber mit der Max[5] anfangen, die ihr Mann hierher brachte, um sie nach 8 Tagen wieder zu holen; sie sieht gut aus und scheint mir sehr glücklich; ich habe mit ihr bei der Frau Schöff [Antonie Brentano] zu Mittag gegessen und war zwei Abende bei Louis Brentano, wo ich auch ihren hübschen Mann sah, den ich leider bei seinem mir zugedachten Besuch verfehlte. An dem letzten Abend bei Louis Brentano, wo ich auch Mathilden fand, kam ein kurioser schwarz gefärbter Mann in den Salon, der mir so auffiel, daß ich nach ihm fragte, und er mir als Fürst Pichler von Moskau[6] genannt wurde. Max, ohne mich gerade vorzustellen, nannte mich ihr Großmütterchen, worauf er fragte: ist das wirklich ihre Großmutter? Worauf ich einigen Zweifel in seine genealogischen Kenntnisse bekam und ihm antwortete: nur par inspiration. Nach einiger Zeit kam er in meine Nähe und sagte mir, er würde mich besuchen, indem er nach meiner Wohnung fragte; ich ließ es auf sich beruhen, was ich für den Scherz eines Verstorbenen hielt, und verließ meinen Platz, um ins andere Zimmer zu gehen. Als ich zurückkam, war er fort. Den zweiten Tag darauf hörte ich zu meinem größten Erstaunen, daß er mit Mathilde bei mir war, sich eine halbe Stunde aufgehalten, und schrieb auf Claras Schiefertafel einen poetischen Lobspruch auf die vier (?) Stübchen, auf die vielen Liebesgötter, die gewiß lauter Episoden aus dem Leben des lieblichen Großmütterchen wären und so weiter, unterschrieben: Mathilde. Nun glaubte ich alles abgetan. Den andern Morgen kam eine Einladung von ihr, den Tag darauf mit dem Fürsten bei ihr zu Mittag zu essen; es käme niemand als Louis und Marie. Dies lehnte ich ab, weil ich so ziemlich der Wahrheit gemäß schon versagt sei. Abends um 9 Uhr kam ein Billet, worin sie mich Großmütterchen und *Du* nennt, aber da sie mir vorlügte, der Fürst sei einen Tag länger geblieben und wolle mit mir essen, so refusierte ich nochmals und versprach, nach Tisch eine Stunde zu kommen; das tat ich nun auch und fand noch alles beisammen, auch Herrn und Frau Mumm.[7] Die Unterhaltung war ledern, obschon Fürst Pückler verständig sprach und Mathilde versuchte, sehr vertraut mit mir zu tun; warum ich nun die Einladung auf einen höflichen Besuch reduzierte, will ich dir sagen: ich lasse mir nicht gerne winken; um zu jemand zu kommen, muß ich schon dagewesen sein, und ich hatte das Gefühl, Mathilde wolle mich als Marmotte sehen lassen. Hab ich nicht recht, so sage es mir.

Zum Schlusse muß ich dich erinnern, daß du mir versprochen hast, deinen Vater und Onkel zu bestehlen und mir ihre Handschrift zu schicken; auch Ritter würde mir die Bitte nicht abschlagen, wenn ich ihm nur nicht schreiben müßte; kennst du ihn nicht persönlich?

Nun hab ich nichts mehr auf dem Herzen. Heute erwartet man die [Meline v.] Guaita und sie wird mir vielleicht von dir und der Claudine Nachricht bringen. Leb wohl, grüße dein ganzes Haus, und wenn du es für gut findest, auch die Giesel; der Postmann meint, du würdest den Brief noch erhalten. Adieu, verzeih das Geplauder dem

*Großmütterchen*

[ *1* ] Wolfgang von Goethe; Näheres nicht ermittelt. [ *2* ] nicht ermittelt. [ *3* ] Traum und Erwachen. [ *4* ] Mathilde von Guaita. [ *5* ] Maximiliane von Oriola. [ *6* ] Fürst Hermann Pückler-Muskau (1785-1871). [ *7* ] Angehörige v. Mathilde v. Guaita, geb. Mumm.

*55. Marianne von Willemer an Herman Grimm*
Frankfurt, 2. August 1854

Lieber Herman!

du schreibst mir: Es sieht beinahe so aus, als hätte einer von uns den andern vergessen! – ich sage auch, das bin ich nicht gewesen, und wenn du die Grippe hattest, so hatte ich auch bald zu viel, bald zu wenig, zu viel? Ach ja! ich hatte während den heißen Tagen Tag für Tag und Nacht für Nacht zwischen 23 und 24 Grad Hitze in meinem Stübchen, denn die Sonne sengte mich vor Tische am Main und abends in der Mainzergasse; des nachts erwachte ich um 2 Uhr ganz aufgelöst, bei offnen Fenstern, hatte aber keinen Joachim, der mich in einem illuminierten Garten abgesetzt und bei mir geblieben wäre; den Tag über war eine ägyptische Finsternis in meinem Zimmer, und meine

Gedanken, meine Sinne und meine Wünsche waren auf einen kühlen Punkt concentrirt, den ich aber nicht zu unterscheiden vermochte. Vor dieser Hitze und nach ihr litten wir durch Ströme, die vom Himmel rauschten, und heute was eigentlich gestern war, ist es so kühl, daß man sich anders kleiden muß; hoffentlich werde ich wie Tamino diese Feuergluten und Wasserfluten auch ohne Flöte überstehen und mich endlich in dem Stiftstempel[1] für alle Unbilden entschädigen.

Dennoch wollte ich dir aus meinem Dämmer-Stübchen einen Mahnbrief schicken, als mir Claudine den deinen brachte, das heißt: sie ließ vermutlich fragen, ob ich zu Hause bin, und unglücklicherweise war ich auf dem Lande und kam erst am späten Abend zurück. Den nächsten Morgen ging sie nach... hayn zu ihrer Schwester[2], und da man diese durchaus nicht besuchen darf, so hat sich das Unglaubliche ereignet, daß ich die Claudine noch nicht gesehen. Wann, wie und ob sich dies beseitigen läßt, das ist mir noch nicht klar. Dein Briefchen habe ich aber vor mir liegen nebst der Berliner Motte, nebst einem vom 15. Juli mit einem sehr hübschen Schmetterling, der mir umso besser gefällt, als er in den heitersten Farben spielend keine Spur von dunkler Färbung an sich trägt, wie es wohl vorkommt, wenn die Grippe die Farben mischt. Mache nur von dem sechsten Vers des netten Gedichtchens die rechte Anwendung.

Nun komme ich aber zum Schluß deines letzten Briefes, worin du dich selbst verwunderst, daß du so schnell von Frankfurt abgereist![3] Ich erklärte mir diese Flucht aus deiner Abneigung gegen alle Diners, aus deiner Unpäßlichkeit und aus dem schlechten Wetter; daß du mir aber die Schuld gibst, *als wäre mir nicht darum zu tun, daß du dabliebst,* das finde ich so absurd, daß sich gar nichts darüber sagen läßt und mir nicht einfallen kann, mich zu verteidigen; man hat aber seine grippichen Stunden.

Du willst wissen, wie es mir geht, und ich antworte: eigentlich schlecht; ich bin nur noch zur Hälfte, was ich sein möchte, und deshalb gedankenlos, freudlos, mutlos und alles, was man sich in Verbindung mit los nur immer denken mag, heillos etwa ausgenommen; und das schlimmste ist wohl, daß ich gar keine Ursache zu dieser beispiellosen Loslassung habe, daß es eben nur Nervenstimmung ist, die ich nicht überwinden kann. Laß es dir gefallen, daß ich so viel von mir spreche, aber nun ist es auch genug. Nun einige Fragen! kennst du einen neuen englischen Roman von Kingsley, Hypatia? ist er wohl schon übersetzt?[4] hast du etwas von diesem von Geibel eingeführten Dichter Lingg[5] gelesen? Wo erscheint denn dein Meeresgespräch? und unter welchem Titel?[6] Ist dein Drama fertig?[7] dies alles beantworte hübsch deutlich und genau. Um die Zettelchen bitte ich dich jedenfalls, es wird dem Jüngling große Freude machen, auch das Kleinste von deinem Papa zu besitzen; von dir will ich ihm etwas geben. Kannst du mir etwas von Ritter[8] verschaffen oder von Spontini[9]? auch Iffland[10] und Devrient[11] wären unschätzbar. Doch ich will dich nicht plagen und sende endlich dies Blättchen, das gleich den schon fallenden Blättern durch die Sonnenhitze so ziemlich trocken, wo nicht dürre, in deine Hände fällt. Grüße alle deine Lieben und denk an mich.

*Mariane Willemer*

[ *1* ] Stift Neuburg. [ *2* ] Sophie v. Schweitzer; der Anfang des Ortes ist unleserlich. [ *3* ] Vgl. Brief 53. [ *4* ] Charles Kingsley (1819-1875). In dem großen historischen Roman »Hypatia« (1852, dt. 1854), einem kulturgeschichtlichen Zeitbild Alexandrias im 5. Jh., klingen die religiösen Fragen des 19. Jhs. an. [ *5* ] Hermann Lingg (1820-

1905), Mitglied des Dichterkreises um Maximilian II. in München.
[ 6 ] Vgl. Anm. 45,5. [ 7 ] Lt. Tageb. H. Gr.: 23. juni ersten act von
Rotrudis geschrieben. [ 8 ] Vgl. Anm. 47,5. [ 9 ] Gasparo Spontini
(1774-1851), Opernkomponist, seit 1820 Generalmusikdirektor in
Berlin. [ 10 ] August Wilhelm Iffland (1759-1814), Schauspieler,
Theaterdirektor und Dramatiker. [ 11 ] Eduard Devrient (1801-
1877), Schauspieler und Schauspieldirektor.


### 56. *Marianne von Willemer an Herman Grimm*

Frankfurt, 29. August 1854

Mein lieber Herman! Nur einige Worte um dich über den
Empfang deiner beiden Briefe zu beruhigen; die ausführliche Beantwortung und Anerkennung des in jeder Hinsicht geistreichen Inhaltes muß ich mir vorbehalten. Ich
war krank und bin es noch, die sogenannte Chollerine
hatte mich überfallen, und ich habe noch meine Kräfte
und Gedanken nicht beisammen. Gestern war ich zum erstenmal aufgestanden und heute fühle ich erst, wie schwer
es ist, auf eignen Füßen zu stehen. Habe Geduld und
einstweilen den besten Dank für alles Überschickte.
Meine Reisepläne sind auch gestört, und ich weiß nicht,
wie lange es wieder dauern wird, bis ich ins Gleichgewicht
komme, was übrigens stets eine Lebensaufgabe bleibt.
Leb wohl und nimm einstweilen vorlieb, meine Dinte ist
noch nicht ganz eingetrocknet und am allerwenigsten
mein Herz, was dich immer lieb behalten wird. Ich muß
aufhören; bald hörst du wieder von deinem

*Großmütterchen*

Frankfurt, 20. [September 1854]

Mein lieber Herman!

Denselben Montag, das heißt 8 Tage früher, an dem du mir schriebst, hatte ich die Ungeschicklichkeit zu fallen, mir den Daumen aus dem Gelenk zu stoßen und die Bänder und Sehnen zu zerreißen, so daß der Knochen des Gelenkes recht artig heraus sah und der obere Teil des Daumens sich wie der Deckel eines Futterals, der zurückgeschlagen war, ausnahm. Doch als Dr. Fabrizius mit einem einzigen Ruck die Geschichte wieder an Ort und Stelle gebracht, die Wunde ohne viel Umstände zugedrückt und für Nacht kalte Aufschläge verordnete, so sagte ich ganz gelassen: ist das Alles? worauf er mit einem ironischen Lächeln antwortete: Nun, es wird schon noch kommen. Es kam auch, aber doch leidlich, und nach einigen schlaflosen Nächten und pipsichen Tagen, da man mit 70 Jahren nicht mehr so leicht fällt und aufsteht als mit 7, bin ich nun so weit, daß ich, so Gott will und Fabrizius, denn ganz heil wird die Wunde noch nicht bis Samstag, auf das Stift gehen will, um mich ganz zu erholen.

Hätte ich denken können, daß du so besorgt um mich bist, so würde ich dir schon früher geschrieben oder durch Andre dir Nachricht gegeben haben; ich hoffte auch ganz bestimmt, Claudine, die gerade in den ersten Tagen meines Unfalls abreiste, würde dich in Berlin gesehen und dich davon benachrichtigt haben. Ich habe sie aus eben der Ursache nur einmal gesprochen und finde, daß sie ganz vortrefflich aussieht; daran habe ich freilich nicht gedacht, daß man in Berlin vielleicht meint, hier wäre die Colera und daß man wohl besorgt um Freunde sein könnte, aber bis jetzt schleichen nur einzelne Fälle in den Spitälern umher und man behandelt sie noch immer als diminutiv. –

Also ruhig, mein lieber Freund, und auch, wenn ich in den ersten 8 Tagen nicht schreibe, so bin ich auf der Reise oder in Heidelberg angekommen, und wenn es gut geht, schreibe ich von dort.

Grüße die Altern und Giesel

von deinem *Großmütterchen*.

### 58. *Marianne von Willemer an Herman Grimm*

Stift Neuburg, 6. Oktober [1854]

Mein lieber Herman!

Du denkst wohl, ich sei dir ganz abhanden gekommen und in irgend einem versteckten Winkel mit Betrachtungen über die menschliche Hinfälligkeit beschäftigt, allein so arg ist es doch noch nicht; ich bin seit dem 29ten auf dem schönen Stift Neuburg und freue mich bei dem schönsten Wetter, daß ich meine gesunden Füße habe und ordentlich Gebrauch davon machen kann; auch würde es schlimm mit mir stehen, wenn mein kranker Daum[en] der Rechte wäre, denn ganz vergeblich würde ich meine Gedanken nach der Linkstraße richten, wenn der notwendige Telegraph sein Amt nicht verrichten könnte. Nun wirst Du vielleicht bemerken, daß es noch nachlässig genug verwaltet wird, sonst wäre dies Briefchen schon lange in deinen Händen, auch diesmal muß ich mich kurz fassen, denn nächstdem, daß ich im Begriff stehe zu gehen, habe ich auch noch die Aufgabe zu fahren, um die letzten schönen Tage zu benutzen, denn endlich wird es regnen, und dann ist es Zeit zu schreiben; so muß ich diese Zeilen absenden, wie man einem Freunde einen mündlichen Gruß sagen läßt, den du selbst zu bestellen hast und zwar an deinen besten.

Zum Schluß will ich dir noch gestehen, daß diese vielen Anregungen des unbegreiflichen Sonnen- und Mondscheins, des angreifenden Gesprächs mit langweiligen und interessanten Menschen, das frühe Aufstehen und späte Schlafengehen mir die Nerven so beweglich macht, daß ich eines ungewöhnlich starken Cafés nicht zu gedenken, die Feder kaum zu führen vermag, was du an meiner wo möglich noch schlechteren Handschrift wohl erraten wirst.

Gestern verließ uns Frau von Sidov, ein mir durchaus so unbegreifliches Wesen, daß ich mir kein Urteil über sie erlauben darf; alles was mir deutlich wurde, war mir höchst zuwider. Du sprichst in deinem letzten Briefe von der Möglichkeit einer Reise an den Rhein; ich wünsche nur, daß ich bis dann wieder in Frankfurt bin. Mich hier auf dem Stift zu besuchen, kann ich dir aus mehreren Gründen nicht raten, da die Hausfrau fast nur von geistlichen Elementen umgeben ist und du dich schwerlich in dieser Atmosphäre gerne bewegen würdest.

Ich hoffe, du kannst auf deiner Reise bei deinem Bruder so lange verweilen, bis ich dir in meinem Stübchen die Hand reichen und dir herzlich willkommen zurufen kann.

unverändert
*dein Großmütterchen*


*59. Herman Grimm an Marianne von Willemer*

Berlin, 11. november 1854[1]

Liebes großmütterchen

du antwortest mir nicht auf meinen letzten brief, was darin stand, weiß ich nicht mehr genau, wenn mir auch die stimmung, in der ich schrieb, wohl gegenwärtig ist. laß mich eins zur erläuterung sagen. ich spreche mich gegen die, von denen ich glaube, daß sie mich verstehen gern ohne umschweife aus; ja, ich tue es sogar lückenhaft, lasse notwendiges aus, erweitere unbedeutendes, nach laune und stimmung, und es leitet mich das sichere gefühl, dennoch nicht mißverstanden zu werden. sobald das ausbleibt, (es kann von anfang an fehlen, es kann auch, wenn ich fühle, daß es fortfallen müsse, cheminfaisant verschwinden) bin ich gleich ein ganz andrer; kann wohl liebenswürdig (die leute sagen so), unterhaltend, ja sogar bis zu bestimmter stufe wahr sein, aber der letzte abandon fehlt doch, und wo ich sonst aus zutrauen aphoristisch war, werde ich es nun aus vorsicht.

vielleicht ist diese ganze erklärung überflüssig, vielleicht notwendig, nimm sie gütig an als das eine wie als das andre. denn du kannst nicht schreiben aus allerlei störenden ursachen, aber auch, weil du nicht willst, und schon dieser zweifel macht mein geständnis notwendig.

es geht mir gut, ich vegetiere. Arnims sind in Weimar, sie kommen günstigenfalls bald zurück, es kann auch sein noch lange nicht, beides läßt mich ruhig. ich habe mein stück »Rotrudis«, schauspiel in 5 acten, vollendet und zu herrn von Hülsen[2] getragen. die annahme zur aufführung scheint mir kaum zweifelhaft, jedoch die einnahme von Sebastopol[3] war es auch nicht und doch leben wir in einer zeit, wo die disappointements so an der tagesordnung sind, daß sie kaum mehr überraschen.

ich wende mich von der vollendeten zu neuen arbeiten, da fehlt es nie, sie stehn wie arme kinder vor mir, die gekleidet sein wollen.

hier breche ich ab. du antwortest mir, nicht wahr? daß du krank bist, möchte ich um keinen preis glauben.

dein Herman.

[ 1 ] Auf seinen Brief v. 27. Okt. war Grimm noch ohne Antwort, als er am 11. Nov. erneut schrieb. Dieser Brief trägt den Vermerk »nicht abgeschickt«. Seinen nächsten Brief vom 18. Nov. erhielt Marianne

am 21. und antwortete am folgenden Tage (schreibt allerdings fälschlich: »dein Brief *ist* vom 21ten«; s. Brief 60). [ *2* ] Botho von Hülsen (1815-1886), Generalintendant der Königlichen Theater in Berlin. [ *3* ] Sewastopol wurde im Krimkrieg erst nach fast einjähriger Belagerung 1855 von den Briten und Franzosen erobert.

## 60. *Marianne von Willemer an Herman Grimm*

Frankfurt, 22. November 1854

Das ist doch aller Ehren wert, liebster Herman!

dein Brief ist vom 21ten und ich sitze schon heute und beantworte dein Conglomerat von Mißtrauen, von Entschuldigungen, daß du zu offen, zu unbescheiden, zu hart, zu einsam bist und daß ich dich mißverstanden hätte, und was mir ein Dorn im Auge wäre, soll ich zur Blüte gestalten, und daß diese Gedanken dich traurig machten, denn es wäre in dir ein Punkt, der stets einsam bleibt und zum Kreis wird, und endlich zu einer Wüste, um die herum ein dünner Streifen Grün liegt; nimm mir nicht übel, aber die bewußte Stelle im Faust kam mir in den Sinn, die so bedeutsam schließt: »und rings herum ist grüne Weide«. Warum ich großmütig sein soll, weiß ich nun vollends nicht, denn es schadet wohl keinem Menschen, wenn er demütig ist, aber mir gegenüber brauchst du es nicht zu sein; ich bin dir gut, also habe ich keine Güte gegen dich zu üben, und wenn ich Monate lang mein Guthaben gegen dich nicht verzinse, so schlage ich diese letzten immer zum Capital, und du verlierst nichts dabei. Daß du aber zur Rechtfertigung deiner Großmuts- und Demuts-Fantasien sehr ungeniert mir sagst mit dürren Worten: du bist alt und ich bin jung!: das finde ich grob, ja es ist impertinent! Merke dir! eine Frau ist nie gern an ihr Alter gemahnt und selbst nicht, wenn der 20te November ihr 70ter Geburtstag war; – nun ist deine beiläufige Bemerkung nicht allein grob, sie ist auch unwahr, denn *ich* bin jung, und *du* bist alt. Aber nun um dich zu überzeugen, daß alle deine Voraussetzungen aus der Luft gegriffen waren, will ich dir erzählen, wie es mir in der letzten Zeit ergangen, ich hoffe, du hast den Brief erhalten, den ich dir vom Stift Neuburg schrieb? Bis zum 1ten November hatte ich meine Abreise bestimmt, immer einen Tag um den andern zugegeben, weil die Schlosser noch Gäste erwartete, die ich nicht versäumen sollte; auch Allerheiligen war es ganz das nämliche Verzögern, endlich nach vielem Warten reiste ich Montag den 13. ab und kam den 14. morgens gerade noch recht, um eine Enkeltochter[1] sterben zu sehen, die Mutter von vier kleinen Kindern, [die] ihren Mann in einem Zustand zurückläßt, der sich nicht beschreiben läßt. Man hatte mir auf das Stift geschrieben, aber erst denselben Tag, wo ich unterwegs war, und keine Ahnung von der Gefahr haben konnte; also diese letzten Tage waren so traurig wie möglich, und nur meiner *Jugend* habe ich es zu verdanken, daß ich nicht traurig geblieben und krank geworden bin, und starb auch in diesen Tagen die Des Bordes[2], Bettinens Schwester; ob letztere heute angekommen, weiß ich nicht, vorgestern war ich bei der Tony [Brentano], da wurde sie noch erwartet. Heute ist es ein Wetter, um für immer die Möglichkeit des Ausgehens zu bezweifeln, vielleicht gelingt es mir morgen.

Weil ich nun doch zum Ernste gestimmt bin, so muß ich dich allen Ernstes fragen: ist es wahr, was man sich hier erzählt, selbst in der Brentanoischen Familie? – Giesel sei mit Joachim[3] versprochen? du wirst es wissen! ich sage nichts und glaube nichts, bis du mir geschrieben, und will dann die Phantasie[4] wieder lesen, die ich weder im Manuscript noch im Druck ganz verstanden habe, denn ich habe ihn nicht gehört. Aber sehr viel von ihm, oder über ihn, von einer Frau von Thon[5], die in Weimar lebt und auf dem Stift war. Ob ich in der ersten Zeit die Bettine, also die Giesel, sehen werde, ist ungewiß, ich bin viel bei den Kindern.

Was du mir von deinen Kindern schickst ist sehr willkommen, ich freue mich, daß deine Frau so fruchtbar ist.

Claudine habe ich einmal und nur kurz gesehen, sie war wohl und sieht vortrefflich aus. Von Armgart hörte ich, daß sie gesund und singlustig ist. Sie hat mit einem jungen Mann in Bonn am Clavier phantasiert, sie sang italienische Lieder zu seinem Spiel und soll es sehr gut gemacht haben. Ich lernte diesen H[errn] Bartels[6] später auf dem Stift kennen, er ist gut musikalisch und hat uns manchen Abend durch sein Spiel belebt; er behauptet dich zu kennen, und ich habe ihm einen Gruß aufgetragen; kennst du ihn? und was ist er wert?

Deine Frau von Sidov war auch wieder da, ein drolliger Östreicher, der sie dort sah, nannte sie die heilige Trauerweide. Ich finde den Vergleich ganz vortrefflich! mir ist sie entschieden zuwider.

Hast du etwas von dem Fechter von Ravenna[7] gehört, der in Wien so entschiedenes Glück macht? und dessen Verfasser nicht bekannt ist? bist du es vielleicht?

Ich hoffe nun deine Zweifel beschwichtigt zu haben und bitte, alle zukünftigen wegzulassen; wenn ich nicht gleich antworte, so hat es gewöhnlich drei Ursachen: entweder ich bin unwohl, oder ich habe keine Zeit, oder ich denke: er kann noch ein wenig warten, aber deine Briefe lese ich immer gerne, und meine Gesinnung bleibt immer dieselbe, und das will ich dir versprechen, wenn ich wieder einmal so krank bin, daß ich nicht schreiben kann, so soll mein Enkel Arzt[8] dir Nachricht geben.

Grüße die Altern und die Schwester von dem

*Großmütterchen*

[ *1* ] Amalie Henriette Türk, geb. Thomas (1821-1854). [ *2* ] Ludovica (Lulu) des Bordes. [ *3* ] Joseph Joachim (1831-1907), Violin-Virtuose, seit 1868 Direktor der Berliner Hochschule für Musik; vgl. Einleitung, S. 26 f. [ *4* ] Violinphantasie für J. J., in: Deutscher Musenalmanach für das Jahr 1855, hg. v. O. F. Gruppe, Berlin, Reimer, S. 49 ff. [ *5* ] Albertine Therese Thon (1801-?), Gattin von Ottokar Thon, Legationssekretär in Weimar. [ *6* ] Dr. Joh. Nicolaus Bartels (geb. 10. 10. 1829), studierte Musik. [ *7* ] Der Fechter von Ravenna. Trauerspiel in fünf Akten von Friedrich Halm (d. i. Eligius Frh. von Münch-Bellinghausen [1806-1871]), Uraufführung: Wien, 18. 10. 1854, Burgtheater. Grimm sah das Stück am 30. 10. 1854 in Berlin (lt. Tagebuch). [ *8* ] Dr. Fritz Kellner.

### 61. *Marianne von Willemer an Herman Grimm*

Frankfurt, 10. Januar 1855

Mein lieber Herman!

Was denkst du? Ich muß es dir doch ein wenig erklären, warum ich so lange geschwiegen, damit du nichts unrechtes, nichts mir zu nahe tretendes denkst. Ich will meine Entschuldigungen numerieren, damit du siehst, wieviele ich habe: *erstens,* nachdem mir eine kleine Weile condoliert wurde, fing man an mir zu gratulieren. Einer meiner vielen Enkel wurde Bräutigam; da gab es Diners, Soupers, Visiten, so daß das arme Christkindchen ganz eingeklemmt wurde; dem unbeschadet kam es *sieben*mal zum Besuch, ich habe *sieben* Bescherungen durchlebt, für mich und andre! Dann wurde es Neujahr! *Zweitens* muß ich dir noch gestehen, daß ich dir eine Weihnachtsgabe zugedacht, die – so Gott will – auf Ostern eintreffen kann, und die zwar fertig geworden, aber so schlecht ausgefallen ist, daß ich mich nicht entschließen konnte, sie dir zu schicken, und das ist mein photographiertes Antlitz! Der Frau Schöff [Antonie Brentano], für die ich nichts andres mehr wußte, habe ich es in Gottes Namen beschert. Aber ich schrieb darunter:

Dies Photokonterfei ist nicht nach meinem Sinn,
Ich habe nicht gewußt daß ich so garstig bin.[1]

Dir will ich ein andres schicken, aber seit 8 Tagen vor Weihnacht bis heute hatten wir nicht *einen* günstigen hellen Tag, der für eine gelungene Aufnahme bürgen konnte. Dies war denn *drittens* die Hauptursache, daß ich nicht schreiben konnte; das trübe, warme, unnatürliche Wetter wirkte so nachteilig auf meine Nerven, daß ich weder schreiben noch lesen konnte, und die Nächte gar nicht, am Tag nur zuviel schlief: heute scheint die Sonne und entlockt meiner Seele einige Bewußtseinskeime.

Dein Buch[2] habe ich in drei verschiedenen Abteilungen gelesen, immer abends. Das erstemal hat mich die Exposition sehr angeregt, und ich fand sie als Handlung vortrefflich, auch Irene ist gut gezeichnet; wie ich aber an die folgenden Scenen kam, mußte ich aufhören, da ich viel zu nervös war, um die Intrigue auszuhalten. Nun habe ich das Ganze nochmals durchgelesen und finde vortreffliche Stellen, aber im ganzen ist es nicht so fleißig gearbeitet wie deine früheren Sachen; besonders sind mir die vielen Abbreviaturen aufgefallen, die für die Diction nachteilig sind; ich müßte dir alles mit dem Buch in der Hand bemerken, was mich befremdet. Und gerade darum, weil das Stück gesehen aber auch *gehört* wird, so muß die Sprache Wohllaut haben; aber ich kann nur nach dem Gehör darüber urteilen, wenn ich mir die fraglichen Stellen laut vorlas. Zwei Einwürfe könnte ich noch machen, aber heute nicht und ohne deine Zustimmung nicht. Eines will ich noch sagen: so schön auch Rotrudis sich pag. 26, 27 ausspricht, und auch 52, 53 ist doch keine Zeile von der vollkommnen Schönheit wie in dem Gedicht, wo Marianne spricht: »Die Tage schwinden wie sie kamen etc.«[3] Das ist ein Juwel, ein wahrer Dichterschmuck; ich wüßte nicht, wie es schöner sein könnte.

Nun muß ich schließen, schwerlich kannst du meinen Brief lesen. Ich schreibe bei Licht. Gedenke in diesen Tagen mein, – bis Montagabend bewirte ich 22 Personen in meinem Schneckenhäuschen, bis Mittwoch ist die Hochzeit.[4] Dann kommt die Ruhe! –

Leb wohl, gedenke mein! M. W.

[ *1* ] Möglicherweise die Photographie Mariannes, die in: »Frühe Photographie in Frankfurt am Main 1839-1870«, hg. v. Eberhard Mayer-Wegelin, München 1983, veröffentlicht wurde und den Vermerk trägt: »Steinberger & Bauer, um 1855«. [ *2* ] Rotrudis. Schauspiel, Berlin, Dezember 1854, 103 S., als Manuskript gedruckt. [ *3* ] Aufgenommen in »Der Landschaftsmaler«, in: Novellen, 1856.

Mariamnens Gesang.

Die Tage schwinden wie sie kamen,
Das Dunkel wechselt mit dem Licht,
Ich aber nenne seinen Namen,
Denn alles Andre weiß ich nicht;
Und wie die Mittagsgluth dem Lande
Tief mitternächtge Ruh verleiht,
Erstarr ich in der Sehnsucht Brande
Und lausche auf die Flucht der Zeit.

Jetzt ruht er bei der Sonne Gluthen
Im weiten, schattigen Palast,
Den mit geheimnißvollen Fluthen
Der Nil in seine Arme faßt;
Sein Auge folgt den leichten Kähnen,
Und wie sie unaufhaltsam fliehn,
Da fühlt er, wie ihn meine Thränen
Zurück in meine Arme ziehn.

[ *4* ] Am 17. Januar 1854 heiratete Mariannes Stiefenkel Johann Gerhard Christian Andreae die Frankfurter Kaufmannstochter Henriette Wilhelmine Landauer.

## 62. Herman Grimm an Marianne von Willemer[1]

Berlin, 12. januar 1855

Liebstes großmütterchen

verzeih – so fang ich an, denke dir das übrige nach gutdünken und höflichkeit hinzu. denn da du mir geschrieben hast, wenn du krank wärest, wolltest du es mich durch eine fremde feder wissen lassen, was soll ich da denken, als daß du es nicht für nötig hälst, mir zu antworten, auf zwei briefe? dieser ist der dritte und dem vorigen vom letzten tage des vergangenen jahres war mein neues stück Rotrudis beigelegt. dein letzter brief war, glaube ich aus dem september und dieser meinige ist, wie ich jetzt berechne, wohl der vierte fünfte seitdem. [von Mariannes Hand zugesetzt: Nein! der dritte höchstens.]

soll ich denken, du seist dennoch krank? und sosehr, daß du dein versprechen nicht halten konntest: jemand anders zu bitten, daß er's mir mitteilte? nein, ich will glauben, du seist überhäuft gewesen mit geschäften und menschen so sehr, daß du den willen mir zu schreiben gemach für die tat angesehn und dich getäuscht habest, wie lange du mich ohne nachricht ließest. sei mir nicht böse, daß ich meinerseits meine feder so wenig im zaume halte und immer wieder schreibe. verzeih.

[ *1* ] Grimm schrieb diesen Brief am 12. Januar, bevor er den von Marianne vom 10. Januar (lt. Tagebuch am 13. Januar) empfing. Erhalten ist nur das erste Blatt desselben, das Marianne ihrem Brief vom 22. Januar 1855 beilegte.

## 63. Marianne von Willemer an Herman Grimm

Frankfurt, 22. Januar 1855

Mein lieber Herman!

Dein Brief[1] hat mich überrascht, aber nicht befremdet. Ich habe schon lange gefühlt, daß ich deine Geduld zu oft in Anspruch nehmen mußte, sowohl wegen der späten Beantwortung als auch hinsichtlich des Inhalts, welche beide in keinem Verhältnis zu deinen Briefen sein konnten; die einzige Rechtfertigung, die ich mir erlaube, ist: daß ich deinen vorletzten hier beilege, worin du dringend um Ursache meines längeren Schweigens fragst, und worauf ich dir allerdings mit vollem Recht, die Ursachen angeben wollte, die es veranlaßt haben; in vollem Widerspruch mit diesen Motiven steht aber die Stelle in deinem letzten Brief: »dies ist nicht das rechte, ich hätte noch öfter und du noch seltener zur Feder greifen können, und es hätte nichts von beidem darin stehn können, warum es aber darin stand, will ich dir sagen.«

Du sagst mir mit freundlichen Worten recht vieles, *aber nicht das rechte.* Ich will es versuchen; also obigen Widerspruch ganz aus dem Spiele lassend, konntest du nur einfach etwas weniger fragen und etwas länger warten; ob nun dieses Abwarten auch lohnend für dich sein konnte, das ist eigentlich die Frage, die ich mir schon lange, nur nicht genügend beantwortet. Jeder Briefwechsel verlangt eine gewisse Übereinstimmung der Ansichten, der Gesinnung, der Beurteilung und des Interesses für alles Vorkommende, worüber sich Freunde oder auch nur *Befreundete* ihre eigensten Resultate mitteilen wollen; oder er ist auf ein Gemütsleben begründet, was freilich obige Anforderung nicht ausschließen soll, aber von der einen oder andern Seite sehr viel Nachsicht und Entschuldigung voraussetzt, wenn die Feder nicht sowohl durch den Kopf als durch das Herz bewegt wird; *diese* Motive muß ich nun durchaus in Anspruch nehmen, wenn von unseren Mitteilungen die Rede ist. Ich bin keine *Briefstellerin* und habe mich nie darauf verstanden etwas andres hinzuschreiben, was ich nicht ebenso sagen und vielleicht manchmal besser sagen könnte, denn mich bestimmt oder beherrscht vielmehr die augenblickliche Stimmung, und es ist mir nicht möglich, meine Briefe für etwas anders als Contoure zu halten, und in dieser Hinsicht können sie dir nicht genügen, und mit jedem Jahre weniger, weil bei ihnen, wie bei den Photographien bei vollkommner Ähnlichkeit, die Gebrechen des Alters entschiedner hervortreten; ich kann dir nicht verdenken, daß du wenig in meinen Briefen findest, was deinen Erwartungen entspräche, und ich bescheide mich um so eher, als das mechanische Schreiben mir schon eine Anstrengung kostet; ich war besonders in diesen kalten Tagen mehr angegriffen, als ich mir früher denken konnte, und ich glaube fest, wenn du noch ein wenig Geduld gehabt hättest, so würde sich unser Briefwechsel auf dem natürlichsten Weg gelöst haben. Noch eines erlaube mir zu bemerken: daß ich immer *wahr* gegen dich gewesen, wirst du mir wenigstens, ich hoffe es, zu den wenigen guten Eigenschaften anrechnen, die ich dir gegenüber mir anzueignen erlaubte. Möglich daß meine Wahrheit nicht immer die deine war und eine irrige, aber ich war sie *mir* schuldig.

Da ich weiß und auch fühle, daß du mich nicht aufgibst, auch wenn ich der Frau v. Genlis[2] nicht zu vergleichen bin, so will ich einiges von mir berichten: meine Gesellschaft habe ich nicht gehabt, weil ich schon zuviel an mir selbst hatte. Ich leide durch die Kälte und sehe durch mein Fenster Schnee und Eis im Überfluß. Abends bin ich viel allein und werde mich gewahr, was nicht sehr belohnend ist. Doch bin ich zufrieden und wünsche dir von ganzem Herzen das Gleiche.

unverändert dein Großmütterchen

[ *1* ] Dieser lt. Grimms Tagebuch am 18. 1. geschriebene »Absagebrief« liegt nicht vor. – Der in der Einleitung zitierte Brief Grimms an J. Joachim v. 29. 1. 1855 gibt Hinweise auf die Spannungen dieser Tage (s. S. 30 f.). [ *2* ] Felicité S. v. Genlis (1746-1830).

### 64. *Marianne von Willemer an Herman Grimm*

Frankfurt, 9. Februar [1855]

Mein lieber Herman!

Heute vor 8 Tagen legte ich mich zu Bette an einer uner-
träglichen Grippe, die in Frankfurt herumgeht wie ein
brüllender Löwe, demungeachtet benutze ich die Stunde
meines Aufseins, um dir für deinen herzlichen Brief, der
mich sehr erfreut, aber nicht überrascht hat, eben so herzlich zu danken; die Gedichte haben mir sehr gut gefallen,
das erste besser als das zweite, warum? das sage ich dir
später, wenn ich wieder Gedanken habe und ohne Zittern
schreiben kann. Einstweilen auf Wiedersehen, das heißt
wie Hamlet sagt: mit den Augen meines Geistes.

herzlich grüßt das Großmütterchen.


### 65. *Herman Grimm an Marianne von Willemer*

[Berlin, 24. Februar 1855][1]

... sehr daß ich ihn eigentlich erwarte. Die Giesel schreibt
nicht oft, sie führt ein monotones dasein dort. ich finde
das meinige hier auch eher mit gänseblumen als mit rosen
bestreut, aber ich weiß mich zu schicken. nur so von zeit
zu zeit möchte ich die welt wie einen alten topf an den ofen
werfen, daß sie in tausend stücke zerbräche. die zukunft
kommt mir manchmal sehr rätselhaft vor, denn es wäre
doch sonderbar, wenn ich, wie ich bis jetzt getan, so fort
leben und unter den leuten wie ein stück holz im wasser
fortschwimmen sollte. es wird zwar naß und verfault auch
wohl, aber es wird doch nie zu wasser, und das wasser wird
nie zu balken. dies beispiel ist nicht sehr romantisch, aber
es drückt vollkommen meinen zustand aus. wo das wasser
glatt um die ecken herumfließt, da stoße ich stets an, wenn
auch nur leise, wo es sich aber schäumend und in wellen
durchdrängt, da rutsche ich bequem weiter und bleibe

was ich gewesen bin. so recht wahrhaftig zu reden, geht mich kein mensch auf erden etwas an. ich könnte ganz allein in der wüste sitzen und meine sehnsucht nach einer idealen mensch[heit] leistete mir gesellschaft. ich könnte mir viel eher denken, daß ich in einem kloster sitzend eine dumpfe eintönigkeit der gedanken als glück schätzen lernte, statt daß ich im kreise von vielen, die mir alle am nächsten ständen, für mich und andre sorgend im grünen grase des lebens weidete. sei so gut, dies nicht als einen wertherhaften ansatz in meiner seele zu betrachten, sondern als eine sehr kühle und unschuldige reflexion über mein dasein.

ich lese jetzt Pascal's pensées und empfehle dir das buch. ich habe nie über religiöse dinge so schön geschriebenes gelesen, denn es fehlt ihm bei aller festigkeit auch der leiseste anflug von proselytenmacherei. mir ist alle aufdrängerei zuwider, und diese trat mir bisher aus allen protestantischen wie katholischen religionsschriften auf's abstoßendste entgegen, sei es nun, daß sie mit sanfter demut, mit wehmütigem bedauern und leisem winken oder mit donnerndem stolze auftrat. Pascal aber betrachtet die dinge so ruhig und so heiter, daß das traurigste einen wahren frühlingshauch erhält, während sonst die geistliche fröhligkeit mitten unter rosen und veilchen nach alten mauern und moder duftet. ich kann mir wohl denken, daß seine bücher in Rom verbrannt wurden. zugleich lese ich Diderot, welch ein abstand. was mir dabei deutlich geworden ist, ist dies: die sogenannte reelle welt ist doch nur eine ideale welt, denn wir nennen das reell, was wir täglich zu sehn gewohnt sind und, sich immer gleich, überall wiederfanden. nun nimm Pascal und setze ihn in ein haus, dem wir das schlechteste wort vorsetzen wollen, was je vor haus gesetzt wurde, und ich glaube, er hätte überall durch die verworfenheit so strahlende keime des göttlichen erblickt, daß er den glanz der reinheit, die ihn umgab, nicht unterbrochen fühlte. dagegen laß Diderot mitten in einen kreis der unschuldigsten herzen treten, und nach kurzer zeit würde er tausend züge erlauscht haben, die ihn an seinen gewohnten kreis und seine maitressen erinnerten. was folgt daraus? daß man nur findet, was man sucht, und das nennt man die reelle welt. für Pascal wäre die welt Diderots eine ideelle gewesen, denn obgleich er mitten darin lebte, hätte er sie nie gefunden.

damit aber will ich Diderot nicht tadeln. ich fühle wohl, daß es epochen der welt gibt, in denen sie allein sich beurteilen kann und sich entschuldigen. dieses pêle mêle der damaligen französischen gesellschaft mag man jetzt unsittlich nennen, aber die leute waren bei alledem treu, milde, vergnügt und kamen miteinander aus, ohne sich gewissensbisse zu machen. unser Herrgott wird sie darum nicht schlechter behandeln als uns heutigen tages, die wir die moral an die große glocke hängen und hinterher ebensoschlecht sind, wie es die guten menschen von anfang an waren.

was für eine lange predigt wirst du sagen? ich weiß selbst nicht wie es kommt, aber hätte ich jemand gehabt, mit dem ich diese dinge bequem hätte besprechen können, so wärest du um die hälfte kürzer dabei fortgekommen. diese französische wirtschaft macht mir plaisir, und wenn ich damals gelebt hätte, wäre ich nicht besser und nicht schlechter gewesen als alle miteinander.

eigentlich gilt diese predigt den hiesigen pietisten, die ihre frömmigkeit immer abscheulicher vor die leute bringen und sich dadurch noch einen besondern lustre verleihen, daß sie sich der armen annehmen. nichts ist mir abominabler[2] als diese art, die armen leute dazu zu benutzen, sich für besser halten zu dürfen als andre. ich muß aufhören, sonst mache ich dich am ende noch zum vertrauten meiner ansichten über politik und alles andre, was mir im kopfe sitzt, wie mädchen, die beim tanze sitzen blieben, und die ich nun alle an die reihe kommen lasse.

mein neues gedicht schicke ich dir sobald es abgeschrieben ist. es ist fast noch länger als das erste, aber viel schöner. natürlich nur dem inhalte nach. Haxthausen aber schreibt mir eben, daß er mit dem dir bekannten sehr zufrieden ist.[3]

hiermit sage ich dir lebewohl und lasse den brief angesichts seiner 9 seiten[4] mit der furcht abgehn, du werdest über ihm mehr als einmal einschlafen. unten im Hause ist ein 19jähriges schönes mädchen an der schwindsucht gestorben. war bis vor einem jahre ganz gesund und tanzte nur einen einzigen winter etwas zu viel. so richtet sich schönheit zu grunde.

adieu behalte mich lieb

dein Herman

[ *1* ] Datum lt. Tagebuch. Der Anfang des Briefes fehlt, vgl. u., Anm. 4. [ *2* ] abscheulich, fluchwürdig. [ *3* ] Assly und Kyarem. Ein armenisches Märchen, neugedichtet und dem Freiherrn August von Haxthausen zugeeignet (StA MG Ms 115); vgl. Anm. 66,4. [ *4* ] Erhalten sind 5 1/2 Seiten, also fehlen 4 Seiten = 1 Doppelblatt.


### 66. *Marianne von Willemer an Herman Grimm*

Frankfurt, 28. Februar 1855

Mein lieber Herman!

Heute fließt der Strom wieder fessellos an meinem Fenster vorbei, es ist mir gerade, als hätte sich die Eisrinde gelöst, unter deren Druck Leib und Seele eingeengt waren. Mein lieber Freund, welche Zeit voll traurigen Inhalts liegt in den wenigen Tagen seit meinem letzten Brief! Nächst dem, daß ich wirklich recht krank war, starb nun auch der Mann meiner Enkeltochter[1] drei Monat nach ihrem Tode und läßt die vier Kinder verwaist, doch nicht hülflos, zurück. Die complizierten Verhältnisse seiner Stellung als Major in österreichischen Diensten, die Einmischung der Militair Behörde, die Ankunft seines Bruders aus Prag, die Discussionen in der Familie, kurz dieses ganze Gefolge bei einer krankhaften, reizbaren Stimmung und einer Kälte, die mir einen Arrest von 4 Wochen notwendig machte, dies war noch härter zu tragen als das Leid. – Alle meine Freunde waren krank und wir schrieben uns die Tröstungen, die wir uns nicht sagten. Doch nun genug und mehr als zuviel.

Was du mir über dein Stück schreibst und über die versagte Aufführung scheint mir hinlänglich, daß du auch durch den König nichts ausrichten wirst.[2] Befiehlt er sie, so bist du allen Intrigen ausgesetzt, und man wird alles mögliche tun, um dein Stück fallen zu lassen; zwei so mächtige Feinde wie der Intendant und der Regisseur sind nicht zu überwinden, am wenigsten mit königlichen Waffen, denn sie influieren auf die Schauspieler und auf das Publikum; wenn der König sich das Stück vorlesen läßt, so verliert es den Effekt der Darstellung, der wie du meinst unentbehrlich ist. Ich bin nicht der Meinung und die Stellen, wo die Diction so vorzüglich ist wie pag: 16-35; 51-56; 64-70 und so 94-98; 100, werden auch gelesen den Erfolg haben, den sie verdienen; aber gerade die Scenen, auf die du für die Darstellung gerechnet (die Exposition ausgenommen, die sehr dramatisch ist) sind dir weniger gelungen. Damit verstehe ich Volk und Sclavenscenen und zum Teil die der Verschwornen. Es sind keine Byzantiner, wenn sie auch so handeln, aber sie sprechen nicht so.

Im ganzen muß ich dir und deinem Urteil durchaus beipflichten: das Stück ist nicht reif, du hast es übereilt, es spricht sich, wie du selbst sagst, eine unruhige Hast darin aus und das ist schade, es könnte vollkommen sein, und ist besonders in Hinsicht auf Sprache für einen Dichter, denn das bist du! unverantwortlich nachlässig behandelt. Worte wie *verlöret, geböte* sind unschön. Noch einmal, es ist schade, die Zeichnung der Caractere ist sehr gelungen, vor allem *Irene*, du kannst dir etwas auf sie einbilden, auch Rotrudis als Contrast, mädchenhaft und lieblich, nur zu consequent in ihrem Mißtrauen, und so rechtfertigt sie, was Irene sagt: hätte sie geliebt – etc – – aber das ist Clotars Sache, er ist der Pfeil, der das Stück verwundet; denn sein Wesen ist unmöglich, er macht den Eindruck eines verstimmten Instrumentes. Sage nicht, ich wollte es so, nein! es ist keine Übereinstimmung in seiner Erscheinung, er ist nur schön. Aber Valerian, ja der ist gut gezeichnet bei allen scheinbaren Schwächen, und Michael vortrefflich, – auch Maximinus ist ausgezeichnet, doch genug. Verzeih, mein Freund, die vielen und treu gemeinten Worte, und so will ich zuletzt ehrlich gestehen, wenn ich wählen sollte, ob dein Stück à tout prix durchgesetzt, aufgeführt, oder von dir zurückgenommen und überarbeitet würde, so wäre mir das letzte für dich wünschenswerter[3]; du kannst das Beste leisten, wenn du willst, und willst es nicht, weil du mit dem König Ahasverus sprichst: Beschlossen hab ich's, jetzt geht's mich weiter nichts mehr an. – –

Was die beiden Gedichte[4] anbelangt, so hat mir das erste sehr gefallen, es ist ein Guß. So phantastisch das Märchen auch ist, so hat es doch eine innere Wahrheit, der Schauplatz wie die Darstellung sind vortrefflich, die Verse schön. In dem zweiten überstürzt sich die Großmut des Califen, sie sollte doch etwas mehr motiviert sein; auf diese Weise wird doch nicht leicht ein noch so tausend-und-ein-nächtlicher Fürst dem ersten, wenn auch besten

Sänger, seine Tochter überlassen; aber du solltest recht oft solche Motive poetisch behandeln; ich habe selbst eine große Vorliebe für diese orientalischen Perlen, kenne aber leider nur die paar Schnüre, die Hartmann gefaßt hat; ich meine hier die kleinen Erzählungen in Prosa, die in den Früchten Asiens und in der asiatischen Perlenschnur[5] enthalten sind.

Gestern erhielt ich die Morgenblätter, die ich zwar auch halte, aber nur alle 8 Tage ein Heft bekomme; es ist mir sehr lieb, daß du sie mir geschickt hast, so konnte ich die erste Novelle[6] gleich auf einmal lesen; sie gefällt mir ausnehmend, ich meine außer deiner ersten, Traum und Erwachen, hättest [du] noch nichts in Prosa geschrieben, was so poetisch ist. Ich habe es mit dem größten Interesse gelesen, und ich hatte einen so wohltätigen Nachgeschmack, daß ich glaube, sie ist ausgezeichnet.

Nun noch einige Fragen! kennst du die Liebesleugner von Jordan?[7] kennst du die Veronika von Fräulein Ringseis[8], was hältst du von beiden?

Hiermit bin ich so frei und sende die Handschrift von deinem Papa wieder zurück und bitte um ein paar Zeilen, die man lesen kann; ich selbst war nicht im Stande, das Citat im Faust aufzusuchen, denn weiter als bis zu »raschen Jahren« habe ichs nicht gebracht.[9]

Leider habe ich es weiter gebracht und bin dessen nicht froh.

Dem ersten Blättchen dieser Blätter Verzeihung! ich hatte übersehen, daß der halbe Bogen auf der andren Seite beschrieben war, und mußte ihn abschneiden.

Und nun für heute basta.

for ever *dein Großmütterchen.*

---

[ *1* ] Joh. Franz Türk (1806 - 1855), dessen Gattin: Amalia Henriette, geb. Thomas; vgl. Brief 60 (Anm. 1). [ *2* ] »Rotrudis«; vgl. Einleitung,

S. 30 f. [ *3* ] Die Überarbeitung der »Rotrudis« ist erfolgt. Eine Szene der Neufassung im »Morgenblatt für gebildete Leser« Nr. 19 v. 10. 5. 1857. [ *4* ] »Assly und Kyarem« und »Trost in Einsamkeit«, beide Gedichte in: Novellen I, Basel 1966 (nach der 3. Aufl. 1897), S. 127 - 137. [ *5* ] A. Th. Hartmann, Asiatische Perlenschnur... II, Berlin, Unger, 1800; den Band »Früchte Asiens« nicht ermittelt. [ *6* ] »Geschick und Fügung«. Eine Erzählung in zwei Novellen. (Morgenblatt Nr. 5 u. 6); in »Novellen« 1856 trägt die erste den Titel »Cajetan«, die zweite »Das Kind«. – Nennt Marianne irrtümlich »Traum und Erwachen« statt »Die Sängerin« als erste Novelle in Prosa? [ *7* ] Wilhelm Jordan, Die Liebesleugner, Frankfurt a. M. 1855. [ *8* ] Tochter von Johann Nepomuk von Ringseis. Die Familie war mit dem Brentanoschen Familienkreis befreundet, besonders Savignys und Bettina, auch Herman und Gisela Grimm. Bettina Ringseis gab »Briefe von Herman und Gisela Grimm an die Schwestern Ringseis« heraus, die 1905 in Berlin erschienen. Der Titel »Veronika« war nicht zu ermitteln. [ *9* ] Steig bemerkt, daß Marianne ein Zettelchen zurückgab, das *Jacob* Grimm »für das Deutsche Wörterbuch mit seiner eilig andeutenden und die Züge fast zusammenschlingenden Altershand geschrieben hatte. Es war ein Zitat aus dem Faust, von Jacob Grimm mit leichtem Humor auf sich selbst gemünzt... also das Faustzitat (1. Teil, Garten, Marthe):

> in raschen jahren gehts wol an,
> so um und um frei durch die welt zu streifen,
> allein es kommt die böse zeit heran,
> und sich als *hagestolz* allein zum grabe schleifen,
> das hat noch keinem wohlgetan.

Marianne aber konnte den Zettel nicht lesen...« (Reinhold Steig, Aus Suleikas hohen Tagen, Jb. d. FDH 1907, S. 224.)


## 67. *Marianne von Willemer an Herman Grimm*

Frankfurt, 3. Juni 1855

Mein lieber Herman!

Du hast mir mit deinem Frühlingsgruß feurige Kohlen aufs Haupt gestreut, was man eigentlich keinem Veilchen vorwerfen kann, aber was die Blumen am Haupt verschuldet, haben sie am Herzen wieder gut gemacht, das schon eine geraume Zeit auch nicht auf Rosen gebettet war; ich will dich nicht mit meinen Angelegenheiten belästigen, umso weniger, als ich dabei nicht persönlich beteiligt bin, aber man kann sich nicht beruhigen, wenn man in einer großen Familie, die bis jetzt einig und friedlich war, Zerwürfnisse und Feindseligkeiten entstehen sieht, die plötzlich, wie ein Vulcan mitten aus einem schönen bewaldeten Hügel auflodern, aus den einfachsten und ungestörtesten Verhältnissen sich entwickeln. Wenn man dann jedem Unrecht und jedem Recht geben muß, so ist ein Großmütterchen recht in der Klemme; dazu kam noch, daß den Eltern, von deren kurz nacheinander erfolgten Tode ich dir wohl geschrieben[1], ein herziges Kind nachstarb, das man mit größerem Recht einen Engel nennen konnte, als die vielen, die so oft mit diesem Namen bezeichnet werden. Du siehst, daß es mir nicht an Gemütsbewegung von jeder Art gefehlt, die allerdings der körperlichen vielen Eintrag getan, und erst seit kurzer Zeit schöpfe ich wieder Luft; aber nun ist's genug der Klagen, und ich habe noch nicht genug gedankt für die Veilchentasse, die ich sogleich in Gebrauch genommen und woraus mir der Café noch besser schmeckt als gewöhnlich. Ich habe dazu deinen Brief mehrmals gelesen und muß bekennen, daß er mich mehr bewegte, als noch irgendeiner deiner früheren; wahrscheinlich weil ich ein böses Gewissen habe, und weil du mir so einsam vorkamst, so verlassen in deinem Gemüt; doch dauerte diese Stimmung nicht so gar lange, und du präsentierst dich mir als vollkommner Diplomat, mit weißer Halsbinde, Glacéhandschuhen, und fühlst dich im Salon mit Excellenzen und alten Damen; denn ohne Absicht hast du mir wohl das Billet der Claudine nicht in das Couvert gesteckt, damit ich auch bemerkte, daß du auch bei Savignys deine alten Damen fändest; das ist aber nur Eitelkeitsnebel. Allein ich mache auch *die* Bemerkung, daß du unbeschadet deines Gleichnisses, wie du nun selbst dein frisches Futter einsammeln müßtest, um Nahrung für dein Herz zu finden, du doch ziemlich viel nahrhafte Blümchen – als da sind: JelängerjeLieber, Augentrost, Maasliebchen, Vergißmeinnicht und Maiblumen – pflücken mußt, sonst könntest du keine so hübschen Strophen schreiben wie das Gedicht an die Malerin; du hast ganz recht, es ist ein Liebesgedicht. Sieh, hier kommst du in Conflikt mit deiner Art zu schreiben, es ist nicht allein obiges, es ist auch ein liebes Gedicht – es hat mir ausnehmend gefallen – und [ist] ein Beweis, daß du wie die Biene oder wie ein Schmetterling aus jeder Blume Honig zu bereiten weißt für dich und für andre.

Da wir nun am Schreiben sind, so erfreue ich mich doppelt darüber, denn in deinem letzten Brief lag etwas aufgebendes, wie wenn du niemehr die Feder wieder eintauchen möchtest, wiewohl ich dies nur für einen Paroxismus erkannte, in dem sich alle Dichter ver- und erkennen, so war es mir doch leid um dich, denn das Fieber hat eben seine Qualstunden, die man durchleiden muß. Ein glücklicher Gedanke ist es, daß du die Rotrudis als Novelle[2] behandeln willst; ich ärgre mich, daß es mir nicht eingefallen ist; sie wird sich vorzüglich gestalten; die Fortsetzung jener ersten im Morgenblatt[3] erwarte ich schon lange mit großer Sehnsucht, den Anfang finde ich vortrefflich, und das Ende, wo die beiden zu Pferde sich mißverstehen und doch erraten, so fesselnd, daß ich ihnen gerne nachgeritten wäre, um sie zu zwingen, mir Rede zu stehen.

Was du mir von deinem Zustand im Salon sagst, kann ich sehr gut begreifen, aber das Bild, dessen du dich bedienst, nämlich das Nilpferd, ist mir zu grandios. Du mußt dich innerlich abschließen können und auch im ärgsten Wüstensand eine Oase zu suchen und zu finden wissen.

Um deinen Spaziergang an den neuen Canal kann ich dich nicht beneiden, aber ich beneide deine Schwester, und zwar weil sie gerade in dem Alter ist, was du für mich wünschest, ich habe mir das auch oft gedacht. Es ist mir immer einleuchtender geworden, daß man sich nicht zu rechter Zeit findet, aber glaube mir, mein Freund! unter den 1000 Menschen, die du mir zu kennen aufbürdest, sind mir die meisten unbekannt, und wenn ich sie auf Bekannte reduziere, bleiben vielleicht etwa 50, und diese auf Freunde, bleibt etwa die Hälfte, Masculinum und Femininum; und wenn ich die zähle, die mir so nahe standen, daß ich sie mir deutlich machen konnte und mein Herz oder mein Verstand sie mir eigen machte, wiewohl nicht immer mit Erwiderung, so bleiben wenige, die das eine nicht auf Kosten des andern befriedigten, entweder litt ich von Herzen mit Schmerzen, oder klein wenig oder gar nicht. Diese wenigen nun kann ich zählen, über allen steht Goethe und gerade an der Stelle, wo ich die vollste Übereinstimmung aller Ansprüche fand. – Etwas näher dem Schmerzenreich steht Clemens Brentano, den ich als ein Mädchen von 16 Jahren zum erstenmal sah, den ich freilich lieben mußte ohne zu wissen, daß er schon lange vorher mich liebte. Er hat es mich nie wissen lassen, bis nach Jahren, als ich schon verheiratet war; ich mußte erfahren, daß wir uns unbewußt so nahe standen und scheinbar so ferne. Doch dies ist eine wunderliche Geschichte, es wäre ein guter Stoff zu einer Novelle, aber nicht für Romanzen.[4] Sulpiz Boisserée[5] darf ich noch zu meinen Freunden rechnen, und noch Einen und noch Einen, und dich? nicht wahr? Von Frauen spreche ich nicht, es ist ein andres, sonst müßte ich Claudine gleich nennen, ihr einfacher, wahrer

Caracter hält mich fürs Leben; Sophie Schweizer ist mir wert, aber nicht so wie jene. Meine Kinder und Enkel nehmen mich auch in Anspruch, und in der letzten, betrübten Zeit kam mein Herzensblatt, mein Pate aus Amerika hier an; er heißt Abraham Maria[6], ist aber weder ein Jude noch ein Weib, aber ein tüchtiger Junge, er war 7 Jahre teils in Mexico teils am Missouri; auf Cuba, im Osten, Westen, am Niagara, am Hudson, mit offnen Augen und gesundem Sinn, und wird nun (freilich in Magdeburg) Director einer Maschinenfabrik. Ich habe ihm stundenlang zugehört; er hat viel gesehn und erlebt. Alles ist colossal in dem Lande, und der Süden märchenhaft. Sei nicht eifersüchtig auf diesen Enkel und glaube mir, ich bleibe doch nach wie vor

dein Großmütterchen.

Bald wieder ein Zeichen der Erinnerung.

[ *1* ] Vgl. Anm. 66,1. [ *2* ] Zwei Entwürfe der Prosafassung »Rotrudis« befinden sich im Nachlaß H. Grimms (StA MG Ms 115 u. 189). [ *3* ] Vgl. Anm. 66,6. [ *4* ] Clemens Brentano, Romanzen vom Rosenkranz, 1804-1812, unvollendet. Bettina äußert sich in einem Briefentwurf an Savigny (Frankfurt, nach 1852): »... Marianne Wilmer – die nie eine Liebschaft mit Clemens gehabt ... ich kann beweisen durch die Briefe der damaligen Zeit wie unschuldig und gütevoll Marianne immer war und bis heute noch ist« (Auktionskatalog 149, Henrici Berlin, Nr. 165). [ *5* ] Mit Sulpiz Boisserée (1783-1854) fühlte sich Marianne seit Goethes Aufenthalt auf der Gerbermühle im Jahre 1815 besonders verbunden. »Jedenfalls haben Boisserées Mariannen näher gestanden als ihr gedruckter Briefwechsel erkennen läßt«, äußert sich Herman Grimm (Gr 1869, 286). [ *6* ] Abraham Maria Andreae (1819-1875), Sohn von Maximiliane Andreae, geb. Willemer.

*68. Marianne von Willemer an Herman Grimm*

Mein lieber Freund!

Heute sind es gerade 8 Tage, daß ich von einem Ausflug nach dem Stift Neuburg zurückgekommen bin; ich hatte deinen letzten Brief in der besten Absicht mitgenommen, um dich von dort aus zu begrüßen, aber trotz des schlechten Wetters und der herbstlichen Kälte, die ich in den 14 Tagen meines Aufenthaltes dort erlebte, bin ich doch nicht zum Schreibtisch gelangt; die wenigen Tage, wo man sich im Freien sonnte, wurden verspaziert, und an den übrigen suchte man ein warmes Zimmer auf, und alles kroch zusammen und blieb auch beisammen, um sich gegenseitig zu erwärmen. Nun seit ich hier in meinem Stübchen bin, ist es heiß, aber wie lange das dauert, läßt sich nicht mit Gewißheit behaupten. Nun will ich deinen Brief Punkt für Punkt beantworten.

1. du kennst mich doch lange genug und hast doch nicht meinen Scherz mit der Einlage Claudinens verstanden! ich wollte dich ein wenig foppen mit den alten Damen und bin weit entfernt zu glauben, du habest die Absicht gehabt, damit zu stolzieren oder dir in den Salons zu gefallen. Nein, lieber Herman, mein Scherz war Neckerei, ist aber wohl ungeschickt gewesen; deine eigentliche Absicht, von Claudine ein paar Worte zu senden, habe ich schon begriffen, also damit ist es gut.

2. freilich habe ich durch meine Abwesenheit die letzten Blätter des Morgenblattes versäumt; sie kommen jeden Freitag und werden nach 8 Tagen wieder geholt, und so habe ich sie nun zweimal entbehrt, wo wahrscheinlich der Anfang deiner neuen Novelle[1] steht. Bis Freitag erwarte ich nun die Fortsetzung und will versuchen, mir den Anfang noch einmal zu verschaffen.

Auf die Rotrudis[2] bin ich sehr erpicht, sie wird sich gut

ausnehmen. Von der Bettine habe ich durch die Brentanos gehört, daß es ihr nicht sehr gut wäre; ich glaube nicht, daß sie nach Schlangenbad geht, und obschon ich nichts Bestimmtes weiß, so kommt mir ihr Zustand doch bedenklich vor.[3] Die Savignys waren nicht erbaut über ihren dortigen Aufenthalt, sie hatten eben auch über Kälte zu klagen.

Claudine hat mir nicht *Briefe*, doch muß ich gestehen, *einen* Brief geschrieben, den ich noch nicht beantwortet habe; du siehst, lieber Freund, daß ich es andern, und zwar sehr lieben Freunden, noch schlimmer mache als dir.

Eine Bemerkung muß ich diesem kurzen Briefchen mitgeben; in jedem der deinen hast du mir von einer schönen Künstlerin etwas mitzuteilen, einer Malerin, einer Dichterin, einer Bildhauerin, wie sieht es denn da in deinem Herzen aus? wie in einer Kunstausstellung? – denn einen kleinen Platz wirst du doch einer jeden anweisen? mache nur, daß ich auch noch ein Eckchen behalte, unter den Familienbildern, recht im Winkelchen, auf Beleuchtung verzichte ich, aber mache nicht, daß ich von der Wand falle.

Für heute Addio! nur daß die wenigen Zeilen zu dir kommen, *bald* einen zweiten Gruß vom *Großmütterchen*

[ *1* ] »Das Kind«, vgl. Anm. 66,6. [ *2* ] Die Prosafassung der »Rotrudis«, vgl. Anm. 67,2. [ *3* ] Bettina hatte im Januar 1855 einen Schlaganfall erlitten, während sie in Bonn bei ihrer Tochter Maxe von Oriola weilte. Von einem Aufenthalt in Schlangenbad erhoffte man Ablenkung und Besserung für sie.

Frankfurt, 7. Juli [1855]

Mein lieber Herman!

Ob du meinen Brief, den ich am 4ten nach Berlin schickte, noch dort erhalten, ob er dir nachgeschickt worden, das alles weiß ich nicht, aber daß ich erst den zweiten Tag nach der Absendung den deinen erhielt kam davon, daß ich auf dem Lande war und spät nach Haus kam, zu Bette eilte, und erst morgens darauf das bekannte Couvert auf meinem Tische fand; in jedem Falle muß ich nun leider berichten, daß ich auf dem Stift war, aber nicht mehr dort bin, daß ich dich in Heidelberg nicht treffe, wenn du nicht auf dem Rückweg bei mir anklopfen willst.[1] Denn ich gehe erst im halben August, ja wahrscheinlich erst gegen Ende wieder auf das Stift.

Die versprochene Photographie soll dir nicht entgehen, wenn ich mich etwas besser fühle, so lasse ich sie gleich machen, ich bin auch meinen Triestiner Enkeln eine schuldig; und sie wird hoffentlich besser ausfallen als die erste, die aber doch ohne mein Wissen auf der Pariser Industrie-Ausstellung in [der] Mitte einer großen Anzahl Brentanos figurierte.[2] Ich fand sie aber so garstig, daß ich sie dir nicht schicken wollte. Habe noch ein wenig Geduld, ich vergesse es nicht.

Deine Novelle habe ich leider nicht ganz gelesen. Das Heft, worin der Anfang steht, konnte ich nicht erhalten, ich las die Stelle mit dem Brief und dann zu Ende. Warum sie »das Kind« heißt, ist mir daraus nicht klar. Ich finde sie recht gut, besonders hübsch ist die Scene mit den jungen Leuten, die er so glücklich wiederfindet, und daß er fortwill, und sein einsames Gefühl, und das Ende bei Theresen. Aber Emma ist nicht wahr, das heißt sie ist nicht unwahr, aber unnatürlich, und ich gestehe, daß ich sie nicht so schön finde – das heißt die Novelle – als die vorige, und daß ich verdrüßlich war, als ich das Ende nicht fand, das ich erwartet, und ein andres, was ich nicht erwartet. Mache doch den Schluß zu der Ersten, sie war sehr gut, du kannst ihn in Wildbad schreiben. Denke an mich, wenn du die einsame waldreiche Gegend durchstreifst; ich war dort in Gesellschaft von Claudinens Vater, wir waren sehr vergnügt. Von der kleinen Gesellschaft, die dort beisammen war, sind schon drei gestorben! –

Daß Bettine so gefährlich krank war, wußte ich nicht. Grüße sie freundlich von mir, und da dir dieses Blatt durch die Giesel zukommt, sage ihr die besten Worte, die viel leichter vom Munde gehen, als aus der Feder und viel herzlicher klingen. Schreibe mir deine Adresse vom Wildbad und grüße mir auch die geschwätzigen Bächlein

von dem Großmütterchen

Allen Freunden und Bekannten bringe mich in Erinnerung.

[ *1* ] Am 5. Juli reisten Herman und Wilhelm Grimm nach Düsseldorf, am 7. Juli weiter nach Bonn (lt. Tagebuch). Im August waren beide in Bad Soden, wohl nicht in Wildbad. Von dort aus besuchte H. Grimm Marianne in Frankfurt (Wilh. Grimm an seine Frau, 8. 8. 1855, SB PrK 620). [ *2* ] Vgl. Anm. 61,1.


*70. Herman Grimm an Marianne von Willemer*[1]
[Berlin, Ende September 1855]
... und auf die bahn brachtest, war das beste von den ganzen 10 wochen fern von hier. ich fühlte mich da viel behaglicher, als du glauben wolltest; es ist mir immer behaglich bei dir, aber es würde mir das tausendmal mehr sein, wenn du nicht immer *dächtest*, ich hätte bei meinen ge-

danken eine *arrière pensée*. sobald das nämlich jemand von mir glaubt, so habe ich wirklich eine, und das war unrecht von dir, daß du mich immer dir gegenüber zwangst liebenswürdig zu sein, statt bloß natürlich. ob mir das erstere gelang, darüber braucht weiter nicht entschieden zu werden, denn es würde mich das so wenig stolz machen als mich das gegenteil niederschlüge. du dachtest gar zu oft, ich hätte *kein vertrauen zu dir* und zeigte dir meine seele nur, wie man einem andern ein buch vor der nase schnell umblättert und dabei sehr wohl weiß, welche seiten man überschlägt und mit dem daumen zusammenhält. du dachtest, wenn du mich so dasitzen sahst bei dir: o ich *weiß recht gut, was das für ein vogel ist und wo man ihm die flügel packen muß.*

bist du mit allen deinen freunden so? oder gibt es auch einige, *bei denen du nur an dich denkst* und gar nicht mehr an sie selber, obgleich du sie dir gegenüber hast? ich möchte das wohl wissen. was uns beide anbelangt, so ist nicht viel mehr zu corrigieren, es wird niemals eine tragödie aus unsrer comödie werden. und das ist gut; aber es hätte anders sein können, wenn ich nicht soviel jünger wäre als du. du nimmst mir diese anspielung darauf, daß du leute gekannt hast, um derentwillen ich gern älter wäre als ich bin, und die ich nicht kannte, weil ich eben noch nicht vorhanden war, nicht übel? verzeih es mir mit so vielem andern.

[ 1 ] Marianne legte diesen Teil des Briefes von H. Grimm ihrer Antwort v. 15. Okt. bzw. 6. Nov. 1855 bei. Die Unterstreichungen (kursiv gesetzt) stammen wahrscheinlich von ihr.

Stift Neuberg, 15. Oktober [1855]

Mein lieber Herman!

Endlich komme ich zu einem ruhigen Stündchen um deinen lange erwarteten Brief zu beantworten.

Seit 14 Tagen bin ich hier und erhielt ihn kurz vor meiner Abreise, und obschon ich nicht wie du zur Entschuldigung meines Schweigens den Grund anführen möchte: *»ich hatte keine Lust zu denken und zu schreiben«*, so könnte ich wirklich einige andre zu meinen Gunsten geltend machen, die weniger beschämend für dich sein dürften. Auch jetzt kann ich nur in Raten an dich denken, und obige neun Zeilen sind das Resultat des gestrigen Morgens, denn ein ewiges Gehen und Kommen kürzt die Zeit und stiehlt die Gedanken; ich muß mich auch darauf beschränken, nur die wichtigsten Punkte zu berühren; der mir verständlichste ist, daß du dich zu meiner Freude noch immer an unsre Spazierfahrt erinnern magst, es war auch recht hübsch, und von der Sorte die man das ganze Leben durch brauchen kann. Aber nun kommt *für mich* eine Reihe von Unverständlichkeiten, zu denen der Eingang mich recht zufrieden stellt, nämlich daß es dir behaglich bei mir ist, aber warum es dir nicht noch behaglicher sein kann, davon fehlt mir der Schlüssel; – denn ich denke durchaus nicht, du hättest eine arriere-pensée und soviel mir bewußt, zwang ich dich niemals mir gegenüber liebenswürdig zu sein, ich habe es auch nur insofern gemerkt, als es dir natürlich war, viel Gewalt hast du dir dabei nicht angetan; – ich dachte *nie*, du hättest kein Vertrauen zu mir, denn ich wüßte nicht, was du mir vertrauen solltest, was ich nicht vorher schon wußte. Den Schluß dieser ganzen Voraussetzung verstehe ich durchaus nicht.

Meine Freunde nehme ich wie sie sind, und ich wüßte

nicht, daß ich bei Einem nur an *mich* dächte, ich lasse sie gelten nach ihrer Individualität und erfreue mich ihres Wertes.

Was nun kommt, ist mir ganz unverständlich; daß niemals eine Tragödie aus unsrer Comödie wird, versteht sich von selbst oder *ganz und gar nicht*; daß du jünger bist als ich, ist für dich ein Glück und für mich kein Unglück; warum ich dir diese Anspielung – insofern ich sie verstanden habe – übelnehmen soll, weiß ich wahrlich nicht. Also habe ich nichts zu verzeihen und schließe mit dem Wunsch, daß wir beide uns klar, wahr und einfach immer wieder erkennen möchten, wenn wir auch in Zweifel gerieten. So schließe ich denn dieses verspätete, ja ins Herbarium gelegte Blatt und hoffe, die Farben sind nicht allzusehr verblichen.[1]

[ 1 ] Ohne Unterschrift, mit dem Blatt vom 6. November 1855 abgesandt.

## 72. *Marianne von Willemer an Herman Grimm*
Stift Neuburg, 6. November 1855

Mein lieber Herman, ich bin nicht in Frankfurt, schon seit dem Anfang Oktober hier in Heidelberg. Aber nächsten Samstag, d. 10ten, reise ich Nachmittag von hier ab und bin von da an zu *jedem* Freundschaftsdienst bereit, der mir immer möglich ist; du kannst deine Antwort schon gleich nach Frankfurt befördern, wo ich sie in Empfang nehmen werde.

Beiliegendes Fragment eines schon lange angefangenen Briefes beweist dir, daß ich wenigstens den guten Willen hatte, deinen curiosen, confusen Brief zu beantworten, ich lege den deinigen bei, um dich zu orientieren, wenigstens den Teil, worauf sich der meinige bezieht, denn ich bin überzeugt, du weißt nicht mehr, was du mir geschrieben. Auch meine Antwort bleibe wie sie ist, nur den nötigen Schluß habe ich hinzugesetzt. Seit letzten Sonntag bin ich unwohl, habe argen Schnupfen, Husten und sehne mich nach Hause.

Also auf Wiederfinden.
unverändert. M. W.

## 73. *Marianne von Willemer an Herman Grimm*

Frankfurt, 21. November 1855

Lieber Herman!

wie steht es denn mit uns? hast du denn meinen Brief erhalten vom Stift Neuburg? ich schrieb dir sogleich wenn ich nicht irre, den Tag meiner Abreise und daß ich bereit sei, dir jeden möglichen Gefallen zu erweisen; wie ich hier den 10ten ankam, fand ich deinen 2ten schon vor und beruhigte mich vollkommen, daß du nun meine Antwort vom Stift erhalten. Was nun deine Angelegenheit betrifft, so ist es schwer, etwas zu erfahren; Bernus[1] ist nach Wien, seine Frau ist in den ersten Tagen meiner Ankunft auf das Stift. Diese Woche war ich bei ihr, traf sie aber nicht zu Hause, werde aber bald wieder hingehen. Die Janauscheck[2] kenne ich kaum, nun weiß ich auch nicht, ob du vielleicht dennoch eine Antwort erhalten über dein Stück. Dies mußt du mir erst erklären; andre Wege wüßte ich nicht einzuschlagen, ich muß auch gegen die Frau [v. Bernus] behutsam tun, weil ich nicht wissen kann, ob und wieviel sie davon weiß. Dein Gedicht[3] habe ich nicht gelesen, denn alle Hefte, die während meines 7 Wochen langen Aufenthaltes in Heidelberg die Runde machten, sind wieder abgeholt, und ich kann sie nicht wieder haben, von einer Novelle[4] habe ich noch nichts entdeckt. –

Krank bin ich nicht, aber ich kann mich nicht rühmen,

daß es mir allzu wohl ist. Gestern feierte ich meinen 71ten Geburtstag und das ist schon ein Wort! –

Die Briefe von Goethe und Frau[5] werde ich schon irgendwo zu sehen bekommen; ich kann mir denken, wie sie sind, denn ich kannte sie! Das Gedicht könntest Du wohl für mich stehlen. Die Photographie bekommst du zum Christkindchen – diesen Geschäftsbrief sende ich ohne weiteres ab, damit wir aus unsern Erwartungen kommen. Schreibe mir gleich wieder; wenn du den Wolfgang [v. Goethe] siehst, so sage ihm ich lebe noch, wäre aber viel zu hochmütig um ihn grüßen zu lassen, wenn ich nicht wüßte, ob ihm etwas daran gelegen.

Aber der Vater, die Mutter, der Appapa, die Schwester, die sollen mir bestens gegrüßt sein, und du vor allen Dingen.

Leb wohl und bleibe gesund.

unverändert *das Großmütterchen*

---

[ *1* ] Tageb. H. Grimm: 1. nov. Fulvia an Bernus abgeschickt. (Fulvia. Schauspiel in einem Aufzuge, StA MG Ms 65 u. 203). – Frh. F. A. J. von Bernus (1808-1884), Senator der Freien Stadt Frankfurt a. M., Politiker und Kunstfreund; vgl. Anm. 44,2 und u., Anm. 2. [ *2* ] Fanny Janauschek (1829-1904), Schauspielerin, schreibt am 4. März 1856 an Herman Grimm: »Ich finde große, sehr große poetische Schönheiten in Ihrer Arbeit ... – aber wie gesagt, – bis ich das gedruckte Stück mir durchlesen, mir im Geiste die Rolle vorspielen kann, habe ich kein genügendes Urteil ... Jedenfalls müßte auch unser Intendant das Stück kennen und annehmen, oder Herr Senator Bernus, als Präsident unserer Anstalt, sich für dessen Aufführung verwenden ...« (StA MG Br 5885). [ *3* ] Die neuen Menschen, in: Morgenblatt Nr. 40 v. 30. 9. 1855. [ *4* ] »Novelle«, in: Morgenblatt Nr. 47 u. 48 v. 18. u. 25. 11. 1855; später in: Novellen, 1856, unter dem Titel »Das Abenteuer«. [ *5* ] Es kann sich *nicht* um die Briefe Goethes an seine Frau Christiane handeln, da diese erst 1892-1902 in der Weimarer Ausgabe gedruckt wurden.

Frankfurt, 4. Januar 1856

Prosit das neue Jahr! und nur noch einige Worte, lieber Herman, das Schreiben wird mir sauer. Seit dem 23ten Nov. bin ich krank, ich liege zwar nicht zu Bette, aber es ist ebenso gut oder ebenso schlecht, als ob ich es müßte; ich treibe mich herum wie auf einem schwankenden Schiffe, und bei dem Schreiben fährt mir gerade so die Hand aus. Für mich waren keine Weihnachten und kein Neujahr, ich konnte nicht mit den Kindern sein, obschon sie alles mögliche getan, um mir Freude zu machen. Dein Bildchen gehörte auch dazu, es ist wirklich allerliebst und hängt schon über meinem Nähtischchen. Daß mein Bild[1] so zersplittert angekommen, ist mir recht leid. Das war ein ominöses Zeichen, daß es mir nächstens eben so geht, wobei freilich es darauf ankömmt, wo die emballage ausgepackt wird.

Deine »Novelle« im Morgenblatt hat mir sehr gut gefallen, sie ist psychologisch neu und interessant gehalten und wenn auch nicht *ganz* wahrscheinlich, doch dem Gefühle nicht unwahr, nicht unmöglich sich darstellend, wenn dies auch *äußerlich* in dem Badeaufenthalt so scheinen könnte. Etwas schwer mögten die Widersprüche zu lösen sein, die sich in dem Karakter des Mädchens finden, Leidenschaft und Berechnung, Kälte und Besonnenheit, bis zum vernichtenden Schmerz, besonders in dem Augenblick, wie sie Georg wiedersieht nach ihrer Trennung; hast du das wohl schon beobachtet? kann es möglich sein? Doch dies ist meine Meinung, unberufen, sagen wir hier in Frankfurt; doch hast du in langer Zeit nichts geschrieben, was ich hinsichtlich des Stiles mit mehr Vergnügen gelesen hätte als diese kleine Novelle. Sie ist vortrefflich, und die Gedanken sind in so schöne Worte gekleidet und so fließend und dennoch kurz gedrängt, daß ich es mit großem Genuß gelesen. Bei weitem weniger hat mir dein ewiges Geheimnis[2] gefallen, einige Stellen ausgenommen z.B. die letzte Scene zwischen Karl und Elise, die ist schön, »*da erkenne ich dich an deinen Worten wieder*« aber die Intrigue und der einfältige Baron, und der duftende Bart, und das alte Kammermädchen, und der übelgewählte Schauplatz des frechen und gegen Julie unbegreiflichen Benehmens. Nein, dies hat mich nicht befriedigt; noch dazu hast du mir 4 Exemplare gesendet, aber ich habe es nicht viermal gelesen. Mit Bernus habe ich nicht sprechen können, da ich in der letzten Zeit niemand gesehen. Er wird jetzt sehr beschäftigt sein, sein Schwager heiratet, und die ganze Familie ist entzückt über das Ereignis.

Nun muß ich aber schließen, meine Hand zittert und meine Nerven tanzen. Ich hoffe, du bleibst mir gut im neuen Jahr! meine gute [Meline v.] Guaita war sehr krank. Wenn du etwas von der Claudine hörst, grüße sie von mir, auch Bettine und die Giesel.

Gott sei mit dir!

und mit deinem Großmütterchen<br>M.W.

[ *1* ] Vgl. Anm. 61,1 u. Br. 69. Grimm erhält eine *neue* Photographie, etwa ein Jahr später aufgenommen als die erste (1854), vermutlich die im Nachlaß bewahrte (StA MG Br 176). [ *2* ] Ein ewiges Geheimnis. Dramatische Novelle (Manuskript), Berlin, Dezember 1855, 24 S. (geschrieben Berlin im Juli 1854).

Frankfurt, 8. Februar 1856

Deinem Wunsch gemäß, lieber Herman! schreibe ich Dir
vier Zeilen um zu sagen, daß es mir noch schlecht genug,
aber doch etwas besser geht; ich bin aber durchaus nicht
melancholisch, obschon die Weihnachtsfeste und Neu-
jahrswochen lauter Nuits blanches für mich waren, und
gewöhne mich immer mehr an mein Stübchen; schwärme
durchaus nicht von einem Diner zum andern, kurz, bin so
solide wie noch nie. Weil ich jetzt jeden Tag einen Besuch
mache, um die vielen zu erwidern, die mir gemacht wurden, so habe ich endlich die Sophie Schweitzer wiederge-
sehen nach 4 Monat zum erstenmal; es geht ihr etwas
besser, auch ist ihr Sohn Wilhelm jetzt hier, der ihr viele
Freude macht. Sie sagte mir, du hättest ihr geschrieben,
und wenn es zu Stande kommt, so legt sie einen Brief für
dich hier in den meinen. Daß die gute Guaita so sehr
krank war, wirst du wohl von Claudinen wissen, wir durf-
ten uns nicht sehen, und noch bis heute habe ich sie ein
einziges Mal drei Minuten lang gesehen. Vor einigen Tagen
habe ich durch einen Brief von dir gehört, du hast mit
einem jungen Mann gespeist, den ich auf dem Stift kennen
lernte, und der dich heiter und liebenswürdig fand. Noch
muß ich diesen Familiengeschichten die Nachschrift an-
hängen, daß ich der Tony Härtling von deiner heimlichen
aber innigen Neigung für ihre Gisbertha[1] erzählte, und
daß eine Mutter niemals ungerührt über den Eindruck,
den ihr Kind macht, bleiben kann, das wirst du wohl
selbst fühlen, da du ein Dichter, also auch eine Mutter
bist.

Ad vocem Dichter, deine Strophen zu deinem Teutonen
Gedicht[2] haben mir recht sehr gefallen,

vom Rhein an bis zum Walde der weitgestreckt
das freie Land geheimnisvoll bedeckt. –

Sie haben mich so begeistert, daß ich sie mir laut vorgelesen, und die schönen Bilder durch die harmonische Diction vortrefflich eingerahmt fand; nein, wenn alles so gut ist in deiner neuen Dichtung, so will ich mir gerne gefallen lassen, daß man bei dem Titel den Mund so voll nehmen muß; ebenso ausgezeichnet fand ich deine Kritik über die Ristori und Alfieri[3], von dem ich gar nichts kenne als seine vita scritta da lui stesso; aber seine Weise zu dichten und ihre Art zu spielen ist mir durch dich so klar geworden, daß ich die Frau vor mir sehe; ich finde die Beurteilung so gut und gründlich, daß ich sie dir kaum zugetraut hätte, sie läßt auf die Reife eines wenigstens 40jährigen Mannes schließen. Um alles zu sagen, hatte ich schon das Morgenblatt aufgesagt und wollte es nicht mehr halten, aber nach diesem Aufsatz und in Erwartung der noch folgenden, habe ich mich wieder abboniert.

Die 4 Zeilen haben sich etwas gestreckt, und ich fühle auch wirklich, daß ich aufhören muß; daß sich Bettine mit Appapa versöhnte, hat mich sehr gefreut, ich bin für den allgemeinen Frieden, du darfst sie von mir grüßen und die Töchter, so wie dein ganzes Haus

von dem Großmütterchen
M. Willemer.

[ *1* ] Tochter von Antonie v. Hertling (1816-1881), der Tochter Meline v. Guaitas, Gattin von Jakob Frh. v. Hertling, Hofgerichtsrat in Darmstadt. [ *2* ] Die Cimbern und Teutonen. Erster Gesang: Der Auszug. In: Morgenblatt Nr. 49, 1856, später in: Novellen[3] 1897 u. Neuausgabe: Novellen II, 1966. [ *3* ] Gedanken über Alfieri bei Gelegenheit des Gastspieles der Ristori in Berlin. In: Morgenblatt Nr. 51 u. 52, 1855, später in: Essays, 1859 und u. d. T. »Alfieri und seine Tragödie Mirra«, in: Fünfzehn Essays, N. F. 1875.

Frankfurt, 15. Februar 1856

Gott steh mir bei! was hast du mir diesmal für einen brummigen, unzufriedenen Brief geschrieben! Recht erwünscht habe ich unter meinen Briefbogen dieses Blatt gefunden[1], damit will ich dir nun kein Gesicht machen, aber dir zeigen, was *du* mir für eines gemacht; ich würde auch so bald nicht geantwortet haben, wenn mir nicht Sophie vorgestern die Einlage an dich geschickt, die ich dir nicht länger vorenthalten will; ich will gar nicht versuchen, deine melancholischen Nachtgedanken zu widerlegen, die von deinem Schreibtisch bis in die Gesellschaften, die du besuchen willst, ihre Schatten ausdehnen, aber ich muß dir eine Strophe von Goethe ins Gedächtnis bringen, die für diese Fälle paßt: sie fällt mir gerade nicht ein, ich sende sie ein andermal. Auch will ich nicht den Versuch machen, dich zu erheitern, andre werden das mit mehr Glück durchführen, nur muß ich noch zu dem melancholischen Capitel einige Beiträge liefern, insofern ich dich versichere, daß dein Gedicht über Platens Denkmal[2] mich tief gerührt, obschon ich nicht wußte, daß es von dir war, und das mich, was du mir in Prosa über die ähnlichen Zustände des Dichters sagst, nicht ganz so ergriffen hat, weil es, wie du selbst sagst, mit zu schwarzer Dinte geschrieben ist. Was mich aber wieder in die allerbeste Laune versetzt hat, ist die endliche Entdeckung eines geheimnisvollen Nebenbuhlers; du hast mich sehr übel beurteilt, wenn du mir so wenig Geist und Geschmack zutraust, mich an dergleichen zu versehen; habe ich dir vielleicht einmal etwas von einem mich interessierenden Freunde gesprochen, so muß das wenigstens schon 4 bis 5 Jahre [her] sein, und diesen H[errn] Bartels kenne ich seit dem vorigen Herbste von der musikalischen Seite, zudem, um dir den Unterschied wenigstens äußerlich klar zu machen, will ich nur erwähnen, daß jener so schwarz als dieser rot, so geistreich als dieser tonreich, und zwar auch Catholik, aber ohne sauce doch wohlschmeckend ist, und daß der bewußte rote Faden nicht neben ihm sondern durch ihn läuft. Du hast also ein falsches Wild geschossen und nicht den rechten Braten:

> Die Katze, die der Jäger schoß,
> macht mir der Koch zum Hasen. –

Noch eine komische Ironie des Schicksals war es für mich, daß die 3te Numro des Morgenblattes mir abermals das ewige Geheimnis brachte, und ich es gewissenhaft noch einmal durchgelesen habe, aber bei meinem ersten Urteil blieb, daß nur der Schluß und Juliens Herzensworte deiner würdig sind.

Zu meiner Rechtfertigung muß ich noch bemerken, daß ich bei der Kritik der Ristori mehr an Alfieri gedacht, und daß es wohl erlaubt ist, bei einem jungen Mann, und wenn er platzt von Geist, die *Reife* des Urteils zu bewundern, das nicht auf einmal mit Schild und Speer aus Jovis Stirne steigt, vielmehr mit Maß und Waage das Gegebne sich zu eigen macht, ehe es sich als Geist reproduziert. Du fragst mich, ob es mir denn anders gegangen, lieber Freund, du tust mir zu viel Ehre an, mich mit dir zu vergleichen; mein Geist war nur der Duft einer Blume, solange diese blühte.

Du schreibst mir, daß du oft zu Savigny's gehst und Karl[3] dort siehst, so möchte ich wohl deiner mir bekannten Discretion etwas vertrauen. Karl hat vor seiner Verheiratung, ja lange vorher, ein Mädchen gekannt, wie man so sagt, geliebt; dieses, nun auch verheiratet, ist mit ihrem Mann in sehr bedrängten Verhältnissen. Ihr Vater ist hier beim Orchester, aber pensioniert, kann also wenig für sie tun. Sie hat 4 oder 5 Kinder und bat mich schon einigemal um Unterstützung. Natürlich ist ihr unbekannt, daß ich um ihre früheren, nicht sehr ehrenvollen Verhältnisse weiß, zu deren Kenntnis ich auch nur durch Zufall gekommen bin. Glaubst du nun, daß ein Mann wie Carl S. noch einiges Mitleid für diese Frau empfinden könnte, die seit ihrer Heirat sich nichts vorzuwerfen hat, so könnte man vielleicht versuchen, einen Weg zu ihm zu finden; natürlich bleib ich aus dem Spiel, ich möchte nur deine Meinung darüber hören, nicht einmal was man Rat nennt. Die Familie wohnt in Guben. Verzeih und schweige! aber vergiß nicht

*dein Großmütterchen.*

[ *1* ] Das Briefblatt hat als Zierecke oben links ein Blumengerank, in dem sich eine Eule und eine Schlange befinden. [ *2* ] Das Gedicht »Platens Denkmal« erschien anonym im Morgenblatt Nr. 1, 1856. [ *3* ] Karl von Savigny (1814-1875), Sohn des Rechtsgelehrten Friedrich Karl von Savigny.


## 77. *Marianne von Willemer an Herman Grimm*

Frankfurt, 5. April 1856

Lieber Freund!

Also vor allen Dingen verzeih! 3 Briefe liegen unbeantwortet in meiner Mappe, und die Verlegenheit, oder vielmehr die Gewissensbisse über diese scheinbare Gleichgültigkeit, haben mich lange abgehalten, sie gut zu machen, das wirst du als ein alter Poet wohl zu vermitteln wissen; doch liegen noch andre und betrübtere Ursachen zum Grunde, und die eigentlichste und für mich die traurigste ist, daß es mir gar nicht gelingen will, gesund zu werden; wenn ich so obenhin sage: ich leide an den Nerven, so ist das bald gesagt, wenn ich aber erklären soll, wo denn das sitzt, so muß ich eben gestehen, daß es überall sitzt, und ich mich kränker fühle, als wenn ich wirklich krank bin. Dazu kommt freilich, daß wir – ich muß vom Wetter sprechen, weil es mich krank macht – nur erst seit zwei Tagen eine etwas gefühlvollere Luft mit einigen Tränen haben, allein seit Wochen einen für Frankfurt berüchtigten gefährlichen Nordostwind hatten, der vulgo nur der Hessenwind heißt, mit 3-4 Grad Kälte in der Nacht, mit seinem gewöhnlichen Hofstaat, Grouppe, Grippe, Rheumatismus seinen Aufenthalt bei uns nimmt, und vor dem sich alle Blüten und Blättchen verstecken und auch die Großmütterchen nicht aus der Stube kommen. Desto mehr Zeit hat man zu schreiben, wirst du sagen!

Das ist freilich wahr, wenn man gesund ist; aber wenn die Augen trübe, der Kopf müde, der Humor abwesend ist, dann sitzt man eben und brütet ein Guguks-Eye nach dem andern aus und kann selbst nicht begreifen, wo die fremden Geschöpfe nur herkommen. –

Dein letztes Briefchen hat mich aber sehr erfreut, worin du mir allerlei Gutes erzählst: erstlich von deinen Novellen, die dich auf den Flügeln der Liebe – denn voll Liebe sind sie gewiß – nach Venedig und Wien[1] tragen sollen; dies gönne ich dir so von Herzen, und es freut mich auch für dich, daß du mit deiner eignen Locomotive die Reise machst. Ich bin sehr begierig auf die neuen Novellen, die Sängerin und jene aus dem Morgenblatt sind wohl alle dabei? Sie werden sich sehr gut in einer gewissen Folge ausnehmen. Wenn du also in Folge deiner Novellen nach Venedig willst, so will ich dir einen vortrefflichen Rat geben; du gehst natürlich zuerst nach Wien, von da natürlich über den Sömmring, die schönste und interessanteste Straße, die noch je von einer Locomotive erklommen wurde, ein Prachtbau! Gehst direkt nach Gratz, la ville des Graces à la... [unleserlich] de l'amour, von diesem Paradieschen, wo du einige Tage bleiben mußt, über den Karst nach Triest nach dem Hause des Obersten Weißenthurn

Contrada San Francesco Nro. 1472 und bringst einen schönen Gruß vom Großmütterchen an seine Frau, meine *wirkliche* Enkelin[2], und ich glaube gewiß auch von deinem Papa und Appapa an die Tochter ihres Freundes Thomas![3] den sie gewiß noch im guten Andenken haben, so wie auch deine Mutter. Der Name Grimm wird der guten Max wie eine Glocke aus der Heimat klingen, da bleibst du, so lang es dir gefällt und gehst dann mit dem Dampfschiff nach Venedig; wie du und ob du von dort wieder zurückkommst, das ist deine Sache. Aber so mußt du es machen, e sarai contento.

Nun nach dem vielen *guten* Rat eine Frage, ich hoffe sie ist nicht indiscret, da ich den Anlaß dazu in der Zeitung gelesen; ist es wahr, daß die Giesel den Joachim heiratet? Und was meinst du dazu? Ich will es nicht gleich wissen, nur gelegentlich. Hier sind alle Brentanos betrübt wegen Detmold[4] – die [Meline von] Guaita ist immer noch krank und wieder krank, die Sophie [von Schweitzer] ist auch unwohl, die Frau Schöff [Antonie Brentano] liegt oder lag zu Bette, Marie Brentano kam unwohl aus Italien hier an; und so geht es auch in meiner Familie.

Im Divan hast du nichts auszuscheiden; außer dem Ost- und Westwinde habe ich nichts auf meinem Gewissen als allenfalls noch: »Hochbeglückt in deiner Liebe« und: »Sag du hast wohl viel gedichtet«; doch habe ich manches angeregt, veranlaßt und erlebt! Ich glaube dir das Original vom Westwind[5] versprochen zu haben, es ist zwar nur sehr weniges verschieden vom Abdruck, aber doch bezeichnend.

Nun mag denn dieses Blatt dir ein Frühlingsblatt scheinen und dich stürmisch begrüßen, denn hier weht ein Sturm, wie lange nicht.

Etwas hat mich in den letzten Tagen ergriffen, erschüttert, empört, das ist der Mord von Hinkeldey.[6] War denn

230

das nicht zu verhindern? Welche Schmach für die Stadt! Doch genug, grüße deine Altern und deine Schwester und behalte mich lieb.

M. Willemer.

[ *1* ] Den Ertrag der in Buchform erschienenen »Novellen« (Berlin 1856) verwandte Grimm zu einer Reise nach Wien, Venedig, Mailand und München, auf der ihn Joseph Joachim bis Mailand begleitete. Sie begann etwa am 10. Mai; gegen Ende des Monats wird Grimm in München eingetroffen sein. Aus Venedig gibt Joachim folgendes Stimmungsbild in einem Brief an Gisela: »Venedig machte mir zuerst einen düstern Eindruck... und die schwarzen Steinmassen, die öden Lagunen bei schlechtem Wetter, die schwarzen Gondeln und wir zwei schweigsamen Jünglinge darauf...« (v. 19. Mai 1856, J.J., 340). [ *2* ] Maximiliane von Weißenthurn, geb. Thomas (geb. 1825), verheiratet mit Ludwig Anton Frh. Franul von Weißenthurn (geb. 1811). [ *3* ] Johann G. C. Thomas (1785-1838). Vgl. Einleitung, S. 15 [ *4* ] Hermann Detmold (vgl. Anm. 4,5) starb 1856. [ *5* ] Grimm hatte das Gedicht an den Westwind als von Marianne gedichtet erkannt. Sie legte es erst ihrem Brief v. 21. Jan. 1857 bei (vgl. Anm. 81,2). [ *6* ] K. L. F. v. Hinckeldey, seit 1848 Polizeipräsident in Berlin, seit 1853 Generalpolizeidirektor. Unter ihm erfolgten viele Verbesserungen im Armenwesen. Weil er geringe Sympathie für feudale Privilegien hegte, verfeindete er sich mit der Adelspartei. Durch die Ausführung eines königlichen Befehls zur Schließung eines Berliner Spielklubs geriet er in einen Ehrenhandel und fiel am 10. März in einem Pistolenduell.


*78. Marianne von Willemer an Herman Grimm*
Frankfurt, 22. Mai [1856] [1]

Lieber Herman!

Nur wenige Worte aber vielen Dank für deine Novellen, die ich durch Sauerländer vor einigen Tagen erhielt; ich habe sie flüchtig durchgesehen, und nur die letzte war mir neu; diese verspare ich mir auf ein stilles Stündchen und schreibe dir dann sogleich. Ich freue mich darauf, brauche aber gewiß noch einige Tage, bis diese Stille bei mir eintreten kann, denn eben ist mir zu Mute wie einer Lerche, die gerne fliegen möchte, und immer vom Winde gezwungen ist dahin zu fliegen, wohin sie nicht mag; um aber doch die Richtung zu wissen, wohin ich wenigstens meine Worte senden soll, so schreibe mir doch nur mit einigen [Zeilen], wo du eben bist, wo du bleibst, und wo du sein wirst in der nächsten Zeit! Hast du noch deine Reise vor, oder traust du dem Mai noch nichts Gutes zu? Vielleicht macht es der Juni besser! Solltest du zufällig etwas von oder über Bartels wissen, so schreibe mir, ob er in Berlin ist, es hat sich jemand nach ihm erkundigt in der Absicht, ihm zu schreiben.

Alles fliegt aus in alle Welt, aber das arme Großmütterchen wird wohl nichts andres vorhaben, als auf 8 Tage nach dem Stift und später noch einmal etwas länger zu bleiben; doch kommt es darauf an, ob ich Lust genug erlange, denn die fehlt mir durchaus, oder ist mir doch sehr knapp zugemessen; desto weniger kannst Du mich der Windbeutelei beschuldigen, wenn ich dich versichere, daß ich oft dein gedenke und unverändert bleibe.

Das Großmütterchen
for ever.

[ _1_ ] Poststempel: 21. Mai 1856, Posteingangsstempel 22/5.


### 79. Marianne von Willemer an Herman Grimm

Frankfurt, 17. September 1856

Mein lieber Herman!

Erschrick nicht, wenn du meine Hand siehst, die du kaum wiedererkennen wirst, nicht als ob es mir möglich wäre noch schlechter zu schreiben wie gewöhnlich, aber weil es mir mit den Buchstaben geht wie mit den Schritten, ich muß sie langsam machen, um nicht auszugleiten, und die Unbehülflichkeit des Alters läßt sich nicht verkennen. Dies soll nun keine Entschuldigung sein, daß ich deinen letzten Brief so lange ohne Antwort ließ und deine letzte Sendung mit Undankbarkeit honorierte, aber ehe ich noch weiter in diesem Thema fortfahre, muß ich dir noch bekennen, daß ich anfange, auch die Gedanken so mühevoll zu ordnen, oder zu entwickeln, oder zu verbinden wie meine Schritte und Buchstaben, und daß du gewiß den Mangel an Odem merken mußt, den der gute Geist dem Menschen einblies, als ihn das Paradies aufnahm, und der auch meinen leiblichen Schritten in materieller Hinsicht zu mangeln beginnt. Ja, wenn du bei mir in meinem Stübchen säßest, so würde ein Wort das andre und dein Wort das meine geben, denn es gibt einen Magnetismus des Geistes, dessen Manipulationen nicht einschläfern, sondern erwecken und in Rapport setzen, was zu einem wirklichen Hellsehen stimmen kann, und diese Stimmung müßte ich haben, um mit dir über deine letzte Sendung zu sprechen, aber für Monologe habe ich nie Geschick gehabt, und jetzt werden sie mir gar nicht geraten. Dies diene zu meiner Entschuldigung, daß ich stillschweigend deine freundliche Gabe angenommen und verzehrt habe. Doch noch eines darf ich anführen: dein Brief aus Venedig ließ mich hoffen, du würdest vielleicht nach Frankfurt kommen, welche Hoffnung der letzte aus Berlin freilich vernichtet; allein es tauchte später ein Gerücht auf, du würdest mit deinem Vater nach Soden kommen, weil es ihm das letztemal so gut bekommen; mir sagte es die Schweitzer, woher die es hatte, weiß ich nicht, und da wußte ich, du würdest nach Frankfurt ins Stübchen kommen; später solltest du nach Ostende gegangen sein, auch einen schlimmen Fuß gehabt haben, und nun hörte ich vor 8 Tagen, du seiest auf Helgoland[1] gewesen und [würdest] sehr zufrieden mit deinem Aufenthalt sano e salvo in Berlin angekommen sein; daß ich meine Worte nicht so dem Winde preisgeben konnte, ist doch wohl zu entschuldigen, um so mehr, als ich lange gehofft hatte, sie, was man nennt, an den Mann zu bringen.

Ich will auch nur einige zu Papier bringen und damit anfangen, daß ich dir erzähle, wie günstig und anerkennend sich Hollweg[2] überhaupt geäußert, und wie er besonders die Novellen als sehr gelungen erkannte, obschon er gegen dein Gebaren in Venedig und mit Recht die größte Verwunderung aussprach und nicht begreifen konnte, wie ein Mensch wie du aus einem Munde warm und kalt blasen kann, wie es im Märchen vorkommt, aber bei dir nicht vorkommen sollte. Und daß dich Venedigs Traum und Erwachen so unbefriedigt ließ, wäre unbegreiflich, wenn ich mir nicht einbildete, dich zu begreifen und deswegen einen Begriff davon zu haben. Doch soll dies keineswegs zu deinem Lobe gesagt sein; ich verstehe damit auch manche Schatten in deinem Wesen zu beleuchten, die du wohl kaum erhellen magst. Doch genug und wieder zu den Novellen, und da ich die ersten alle kannte bis auf die Eva[3], die mich sehr frappierte, weil sich der Mann so ganz und gar und bis zur höchsten Ungerechtigkeit darin ausspricht, und wovon der friedliche innige Schluß ein Gefühl der Befriedigung gibt, die auch die andern brauchen könnten, wenn auch noch so tragisch endend. Und so komme ich denn an die letzte[4], die mir am besten gefallen, teils wegen ihrer schönen Landschaft – wohl eine Wiepersdorfische? – teils wegen ihrer Wahrheit aller Caractere und wegen ihrer schönen Diction. Ja schreiben kannst du, und wenn deine Sachen so organisch gebildet wären als sie im einzelnen vortrefflich dargestellt sind, so würde der unabweisliche Eindruck eines Meisterwerkes viel öfter und klarer auf den Leser einwirken können. Ich könnte mich darüber viel deutlicher aussprechen, wenn ich es auf das musikalische Gebiet leiten wollte, aber dies führt mich zu weit, und ennuyiert dich; diese Einheit und Ruhe, diese Klarheit und Notwendigkeit möchte ich sagen, die sich in den Mozartischen Hauptwerken im Don Juan bei aller phantastischen Behandlung der Umhüllung ausspricht, das ist es, was ich gerne als meisterhaft bezeichnen möchte, und dem du dich nach meinem unreifen Urteil am meisten in deiner so schönen Novelle Traum und Erwachen näherst. Ich finde, so oft ich sie lese, eine so schöne Übereinstimmung, ein so maßvolles Wesen, daß es mir den angenehmsten Eindruck hinterläßt, – nur kann ich mich nicht beruhigen, daß du die merkwürdige Scene mit dem Oberpriester bei der Mutter weggelassen. Sophie Schweitzer hat auch mit großem Interesse dein Buch gelesen und freut sich besonders über die religiösen Anklänge die vorkommen. Kurz ich glaube, du hast Ursache mit dem Erfolg zufrieden zu sein. Arnim[5], mit dem ich viel über dich gesprochen, wird dich von mir gegrüßt haben, er und alle, die uns kennen, wollen von mir ein Urteil und denken, es müßte ein durchaus für dich eingenommenes sein; das lasse ich aber nicht aufkommen, und so sage ich denn ganz offen meine Meinung, so wie ich sie dir gesagt und setze nur noch dazu, daß ich nicht hoffe, daß du nach dem langen Schweigen deine Gesinnung geändert und mir mit alter Treue anhänglich geblieben bist. Und so grüße mir auch deine Familie und schreibe mir etwas von Helgoland. Und bedenke, daß ich krank bin. [Innenrand der dritten Seite:] Ich muß mich hier unterschreiben, da da unten ist kein Platz.

*also das alte Großmütterchen.*

[ *1* ] Herman Grimm hielt sich im August wegen eines plötzlich ein-
getretenen partiellen Rheumatismus auf Helgoland auf. Die Ge-
rüchte einer Reise nach Bad Soden oder Ostende trafen nicht zu.
[ *2* ] Moritz August von Bethmann-Hollweg (1795-1877), der spätere
preuß. Kultusminister. [ *3* ] Unter dem Titel »Gedicht« im Morgenblatt Nr. 10, 1856; überschrieben »Eva«, in: Novellen, 1856. Die
2. Aufl. des Novellen-Bandes 1862 enthielt keine Gedichte, sie wurden erst wieder in die 3. Aufl. 1897 eingefügt. [ *4* ] »Der Landschaftsmaler«, in: Novellen, 1856. [ *5* ] Marianne hatte irrtümlich »Achim
Arnim« geschrieben und »Achim« dann wieder gestrichen. Sie
meinte vermutlich Freimund v. Arnim – dessen Sohn Achim war zu
dieser Zeit erst 8 Jahre alt.

## *80. Marianne von Willemer an Herman Grimm*

Frankfurt, 8. Dezember 1856

Mein lieber Herman!

Vor allem habe ich dir zu danken, daß du an mich gedacht, und mir dein Gedicht[1] in dem Morgenblatt gesendet, oder vielmehr den Anfang dazu; ich kann den
Eindruck, den es auf mich machte, mit einem Worte bezeichnen, indem ich sage: es ist ein Meisterwerk! Dieser
Ausspruch kann dir freilich von mir nicht wichtig genug
scheinen, aber ich glaube doch, es muß auf jeden Unbe-
fangenen, wieviel mehr auf jeden Dichter den Zauber
ausüben, der in der herrlichen Sprache, in der vollendeten Diction und in der großartigen Aufstellung der Caractere und Schilderung der landschaftlichen Gegenstände
liegt. Was die Durchführung des ganzen Werkes erfordert,
ist freilich noch im Zweifel, wenigstens mir, aber die Exposition ist so vortrefflich, daß ich es nicht so verstehe, als
ob ich zweifelte an der Ausführung, sondern nur, weil ich
sie noch nicht kenne. Du wirst doch das Ganze bald her-
ausgeben, ich freue mich sehr darauf. Es wird dir viel
Ehre machen. Von der Clytemnestra des Tempeltey[2] habe

ich ein Urteil in der Allgemeinen Zeitung gelesen, sonst nichts darüber gehört. Überhaupt scheint mir jetzt der rechte Punkt gekommen, um auch über mich und mein Verschulden gegen dich etwas zu sagen; ohne mich auf Entschuldigung einzulassen, will ich dir ganz einfach erzählen, wie es mir ergangen. Im August war ich 14 Tage auf dem Stift. Doch das weißt du wohl; dann war ich auf dem Punkte, meine Wohnung zu verlassen, um eine andre zu beziehen, die ich viel hübscher fand, aber alle andern Leute nicht; das war schon kein kleiner Kampf in mir, der damit aufhörte, daß ich vorderhand bleibe, wo ich bin; dann starb mir ein liebenswürdiges Kind, die bei der Schweitzer in Soden gewohnt und krank nach Frankfurt kam und nicht mehr gesund wurde, eine Tochter von Steinle, schön, talentvoll, anmutig, ich kann sie noch nicht verschmerzen. Dann ging ich noch einmal auf das Stift, vom 20ten Okt. bis 23ten Nov.; dort feierte [ich] meinen 72ten Geburtstag und wollte dir jeden Tag schreiben, aber es kam nicht dazu. Dann empfing mich hier die Todesnachricht eines Enkels, der in Prag gestorben war; eine Verwandte von mir hatte sich beinahe totgefallen auf der Kellertreppe und Sophie Schweitzer ist so krank, daß man an ihrem Aufkommen zweifelt; du kannst dir denken *wie* krank, da ich die Claudine noch gar [nicht] gesehen habe, da sie nicht von ihr weg kommt. Du siehst daraus, wie freudvoll und leidvoll meine Tage sind, so daß alles Litterarische und Musikalische mir fern bleibt und ich Gott danke, wenn ich wieder ausgehen darf; denn ich bin zum Überfluß wie ein Stock gefallen über den Teppich in meinem Zimmer und habe mir die Kniescheibe wund gefallen, die mich heute ganz barbarisch schmerzt; dabei ist ein Wetter wie im Frühling, und ich kann nicht fort, trotzdem die Weihnachten vor der Türe sind; ach, das Alles ist um die Wände hinaufzulaufen. Dann sind gute Französische Truppen hier, das berühmte französische Quartett. Morgen eine vortreffliche Aufführung von Haydns Jahreszeiten, und ich sitze ohne Geduld in meinem Stuhl, und wahrscheinlich habe ich das Glück, morgen zu Bett zu liegen. Wenn [ich] dir geschrieben, werde ich zu meiner Erquickung nochmals deine Cimbern lesen und im Gefühl deiner Vollkommenheit meine Unvollkommenheit zu vergessen suchen.

Das Bildchen kann ich dir nicht senden, ich habe es den Kindern versprochen[3], aber die versprochenen Blätter aus dem Divan, im Original und mit der Hand, die ich damals schrieb. Der Anfang dieses Briefes, den ich gleich nach dem Durchlesen deiner Sendung schrieb, wird dich überzeugen, daß [ich] im Fieber war; du siehst, daß ich mich wieder beruhigt, und meine Handschrift demgemäß wieder leserlich ist, aber die Ansicht ist dieselbe und wird sie auch bleiben, wenn ich das Gedicht nochmals gelesen. Über die Novellen ein Nachträgliches, wenn ich wieder schreibe, ich habe sie eben wieder einem jungen Mann aus Heidelberg gelehnt. Leb wohl, verzeih, behalte mich in gutem Andenken und grüße Deine Leute

vom

armen

*Großmütterchen*

[ *1* ] »Die Cimbern und Teutonen«; vgl. Anm. 75,2. [ *2* ] Das Drama von Eduard Tempeltey »Klytämnestra« wurde am 14. April 1857 im Münchner Hoftheater gegeben, dann ohne Wiederholung abgesetzt. [ *3* ] Vielleicht die Miniatur, die Marianne als junge Frau zeigt; vgl. Frontispiz und Einleitung S. 42 und Anm. 36.

Frankfurt, 21. Januar 1857

Du wirst vielleicht darüber lächeln, liebster Herman! daß ich den Versuch mache, dir in diesem Jahr noch einen guten Wunsch zu senden, verwahre mich aber im voraus, daß du ihn nicht zu erwidern brauchst, es würde dir auch eine schwere Aufgabe sein, denn so schlimm ist es mir noch in keinem Jahr gegangen. Seit Weihnacht und wohl schon früher habe ich das Gefühl meiner werten Person in so hohem Grad, daß sie mir anfängt unerträglich zu sein. Das heißt mit ganz schlichten Worten, ich bin krank und bin es mir bewußt. Daß auch durch sonderbares Zusammentreffen meine Hausordnung gestört wurde, das kann ein Großmütterchen nicht mehr gut vertragen; ich bin nicht mehr so leicht wie sonst, wo sich der Vogel auf den Ast setzte, und wurde dieser geschüttelt oder geknickt, auf einen andern flog. Zudem singt er nicht mehr, und das macht die Sache schon schwieriger. Doch still von all dem Ballast, den ich nur leider nicht auswerfen kann, im Gegenteil noch immer wachsen sehe, und die Reise ins gelobte Land doch durchsetzen muß. Claudine hast du doch wohl gesehen, seit sie zurück ist, sie wird dir von Schweitzer[1] erzählt haben. Kann ein Mann, und ein solcher Mann, einen so tiefen Schmerz fühlen um den Verlust einer Frau, die ihm so unähnlich war? die er gewiß liebte, aber auch ertrug, wie man eine Kranke duldet; es ist wunderbar, wie die Gewißheit des Verlustes alle Gefühle steigert und der Tod eine Liebe zum Bewußtsein bringt, die so lange fast unentwickelt war. Vielleicht hat Claudine auch einiges von mir erzählt, wenn sie dich überhaupt schon gesehen; es war meine Absicht, dir dieses Briefchen durch ihre Vermittlung zu senden, aber ich brachte es nicht zur Ausführung, weil ich noch unbeweglich war, und sie nicht mehr zu mir kommen konnte. So sende ich es denn auf seine eigne Füße gestellt und zugleich jene Strophen, die du von mir verlangtest. Es ist doch nur eine einzige, die G[oethe] verändert hat, und ich weiß wirklich nicht warum, ich finde die meine wirklich schöner.[2] Um nun deine Erwartung nicht allzusehr getäuscht zu haben, schicke ich dir noch einige Blättchen mit, die damals den Hauptreiz unseres Briefwechsels bildeten, wo das *Geheimnis*, ein wesentlicher Bestandteil, nicht fehlen durfte. Die bezeichneten Stellen sind aus dem Divan von Hafis, den du entweder selbst hast oder leicht verschaffen kannst.[3] Die Nummern, das heißt die bezeichneten Seiten, die ich dagegen sandte, müssen verlorengegangen sein, ich habe sie mit meinen Briefen nicht erhalten; doch ein schönes Gedicht, aus jenen einzelnen Strophen verbunden, und was anfängt: Dir zu eröffnen mein Herz verlangt mich... und weiter: Ich habe keine Kraft, als die im Stillen ihn zu lieben... habe ich zwar später erhalten, aber auf unbegreifliche Weise verloren; es steht auch nicht unter den gedruckten Sachen, vielleicht entdeckst du es irgendwo.[4] Wenn du nun im Divan das schöne Gedicht: *Geheimschrift* Laßt Euch o Diplomaten – – [liest], so ist es für dich keine Geheimschrift mehr[5], und ich habe dir wieder einiges aus der glücklichsten Zeit meines Lebens mitgeteilt. Warum ich es aber just heute abend tun muß, wo ich schon seit einer Stunde mit schlechten Federn und noch schlechterer Dinte kämpfe, das kommt daher, daß mir ein Freund, dem ich deinen Aufsatz im Morgenblatt mitteilte, und dem ein Urteil zusteht, mit großem Lob davon sprach, und dein poetisches Talent sehr hoch stellte. Dies hat mich so aufgeregt, daß ich mir vornahm, dir sogleich zu schreiben und die Einlage, die ich schon einige Tage früher gesucht, mitzuschicken. Ich weiß nicht, es treibt mich ein Gefühl, daß ich nicht mehr lange an dich schreiben kann, das Versäumte einzuholen, und so möge einstweilen dies Blatt den Anfang machen. Grüße deine Angehörigen recht freundlich von mir, auch die Giesel, und wenn die Bettine etwas von mir wollen [!] will, auch diese; bleibe mir treu und verschwiegen, und gedenke des

Großmütterchens

M. W.

Da es doch ungewiß ist, ob du den Hafis besitzest, so sende ich dir das Blättchen mit, das jene von mir bezeichneten Stellen enthält, und auch einige von G[oethe]. Es ist eine Spielerei, ich weiß es wohl, und du wirst es nachsehen, daß ich dich damit langweile.

Guten Morgen.

[ *1* ] Sophie von Schweitzer war am 24. Dezember 1856 gestorben; ihren Mann, Karl Franz von Schweitzer, charakterisiert Grimm wie folgt: »Der Senator von Schweitzer war ein angesehener Mann ... Am wohlsten war ihm, bis in seine letzten Tage hinein, wenn er mit seinem Hunde als einsamer Jäger die Wälder durchstreifte. In heute kaum noch verständlichen Zeiten, wo die Beschäftigung mit Goethe nicht eine öffentliche Wissenschaft, sondern die in der Stille geübte Liebhaberei weniger Männer in Deutschland war, zählte er zu den eindringendsten Goethe-Kennern. Ich habe den Band der Gedichte in Händen gehabt, in dem er die Stellen des Horaz eingetragen hatte, die mit Gedanken und Versen Goethe's ihm in Zusammenhang zu stehen schienen.« (Grimm 1896, 139 f.) Der Sohn Rudolph, der in Berlin studierte, schrieb Grimm am 9. 1. 1857: »... die Mutter hat Dir u. Deiner Tätigkeit immer eine so warme Teilnahme bewahrt ... Du hast ... ihren hohen Sinn gekannt u. kannst Dir wohl denken, wie mit ihr die Seele aus dem Hause geschieden ist u. wie es nun öde u. leer ist.« (StA MG Br 4932). [ *2* ] Herman Grimm beschreibt diese Beilage (Gr 1869, 277): »... ein Blättchen, auf dessen einer Seite: Ostwind Wiedersehn d. 6. 8ber 15. [steht] ... Goethe hatte die vierte Strophe ins Leidenschaftliche verändert und nicht zu ihrem Vorteile, scheint mir. – Auf der andern Seite des Blättchens: Westwind Rückkehr von Heidelberg Oktober 1815 ... Goethes Änderungen sind hier unbe-

deutender Art.« Dieses Blättchen ist verschollen. Auf die von Weitz, S. 604 ff., angestellten Überlegungen zu den Handschriften und den Datierungen kann hier nicht eingegangen werden. [ 3 ] Die beiden von Marianne beigelegten Chiffernbriefe Goethes teilt Grimm in seinem Essay mit (Gr 1869, 280). Wie Marianne in der Nachschrift zu ihrem Brief ausspricht, hat sie dann doch auf einem weiteren Zettel die Auflösungen selbst gegeben. Grimm führt nur die ersten sechs Zeilen an, vollständig bei Weitz, S. 344 f. u. 328 ff. [ 4 ] Zum Chiffernbrief Mariannes, aus dessen Anfangsteil Goethe das Gedicht »Dir zu eröffnen...« formte, bemerkt Grimm (Gr 1869, 280), daß Marianne, obwohl sie es – wie sie schrieb – im »Divan« nicht entdecken konnte, dennoch die Seiten 393-396 auf dem beigefügten Chiffernbrief Goethes notiert hatte. – Es steht in den »Noten und Abhandlungen zum Divan« im Abschnitt »Chiffer«. (Die Auflösung von Mariannes Chiffernbrief bei Weitz, S. 346 f.). [ 5 ] In dem Gedicht »Geheimschrift« verrät Goethe, daß Marianne es war, welche die Chiffernbriefe zuerst anwandte.


## 82. *Marianne von Willemer an Herman Grimm*

Frankfurt, 10. April 1857

Mein lieber Herman!

Gestern erhielt [ich] deinen Brief mit dem sehr willkommnen Emerson[1], und obschon es heute Charfreitag ist, so kann ich nicht einen Tag länger warten, um dir für alles zu danken, was du mir so liebenswürdig und freigebig in verschiedenen Sendungen zugedacht; wenn ich nicht irre, so habe ich im Morgenblatt schon einige Bruchstücke von deiner Übersetzung gelesen. Ich habe natürlich das Büchlein noch nicht einmal aufgeschnitten, aber ich freue mich sehr darauf, und will es morgen zu einem Auferstehungs-Fest des Geistes mitfeiern. Ebenso viele Freude hat mir dein Prometheus[2] gemacht, der wirklich großartig aufgefaßt, und wobei die Örtlichkeit, die großartige Schilderung des Schauplatzes, mir ganz besonders gelungen scheint. Freilich ragt der Titane hoch über den Gott, den du eigentlich einen guten Mann sein läßt, aber eben dieser Contrast macht sich gut; und ich fühle auch eine echt weibliche Genugtuung, daß diese liebenswürdigen Oceaniden sich zu ihm aufschwingen; du hast es so schön geschildert, wie sie an dem Felsen hangen, wie mild ist die ganze Erscheinung und nach der furchtbaren Qual so kühlend und heilend wie Quellen, die seine brennende Wunde besänftigen. Ja, lieber Herman, dies hat mich fast selbst erquickt und dient dazu, die großartige herbe Erscheinung des erbarm[ungs]losen Adlers zu mildern; die lieblichen Mädchen schweben wie Tauben um den trotzigen, großartigen Dulder, ebenso hülflos aber auch ebenso unermüdlich Hülfe bringend. Kurz, das Bild ist meisterhaft: der Fels, die Woge, die Tiefe, der *bebende* Felsen, der Adler, der Sturm, der Gesang der Oceaniden, die Feuer! Es ist dir sehr gelungen. Sehr schön ist auch Homer![3] ja sehr schön! man könnte dich beneiden über den Gedanken: Alles Irdische ist vergänglich; aber unsterblich schwebt das Wort des Genius über den Gräbern und erweckt die Toten.

Warum ich dir nicht früher schrieb, warum nicht nach der ersten Sendung, das will ich dir ehrlich sagen; dein Verlorenes Spiel[4] hat mir keinen guten Eindruck gemacht, ich konnte dir nichts oder wenig darüber sagen, es ist eine pathologische Geschichte; alle leiden, und der unbegreifliche Gatte ist wirklich fieberkrank. So schön es geschrieben ist, so bin ich überzeugt, daß es peinlich anzusehen ist, und je besser gespielt, je entschiedner die Wirkung. Ich hatte das Gefühl beim Lesen, als wenn mir jemand etwas weniges den Hals zudrückte. Das ist nun freilich individuell, aber auch die Rezension, die du mir mitschicktest, konnte mich nicht eines besseren belehren, und ich habe dich nicht verstanden; denn dies verfehlte

Motiv gab kein Zeugnis von dir und deinen Gedanken, die du im Herzen hegst, bis sie Worte werden. Doch genug und verzeih!

Du hast nicht nötig dich zu entschuldigen; was und wie du mir schreibst, es ist mir immer recht und lieb. Da die Claudine jetzt in Berlin ist, so sage ihr die herzlichsten Grüße, und mein nächster Brief soll die Antwort auf den ihren sein; sage ihr noch, daß ich diesen Winter nichts tauge und fast immer etwas zu klagen habe, dies einstweilen a conto, nächstens ein mehreres; ihr lieber freundlicher Brief hat mich sehr gefreut.

Daß ich dich vergesse, brauchst du nicht zu meinen, es wäre curios! –

Sei so gut und schreibe mir doch, wer die Novelle: Chatterton[5] geschrieben und das Leben der Helmina Chezzi[6], das mich sehr amüsiert und interessiert, da ich sehr viele Leute jener Zeit persönlich kannte. Wird es wohl herauskommen? ich möchte es mir gerne kaufen, es taucht eine Welt von Erinnerungen für mich darin [?] auf, obschon ich sie persönlich nie gesehn.

Nun Glück zu den Ostertagen und sende mir bald wieder etwas, gedenke mein und grüße die arme Bettine und ihre Töchter, aber auch deine Angehörigen von deinem

treu ergebenen Großmütterchen

[ *1* ] Ralph Waldo Emerson über Goethe und Shakespeare. Aus dem Englischen nebst einer Critik der Schriften Emerson's von Herman Grimm, Hannover 1857, 115 S. [ *2* ] Prometheus. Gedicht, Berlin, Februar 1857, in: Morgenblatt Nr. 14, 1857. [ *3* ] Homer. Gedicht, Berlin, 14. Januar 1857, in: Morgenblatt Nr. 7, 1857. [ *4* ] Das Stück wurde am 20. Januar 1857 im Königstädtischen Theater in Berlin aufgeführt (laut Theaterzettel, StA MG Dr 448). Eduard Devrient, Schauspieler und Schauspieldirektor: »Die Prätension der Darstellung eines abgeschmackt ernsten Stückes vom jungen Grimm, war

armselig, obschon Frau Wallner gute Haltung des höheren Tones zeigte.« (Briefwechsel E. u. Th. Devrient, Stuttgart 1919, S. 266.) [ 5 ] Alfred de Vigny, Chatterton. Paris 1835. [ 6 ] Wilhelmine von Chézy (1783-1856), Unvergessenes, 2 Bde., Leipzig 1858.

## 83. Herman Grimm an Marianne von Willemer

Rom, 13. juni 1857

Liebstes großmütterchen

undank ist der welt lohn. nachdem du mich mit geld und tröstlichem zuspruch ausgestattet, bin ich davon gegangen und habe nichts wieder von mir hören lassen. es sind über 6 wochen her, es ist kaum glaublich. da es nun aber einmal so ist, will ich nur gleich sagen, daß mich diese reise entzückt und daß ich seit dem momente, wo ich in Marseille das schiff betrat, eine reihe von tagen und nächten erlebt habe wie niemals in meinem leben. ich fühle endlich, daß es einen fleck erde gibt, wo man glücklich sein könnte, und soviel ich es sein kann, bin ich es gewesen. man kann seine natur nicht ändern, ich kann zudem nicht lügen und mir einbilden, ich wäre anders und könnte anders werden, aber im ganzen habe ich soviel herrliches gesehn und genossen, daß es eine undankbarkeit wäre, es nicht auszusprechen.

Paris hielt mich 5 tage mit genauer not, es mißfiel mir dort. durch Frankreich rutschte ich dann in einem strich und fand in Marseille gerade ein schiff, das mich mitnahm. es war ein kleines, rasches, allerliebstes fahrzeug. 5 passagiere und ein charmanter capitän. wir fuhren einen tag und eine nacht an der küste entlang, blieben den tag in Genua, den zweiten in Livorno und kamen am dritten in Civitavecchia an. da war ich bald in Rom und was ich seitdem täglich sah, das volk, den himmel, die fernen berge, die kunstwerke, alles zusammen spann mich zuzeiten mit einem zauber in goldne netze ein, von denen ich niemals träumte. am meisten fesselte mich doch das wesen der leute, die grazie, die beweglichkeit, das unerschöpfliche leben, dann die kunstwerke. ich kann davon nicht erzählen. du kennst das alles oder wirst es durch mich nicht kennen lernen; aber hier zu leben, ruhe im herzen, ohne gedanken an zukunft und vergangenheit, muß ein himmlisches gefühl sein. wie ich dir sage, zu zeiten erfaßte mich eine ahnung und die beglückte mich schon bis in die tiefste seele. vielleicht komme ich in späteren jahren einmal von neuem her und erfasse dann alles von grund aus, an dem ich nur vorüberging und vorübergehe. ich wohne auf dem capitol. ich habe die kaiserpaläste, den Aventin, ein stück Tiber und die gebirge vor den augen im weiten umkreis. unter mir blühte der wein, jetzt fängt ein oleanderbusch an sich zu röten. übermorgen früh fahre ich ab nach Siena, wo ich einige tage bleibe vielleicht, und von wo mich die eisenbahn rasch nach Florenz bringt. da bleibe ich dann vier wochen. wenn die verlaufen sind, gehe ich nach Livorno und schiffe mich nach Neapel ein; wie lange ich dort bleibe, weiß ich noch nicht, ich denke von dort aber nach Genua zu fahren und durch Savoyen und die Schweiz zurückzukehren.

das sind nun meine erlebnisse und meine pläne. was mir fehlt sind menschen. ich habe deutsche künstler hier kennen gelernt, keine wohltat. ein paar junge leute, die ich die erste zeit hier sah, finde ich jetzt in Florenz wieder. ich müßte ein dutzend um mich haben; ich bin noch zu jung, um auf die länge alle strahlen auf mich selbst zurückzuwerfen und doch zu alt, um ohne unterschied mich dem ersten besten zuzuwenden. vor 10 jahren hätte ich hier wohl mein leben anders genossen, doch ich will zufrieden sein, wie ich es jetzt genießen darf, es ist immer noch viel mehr, als ich verdiene.

augen und alle sinne schärfen sich in diesem paradiese der kunst wunderbar. man darf getrost alles geringere überschauen und findet noch genug von dem, was zu dem höchsten und schönsten zu zählen ist, das menschlicher geist durch menschliche hände geschaffen hat. Rafael und Michelangelo lernt man begreifen, und unzählige andere, die von ihnen inspiriert sie begleiteten. was für ein gedanke, daß so zwei männer mit zwei händen alles allein taten, daß sie für jahrhunderte arbeit schafften und millionen sich an ihnen erwärmten. sie haben der stadt und von hier aus der ganzen neueren kunst den stempel ihres geistes aufgedrückt. in Florenz werde ich noch mehr sehn von dem, was sie taten.

ich schreibe dir von dort aus und bitte dich, meine sünden zu vergessen und mir böses mit gutem vergeltend dahin zu schreiben. poste restante heißt das hotel, in welchem mich deine briefe finden. lebwohl und behalte mich lieb

dein Herman.

Grüße den Schweitzer[1] recht herzlich von mir. den mittag, den ich mit ihm zusammen war und der abend, an dem er mich besuchte, rechne ich zu dem wenigen, was ich in Frankfurt liebes erlebte. das übrige sind die stunden mit dir und bei dir.

[ 1 ] Karl F. von Schweitzer (vgl. Anm. 81,1).

Frankfurt, 15. November [1857]

Mein lieber Herman!

Deinem Wunsch zufolge schreibe ich dir *sogleich* nach Empfang deiner interessanten Sendung, ohne mir mehr als einen flüchtigen Blick nach dem Inhalt des Päckchen erlaubt zu haben. Ich danke dir recht herzlich, daß du so bald an mich gedacht und mir die Freude machen wolltest, mit von den ersten zu sein, die das vielbesprochene Buch[1] zu sehen bekommen. Ich weiß die ganze Leidensgeschichte der armen Giesel[2] so ausführlich als möglich durch meine Enkeltochter Lersner[3], die mit Bettinen und Armgart zusammen in Teplitz war, und zwar Giesel nicht oft gesehen, aber durch Armgart, die wie ich es dankbar erkennen muß sehr herzlich und liebevoll gegen sie war, vieles über Giesels Zustand erfuhr, was wohl Bedenken machen konnte; sie hat sich auch ganz offen dahin ausgesprochen, daß für diese ein längerer Aufenthalt in dem kalten Böhmen von großem Nachteil sein dürfte. Und so ist denn durch die Lersner auch manches den hiesigen Verwandten bekannt [ge]worden, doch hat Armgart nie auch nicht mit einem Wort von eurer Anhänglichkeit gesprochen, und die Lersner wußte durchaus nicht, wer der Freund war, der mit dem Bruder [Friedmund] in Töplitz angekommen. Du kannst also dich ganz darauf verlassen, daß von allem, was du mir über Giesels Leidenszustand schreibst, ich niemand etwas sage, da ich schon alles gewußt und von andern gehört hatte; doch begreife ich vollkommen, daß du nicht wünschest, Mitteilungen gemacht zu haben. Ich fürchte nur, daß sie noch lange an diesem nervösen Leiden zu tragen hat, denn ich hörte schon vor mehreren Jahren nach dem Ausspruch eines Arztes, daß sie durch Mangel an Aufmerksamkeit und Pflege in einem so verwahrlosten körperlichen Zustand sei, wie er ihm bei einem Mädchen von diesem Alter noch nie vorgekommen. Dies schreibe ich aber auch nur für *dich alleine*, der sich wieder so treu und aufopfernd bewährte. Du hast wirklich alles mögliche getan: die anstrengende Reise, der Abschied von *Rom*! in dieser Jahreszeit! und nach Berlin! Du bist wirklich ein herzguter Mensch.

Es freut mich so recht aus Herzensgrund, daß es dir wohl wurde in dem herrlichen Land. Und ich verschmerze jetzt gerne, was du mir früher über Venedig gesagt; erwidre nicht: Venedig ist kein Rom! das ist gerade, als wolltest du mir sagen, Mozart ist kein Palestrina, oder kein Gluck, oder kein Beethoven, aber unvergleichlich. Du warst eben damals übler, kalter Laune, und Rom hat dir die Seele erwärmt; du warst viel in Albano? Ach, wie alle diese Namen dieser Orte wie helle Funken in meine dämmernde Seele leuchten! Denn wirklich beginnt ein nächtlicher Schatten mein Gemüt, ich will nicht sagen zu verdunkeln, aber die günstige Beleuchtung, wie sie die Maler gerne haben, die stellt sich seltner ein; umso willkommner ist sie auch. Du hast mir diesen Morgen durch deine Sendung ein Lichtchen angesteckt, und so schreibe ich noch bei Licht, damit du nicht zweifelst, ob ich sie zur rechten Zeit erhalten. Beinahe hätte sie mich nicht zu Hause gefunden, ich wollte diesen Morgen um 10 Uhr nach Heidelberg, mein Beschützer hat mich aber sitzen lassen, und nun weiß ich nicht, ob ich noch reise; damit du aber weißt, daß ich nicht aus Übermut noch so späte Ausflüge wage, so will ich dir nun noch sagen, daß es mir recht übel geht, ich habe auch solche Beklemmungen oder Herzkrämpfe und Atemmangel, daß ich nach Luft schnappe wie ein Fisch auf dem Sand. Ich denke, wenn es wieder mehr Wasser gibt, wird es auch mir wieder besser. Kann ich es so weit bringen, so gehe ich nun doch vielleicht den Mittwoch an den Neckar. Deine Gedanken mögen mich nun dort aufsuchen, wenn sie mich dort nicht finden, werden sie schon von selbst umkehren.

Wenn es die Giesel vertragen kann, so grüße sie von mir recht herzlich und sage ihr, wie ich an ihrer Genesung mich erfreue, auch Armgart danke in meinem Namen, daß sie meiner armen Nanny[4] soviel Teilnahme bewiesen. Dann sage deiner lieben guten Mutter, daß ich ihrer gedenke in treuer Anhänglichkeit und vergiß deine beiden Väter nicht bestens zu grüßen, auch die Schwester und wenn es dir nicht zu viel Mühe macht, kannst du vielleicht erfahren, ob Bartels wieder in Berlin angekommen ist und wo er wohnt.

Nun lebe wohl und vergiß nicht dein

treues Großmütterchen
*M. Willemer.*

[ *1* ] Gisela von Arnim, Dramatische Werke. Bd. 1: Ingeborg von Dänemark. Das Herz der Lais; Bd. II: Trost in Thränen. Bonn 1857.
[ *2* ] Vgl. die ausführliche Darstellung in der Einleitung, S. 35 ff.
[ *3* ] Maria Anna Lersner, geb. Thomas (1821 - 1867), Mariannes Patenkind. [ *4* ] S. o., Anm. 3.


*85. Marianne von Willemer an Herman Grimm*

Frankfurt, 21. Dezember 1857

Mein lieber Herman!

wie geht es denn bei dir? ich habe so lange nichts von dir gehört, daß ich ordentlich ängstlich bin zu fragen, wie es der Giesel geht. Obschon in deinem letzten Brief von fortschreitender Besserung die Rede ist, so sind wir hier in Frankfurt in einer Stimmung, die nicht viel Gutes hoffen läßt; die halbe Stadt ist krank, und alles wird mit dem verhängnisvollen Namen Grippe bezeichnet, es mag ein

Übel sein, von welcher Art es auch immer sei. Daß sich Leidende bei dieser Giftluft erholen können, glaube ich nicht; vielleicht bist du auch selbst krank, diese Sorge bestimmt mich, dir in der Weihnachtszeit zu schreiben, wo ein Großmütterchen nie weiß, wo ihm der Kopf steht. Ich möchte dir auch sehr gerne etwas schicken, woran du Freude haben könntest, aber ich habe nichts als ein Gedächtnis, daß beifolgende Bücher noch für dich eingewickelt in meinem Bücherschrank liegen, und daß du sie gerne haben wolltest; da ich nun nicht weiß, wie lange das, was ich habe, noch mein ist, so schicke ich sie dir, nicht als Weihnachtsgabe, aber einstweilen bis ich etwas besseres finde.

Deine Sendung[1] war freilich etwas besseres; sie hat mir große Freude gemacht; und zwar auf doppelte Weise, durch die Überraschung und Befriedigung; ich habe vieles über diese Arbeiten gehört, und einiges, was sie über Shakespeare stellte, das spannte meine Erwartungen *nicht*, wie du dir denken kannst, es stimmte sie herunter, und deshalb fand ich mehr, als ich suchte und war überrascht. Erwarte nicht, daß ich ausführlich darüber schreibe, wenigstens jetzt nicht; ich glaube dir schon gesagt zu haben, daß mich das Schreiben an und für sich müde macht und angreift; wenn du bei mir in meinem Stübchen säßest und die Bücher auf dem Tische vor uns, so würde ich mich dir verständlich machen können; so viel kann ich wohl versichern, daß das Schönste und Edelste manchmal so rein und naturgemäß hervortritt, daß man gerührt, erhoben und erschüttert wird; ich spreche ganz besonders von Ingeborg, wo auch besonders die Caractere gelungen sind. Bonved nicht, auch nicht durchaus St. Pierre; wo er im Korb steckt, diese Scene ist mir eigentlich widrig, auch die Advokaten Scene; Nebel ist teilweise sublime, aber nicht einfach genug, um ergreifend zu sein, und das sollte und könnte er; ganz gelungen ist die Christel, so treu, so wahr, so liebenswert. Auch kleinere Rollen sind sehr gelungen, so der Bischoff Stephan; die beiden französischen Gesandten, und auch Philipp August, doch seine Umstimmung für Ingeborg durch St. Pierres Worte – das versteh ich nicht. –

Bonveds letzte Scene mit Ingeborg ist wundervoll! und würdevoll ihr Abschied. – Doch genug, das nächstemal mehr, auch über Lais, ihre Entführung durch Nero, wahrhaft classisch, wie ein antikes Basrelief, aber unerträglich ist es, wenn sie ihn Nerochen! nennt, besonders für eine Frankfurterin, – so fehlt oft die Einheit und das Maß, aber dennoch ist es bewundernswert.

Deine Arbeit[2], die du mir beilegtest, hat nun beides in vollem Sinn, und ich habe lange nichts gelesen, was mir so klar und ruhig vor die Seele trat; der ganze Michelangelo stand immer vor mir und sonderbar, es war, als wenn er sich in einem klaren See spiegelte, aber sein Spiegelbild war Beethoven, ich konnte sie am Ende nicht mehr trennen. Du schreibst sehr gut, dein Stil ist kernhaft, gedrängt, gedankenvoll, männlich! es hat mir viele Freude gemacht, dich würdigen zu können, dich zu verstehen.

Nun muß ich aber aufhören. Ich schrieb mehr als ich wollte und konnte, die Augen sind müde. Laß mich bald hören, wie es euch geht, und gedenke des

*Großmütterchens*

auch Bettine und Armgart grüße von mir und die Deinen!

Es versteht sich, daß ich nur für dich schreibe, ich überlasse es deiner discretion.

[ *1* ] Gisela von Arnim, Dramatische Werke (s. Anm. 84,1). [ *2* ] Herman Grimm, »Raffael und Michelangelo« (s. Einl. S. 33 und Anm. 17).

*86. Marianne von Willemer an Herman Grimm*

Frankfurt, 22. Februar 1858

Mein lieber Herman!

Du hast so lange nichts von dir hören lassen, daß ich es als Entschädigung mir gefallen ließ Joachim zu hören! und zwar nur auf die Weise, wie es für mich möglich war. Er kam den Donnerstag in Frankfurt an, blieb den Tag über bei Louis Brentano, wollte den Freitag im Museum spielen und den Samstag wieder abreisen. Er war so liebenswürdig nach mir zu fragen, da es ihm nicht möglich wurde, mich zu besuchen; es versteht sich von selbst, daß er der armen Marie [Brentano] angeboten, den Donnerstag Abend ihr alles zu spielen, was sie wünschte; so ließ sie mir denn sagen, ich möge auch kommen. Aber ich war in großer Betrübnis, ob ich es mir erlauben könnte; am Dienstag Abend brachte mir meine Tochter Max Andreae die Nachricht von dem Tode ihrer Schwiegertochter[1] die am selben Tage vermittelst Telegraph eingetroffen; die hübsche junge Frau war im Wochenbette gestorben, und hinterläßt 3 Kinderchen dem ganz verzweifelten Witwer. Ich war sehr bestürzt und kämpfte lange mit mir, ob ich es annehmen dürfte; aber nachdem ich gehört, daß niemand Fremdes dort sein würde, konnte ich nicht widerstehen und hörte ihn! Es war der reinste Genuß, den ich seit langer Zeit gehabt, und ich verdanke ihn dir allein, ohne *seine* also *deine* Mitwirkung hätte mir Marie nichts sagen lassen, denn außer Mathilde [von Guaita] und Josephine Brentano war niemand von der Familie da. Also mein Freund! ich danke dir! ins Museum hätte ich nicht gehen können; und so bleibt mir der Eindruck für mein ganzes wenn auch kurzes Leben. Ich konnte ihm nur wenige Worte sagen, denn es wollte ihn jeder gesprochen haben, aber sein Wesen gefiel mir sehr gut: er ist schlicht, einfach, und hat etwas sehr gemütliches, er gleicht, ich weiß nicht wie und warum, dem Wilhelm Schweitzer.[2] Er war so freundlich, mir zu versprechen, im Fall er den Samstag noch bliebe, mich zu besuchen, aber er reiste schon um ½ 7 morgens ab. Du wirst es natürlich und begreiflich finden, daß sich dies Blatt ganz um Joachim herumwickelt und unbeschadet seines interessanten Inhaltes sehr confus und bruchstückig ausfällt. Zur Entschuldigung muß ich anführen, daß ich recht unwohl bin, und daß wir Frankfurter alle durch einen sehr trocknen scharfen Ostwind, vulgo Hessenwind leiden, der kalt und unbarmherzig Lungen und Herzen entzündet und Nerven verstimmt, dabei so electrisch, daß meine Haare wie bei den Katzen Funken sprühn, was sich im Dunkeln recht schauerlich ausnimmt. Mit 20, 30 Jahren hatte ich meine Kinder oft mit diesem kleinen Feuerwerk ergötzt, aber daß ich mit 73 noch so empfänglich für atmosphärische Einwirkungen sein könnte, hat mich wirklich überrascht.

Doch genug von meinen Freuden und Leiden, und zum freundlichen Schluß sende ich dir beiliegendes Büchlein, welches ein freundliches Weihnachtsgeschenk der Räthin Schlosser, nur für Freunde in mehreren Exemplaren gedruckt, ganz so entstanden ist, wie in dem Büchlein selbst steht.[3] Ich denke, es wird dir lieb sein es zu haben, so wie es mich aufs innigste bewegte.

Nun schreibe mir bald wie es dir oder vielmehr wie es *euch* geht; daß Max[4] einen schönen Jungen hat, habe ich schon gehört, wenn es paßt, so grüße sie gratulierend von mir, auch die andren Schwestern und die Großmutter. Ist die Armgart noch zufrieden mit dem böhmischen Mädchen? Grüße auch diese; die arme Lersner hat in diesem späten Winter sehr viel an Krämpfen gelitten. Ich hätte noch viele Fragen, wie geht es dir? was treibst du? was schreibst du? was machen die Deinigen? vor allem dein gutes Mütterchen? Du mußt das Großmütterchen nicht so

ganz an den Nagel hängen, sonst kann sie sich nicht mehr
unterschreiben wie gewöhnlich

*dein Großmütterchen*

[ *1* ] Maximiliane Andreae, geb. Willemer (1792-1871); Schwiegertochter: Henriette Wilhelmine Andreae, geb. Landauer (1830-1858).
[ *2* ] Wilhelm von Schweitzer, Sohn von Sophie und Karl F. von
Schweitzer. [ *3* ] Es handelt sich um »Freudvoll und leidvoll;
polyglottischer Versuch in zwölf Übertragungen von Joh. Heinr.
Friedr. Schlosser« von 1849, den seine Frau Sophie Schlosser 1857
drucken ließ. Er trug die Widmung »Frau Geheimräthin von Wille-
mer huldigend zu Füßen gelegt«. Ein Neudruck (Faks.), ed. u. mit
Bemerkungen von Oswald Dammann, erschien 1935 in Heidelberg.
(Goethe-Briefe aus Fritz Schlossers Nachlaß, hg. v. Julius Frese,
Stuttgart 1877, S. 13, und Weitz, 566, 833.) [ *4* ] Maximiliane von
Oriola hatte am 11. 2. 1858 einen Sohn Joachim geboren.


### 87. Marianne von Willemer an Herman Grimm

Frankfurt, 14. März 1858

Mein lieber Herman!

Ich muß dir notwendig gleich schreiben, um dir zu sagen, daß mir dein allerliebstes Geschenk große Freude
gemacht; es ist so zierlich und poetisch, daß ich laut lachen mußte, wie ich es auspackte; die kleine Schlange, die
schon seit Erschaffung der Welt eine so große Rolle spielt,
ist so schmiegsam und biegsam, daß man nicht weiß, auf
was sie eigentlich lauert, auf Hüpfendes oder Fliegendes,
wohl auf beides, und nächstdem hat sie einen so hübschen
Knoten um den Blumenkelch gewunden, daß mir das
nette Lied vom Ännchen von Tharau in den Sinn kam, was
ich mir erlaube anzuwenden auf eine Weise, wie man oft
im Traum die entferntesten Gedanken verbindet, wenn
ein auch noch so leiser Anklang dazu verleitet; ich mußte
an das hübsche Wort denken, was auch recht gut für uns

paßt: »dies soll unsrer Freundschaft *Verknotigung* sein.«
*Du* und *ich*, wir können uns gratulieren, daß der nette
Becher so unbeschädigt und schön angekommen ist, die
Schachtel war gebrochen und die Brettchen oben und unten eingedrückt, aber er stieg ohne Makel aus den Trüm-
mern hervor und soll mit dem allerschönsten Strauß
prangen, sobald die Schneeblumen den farbigen wei-
chen.

Über deinen Joachim will ich dir noch einiges sagen,
was wie *du* sagst, dir nicht klar ist. Joachim kennt *natürlich* die [Sophie] Detmold; wie er nun vom Museum einge-
laden zwei Tage nach Frankfurt kam, so hat diese *natürlich* ihrer Familie das Glück gegönnt, ihn kennen zu
lernen, und er sollte bei Louis Brentano wohnen; es war
auch alles bereitet. Er nahm es nicht an, aber er war so
liebenswürdig und taktvoll zu sagen, es freue ihn zu denken, als hätte er es angenommen; so kam es denn, daß er
den ganzen Tag dort zubrachte und der armen *kranken*
Marie, die ihn im Museum nicht hören konnte, seine Sachen vorspielte; und daß er dabei an mich dachte, nach
mir fragte, das verdanke ich *natürlich* dir! Wenige Worte
konnte ich ihm sagen, unter mehreren Menschen ist man
immer isoliert, aber ich kenne ihn doch, ich hörte die Lieder ohne Worte. Er meinte bald oder einmal wieder nach
Frankfurt zu kommen, ich möchte wohl noch so lange leben, ihn wieder zu hören; das vollkommen Harmonische
ist so selten.

Es freut mich sehr, daß du fleißig arbeitest, es gehört zu
deinem Wohlsein, und insofern hat es eine doppelte Wirkung, du fühlst dich wohl, und es gelingt dir wohl. Hier in
Frankfurt erscheint ein Journal: das Museum, weißt du
etwas davon? In der letzten Nummer vorigen Monat stand
eine Beurteilung über Giesels Werke[1], wenn du sie nicht
kennst, will ich dir sie schicken.

Hier bei uns schreitet der Sensemann mit der Hippe und mäht fleißig und unerwartet; am letzten Sonntag holte er unsern Stadtpfarrer Beda Weber ganz schnell und unverhofft; er tut mir leid, ich kannte ihn, und deshalb hatte ich ihn lieb, er war trotz aller Schwächen und Inconsequenzen ein liebenswürdiger Mensch und der einzige, von dem ich mir denke, daß er mir in den letzten Stunden etwas Tröstliches zu sagen im Stande wäre; nun da er fort ist, was sollen mir die Anderen! –

Was ich aber durchaus nicht verstehe in deinem Briefe, ist, wo du von dem Wunsch sprichst, den bösen Eindruck wieder gut zu machen, den du vor deiner letzten Reise zurückgelassen hättest. Ich weiß wahrhaftig nicht, was du damit meinst. Du hast mir noch nie einen bösen Eindruck zurückgelassen, und ich habe auch niemals Ursache gehabt zu wünschen, du mögest anders sein als du bist; höchstens etwas weniger hypochonder und mißtrauisch.

Herrn [Karl F.] von Schweitzer werde ich, so bald ich wieder ausgehen kann, bei Marien [Brentano] sehen und ihn von dir grüßen. Wilhelm [v. Schweitzer] ist jetzt hier und wird mich wohl besuchen. Wenn du etwas an Claudine ausrichten kannst, so frage doch, ob sie meinen Brief erhalten.

Nun gute Nacht! Alle deine und meine Freunde grüßt herzlich

dein *Großmütterchen*

[ *1* ] »Frankfurter Museum«. Hg. v. Th. Creizenach, Nr. 9, v. 27. 2. 1858, IV. Jg., S. 177-180: Gisela von Arnim als dramatische Dichterin, von A. S. »... Einen poetischen Entwurf im Ganzen und schöne Bewegungen der Phantasie finden wir in den drei dramatischen Gedichten, welche die beiden Bändchen enthalten, aber nicht so in Prozeß gebracht, daß sie dem Leser mit sicherer Macht ihren Gehalt entwickelten, nicht in solchen Maßen gehalten, daß sie aus der per-

sönlichen Tiefe in den klaren Schein einer allgemeingültigen Wirklichkeit hinüberträten...«


## 88. Marianne von Willemer an Herman Grimm

Frankfurt, 4. Juni 1858

Mein lieber Herman!

Obschon ich eigentlich nicht recht bei Besinnung bin, so ist mir noch so viel geblieben, um dir für die letzte Sendung zu danken und mich deines Andenkens zu erfreuen. Der Aufsatz war mir schon bekannt, ich hatte ihn im Morgenblatt stückweise gelesen[1], so wie ich ihn jede Woche erhielt. Er hat mir *sehr* gefallen, und ich freue mich, nun auch den Schluß, der mir noch fehlte, an das Ganze zu fügen und somit einen ruhigen Eindruck davon zu haben. Daß ich nun nicht schon früher, und eben dadurch veranlaßt, ein freundlich Wort an dich sandte, auch Gisels Brief unbeantwortet ließ, das möge aus dem leider für mich peinlichen Zustand entschuldigt werden, daß ich seit Anfang März an einem heftigen Herzkrampf und Herzklopfen gelitten, der bei der geringsten Veranlassung immer wiederkehrte, und mir allen Mut und alle Freude am Leben nahm. Auch war es mir nicht möglich, einige Zeilen im Zusammenhang zu schreiben; die trockne heiße Luft, der Ostwind ohne einen Tropfen Regen, regte mir die Nerven so furchtbar auf, daß ich weder schlafen noch essen konnte und, wirklich an Leib und Seele mager geworden, mich erst in der letzten Zeit etwas erholte; damit aber die Bäumchen nicht in den Himmel wachsen, so habe ich nun schon 14 Tage lang Tag und Nacht die Sorge um ein liebes Enkelchen, eine liebe schöne Frau, die an einer fürchterlichen Gehirnkrankheit litt, und trotz immerwährenden Eisaufschlägen, Blutigeln, und sonstigen Quälgeistern, die furchtbarsten Kopfschmerzen erlitt, und immer zwischen Tod und Leben schwebte, heute geht es zum erstenmale ein weniges besser, und die Gefahr scheint beseitigt. Damit du aber nicht meinst, dies alles ließe sich mit Gottes Hülfe überwinden, so mußt du wissen, daß ich ihm Begriff bin, eine Treppe tiefer zu ziehen, daß ich also schon seit 3 Wochen mit allen Höllengeistern zu kämpfen habe, als da sind: Tüncher, Tapezierer, Schreiner, Putzweiber, die weniger quälend sind, wenn sie kommen, als wenn sie wie gewöhnlich nicht kommen. Du siehst also, mein Freund, daß ich in einem permanenten Fieber bin, wozu die 27 Grad Wärme im Schatten noch einige Nachhülfe leisten; da ich nun morgen oder die nächste Woche meinen Bücherschrank ausräume, und du in deinem letzten Briefe mir schriebst, daß du wohl noch einige Bücher von mir nehmen würdest, wenn sie dir annehmlich wären, so könnte ich dir geben: den Ariost italienisch mit beigefügter französischer Übersetzung, den Tasso eben so, diesen broschiert, jenen nett gebunden, Manzonis Tragedien mit Goethes Vorrede, die Abassiden von Platen und so mehreres, Baron Grimm's Correspondenz ich glaube mit? ich weiß es nicht, Briefe von alter französischer Tournure, und noch einiges, was ich noch nicht recht wissen kann; Rousseaus Heloise, die wirst du nicht brauchen können oder schon haben; aber *gleich* kann ich die Bücher nicht senden, weil ich sie jemand geliehen, von dem ich sie noch nicht zurück bekommen; was du schon hast, das gebe ich dir nicht.

Giesels Brief konnte ich nicht beantworten, da wäre gar viel zu sagen. Du hast Unrecht gehabt, ihr den von mir über ihre Werke mitzuteilen. Es war kein Urteil, nur ein individuelles Wahrnehmen und um so weniger zu berücksichtigen, da ich mir nicht anmaße, das ganze Verständnis von der Caracterbildung zu haben; nur – einseitig vielleicht – stellenweis so mächtig ergriffen und so erhoben

259

[ein Wort unleserlich] und ich möchte sagen überrascht war, daß mich alles störte, was dem entgegen wirkte. Doch das ist Gefühlssache, und so hab ich es gegen dich ausgesprochen; du hättest es aber für dich behalten und nicht mitteilen sollen; doch bin ich nicht im Stande, ausführlicher darüber zu sein und muß abbrechen; du siehst an meiner Handschrift, daß ich vor Hitze und Drangsal nicht schlafe; doch ehe ich schließe, muß ich dir, wenn auch flüchtig, noch sagen, daß mich deine Vorrede *sehr* erfreute, und ganz besonders, was du über Egmont sagst, ist *herr*lich aufgefaßt, und so wahr, daß ich sein Geschick nochmals mitfühlte. Aber nun muß ich schließen, grüße die Giesel und entschuldige mich, auch die Armgart, die sich so treu und aufopfernd benimmt; dies ist nun kaum ein Brief, aber ich bin unfähig zu aller körper[lichen] und geistigen Mitteilung. In 8 Tagen hoffe ich ruhiger zu sein. Leb wohl!

unverändert dein *Großmütterchen*

[ *1* ] Versuch einer Vorrede zum Briefwechsel zwischen Schiller und Goethe, in: Morgenblatt Nr. 17-19, 1858; später in: Essays, 1859.

## 89. *Marianne von Willemer an Herman Grimm*

Stift Neuburg, 4. November 1858

Lieber Herman!

Gestern erhielt [ich] durch Gelegenheit deinen Brief, der wiewohl ohne Datum nur mit dem ominösen Tag *Freitag* bezeichnet, mir doch doppelt willkommen war, einmal weil ich so lange nichts von dir hörte, und weil er mir so gute Nachricht über dein geistiges und körperliches Wohlsein brachte; und danke dir herzlich, auch für die Muscheln, die ich leider noch nicht gesehn, aber die ich bei meiner Heimkehr mit vieler Freude aus dem Kästchen holen werde, worin deine Vorsorge sie gepackt, und das mir Clara sehr geheimnisvoll angekündigt; du hast die Gabe mir immer etwas passendes zu senden, denn ich habe von jeher eine Vorliebe für diese stillen wunderbar gestalteten Meerbewohner, deren Einsiedlerleben, in dieser feuchten Wüste, einige Ähnlichkeit mit dem der Anachoreten in der Sandwüste hat, nur daß jene doch Augenblicke haben, wo sie der alles verbindenden und erhaltenden Liebe ihren spärlichen Tribut entrichten. Daß deine Sendung aus Helgoland ist, macht mir um so größere Freude, als mir schon vor vielen Jahren eine ähnliche aus Marseille, auf den Hyanus[1] gesammelt, zugeschickt wurde, und mit derselben wohlwollenden Absicht, mich zu erfreuen und zu überraschen, was denn auch diesmal wieder vollkommen gelungen ist. Was mir aber ganz besonders wohlgetan, ist die Heiterkeit, die sich in deinem Briefe ausspricht und die Freude an deinen Arbeiten; auch scheint mir dein Plan über Savonarola[2] zu schreiben ein gut gewählter; ich habe zufällig im vorletzten Herbst vieles über ihn gehört, und zwar von dem verstorbenen Beda Weber, der, was auf der Stiftsbibliothek von schriftlichen Denkwürdigkeiten über ihn vorhanden war, eifrig aufspürte und excerpierte; so konnte es denn nicht fehlen, daß öfter von ihm die Rede war, was mich nun eigentlich mehr interessiert, als es damals der Fall war, aber es ist mir noch sehr erinnerlich, daß er ohngefähr dasselbe von ihm sagte, nur nicht so geistreich wie du; daß seine Zeit nicht die rechte Schachtel für ihn war und deshalb das, was Hand und Fuß hatte, ohne weiteres abgeschnitten wurde. Er läßt ihm volle Gerechtigkeit widerfahren, und das wirst auch du aus der rechten Perspective.

Es ist vollkommen Winter geworden, und ich sitze bei 5 Grad Kälte noch immer im Neckartale; einige notwendige Reparaturen in meinem Hause haben meine Heimkehr verspätet; so werde ich denn auch das heutige und nächste Schneegestöber abwarten müssen, bis ich flott werde. Es hat etwas heimliches inmitten der noch immer grünen Bäume die Schneeflocken fallen zu sehen, die besonders auf den Blättern einer sehr großen Linde vor meinem Fenster ungestört liegen bleiben. Das Holz wird natürlich nicht gespart, und so hat es noch immer etwas behagliches im warmen Stübchen, und den schneeweißen Täubchen zuzusehen, die sich auf dem schneeweißen Dache ihres Häuschens das gestreute Futter suchen. Zudem ist mein Zimmer, so klein es ist, am Nachmittag der Versammlungsort der noch anwesenden Gäste und der jungen Mädchen, die dem Stift angehören; da wird geplaudert bis zur Teestunde, wo sich alles im Salon einfindet. Der letzte Gast, der aber schon morgen nach Rom reist, ist Herr Doctor Bartels, den du kennst, und der mir viele freundliche Grüße an dich aufgetragen. Er habe dich wieder in Rom getroffen, als du im Begriff warst nach Töplitz abzureisen.

Bettinens Zustand ist sehr trostlos, was helfen denn die Schwingen des Genies, wenn am Ende ein Federchen nach dem andern ausfällt, und das traurige Gefühl des sich Mausenden immer deutlicher und beschämender wird. Zu meiner großen Beruhigung und nicht minder meiner Kinder und Freunde habe ich von diesen aussergewöhnlichen Zuständen nichts zu befürchten, und obschon ich namentlich diesen Sommer sehr leidend war, so geht das seinen ruhigen gewöhnlichen Gang bis zum letzten Schritt. Hier auf dem Stift habe ich mich leidlich erholt, und wenn die Kälte nicht so grausam fortfährt, wie sie angefangen, so hoffe ich etwas leidlicher die Winterquartiere zu beziehen und für das Christkindchen sorgen zu können. Ungefähr 14 Tage bleibe ich wohl noch, aber das ist die längste Zeit. Wenn du mir schreibst, schicke deinen

Brief nach Frankfurt, denn es wird doch einige Zeit brauchen, bis du dazu kommst.

Einstweilen kannst du mir einen Gefallen tun, wenn es dir nicht zu viele Mühe macht, du kannst vielleicht durch irgendeinen Professor erfahren, ob ein Herr von Joist, Sohn des Medizinalrates Joist [?] in Ehrenbreitstein, dieses Semester in Berlin ist, er hat sein erstes Examen in Bonn gemacht. Vielleicht kannst du seine Adresse erfahren; doch ganz nach Bequemlichkeit, es hat keine Eile.

Mit den besten Grüßen an deine Angehörigen wozu ja auch die Arnims gehören.

dein treues Großmütterchen

[ *1* ] Hyannis, am Nantucket-Sund, südöstlich von Boston? [ *2* ] Hieraus entwickelte sich Grimms »Leben Michelangelos«; vgl. Einl., Anm. 30.

### 90. *Marianne von Willemer an Herman Grimm*

Frankfurt, 1. Februar 1859

Mein lieber Herman!

wir haben beide in kurzer Zeit viel trauriges erlebt[1], heute ist nun auch meine liebe Marie[2] begraben worden; so reißt sich ein Ästchen nach dem andern von dem müden Bäumchen los, bis es selbst abstirbt und kaum zum Brennholz tauglich ist; ich habe einen trüben Winter gehabt, und dieser täuschende Sommer gedeiht mir nicht; ich sollte dir eigentlich von mir gar nichts sagen oder über nichts klagen, da du selbst so vieles mitgeduldet und mitertragen hast, aber einesteils mußt du doch wissen, weshalb ich so gar nichts auf deine freundlichen Worte und liebenswürdigen Sendungen erwidert. Ich war wirklich krank und bin es noch, es wird mir anstrengend, meine Gedanken zu entwickeln, und noch schwerer, sie nach und nach zu Papier zu bringen, weil ich im hohen Grade nervös bin und von jedem Lufthauch bewegt und affiziert; um so mehr bei diesem stürmischen Wetter, das so arg ist, daß ich schon darauf ausging, mein nettes Cajütchen, wie du es nennst, zu verlassen und mir eine andre Wohnung zu nehmen. Aber es hat sich nicht machen wollen, und es ist mir fast lieb, denn mit dem Vermeiden dieses quälenden Südwest hätte ich auch den Main aufgeben müssen, und was dann?!

Kannst du dir wohl denken, daß ich die gute Claudine noch nicht gesehen seit ihrer Ankunft? ganz natürlich ist sie bei der armen verwaisten Mutter [Meline v. Guaita] und mit dem armen Mariechen[3], alle Verwandten wollen sie haben; und so warte ich denn, bis die Reihe ans Großmütterchen kommt; sie muß mir dann von der Bettine, von den Schwestern und von dir erzählen; so viel weiß ich schon, daß die Pflege eine angreifende und erschöpfende, und daß die Armgart unermüdlich und wahrhaft aufopfernd war; Giesel hat sich wohl kaum erholen können bei diesem schweren Tagwerk. Auch hier waren die letzten Wochen peinlich und schwer für die Kranke, sie war sehr leidend. Nun ist sie erlöst!

Nun nach diesen lamentösen Zeilen muß ich endlich etwas freundliches und freudiges berichten; und das ist mir durch dich geworden. Deine beiden Sendungen, die ich erst in Frankfurt bei meiner Ankunft erhielt, haben mir eine gründliche Freude gemacht: erst die wunderschöne Muschel, wofür ich dir schon vom Stift aus dankte, ohne sie gesehen zu haben, und dann die Perlen, die zu einer schönen Schnur verbunden, dir zu Schmuck und Zier und zur Ehre gereichen[4]; denn obschon mir einige von diesen Essays wohl bekannt, so waren mir doch die meisten neu und überraschten mich durch ihre meisterhafte Behandlung; nicht, als ob ich dir nicht das Beste

zugetraut hätte, aber durch die Reife, durch den meisterhaften Stil und durch das Zeugnis, was sie von deinem
Fleiß und deinen gründlichen Studien ablegen. Du bist
wirklich viel weiser geworden, und ich habe deine Aufsätze mit großem und wachsendem Interesse gelesen;
wenn meine Augen, meine zitternde Hand, meine beben-
den Nerven wieder etwas mehr Ruhe und Sicherheit haben, so möchte ich dir wohl sehr gerne die bezeichnen, die
mich besonders angezogen, obschon sie alle sehr gut geschrieben sind; um aber doch einige zu nennen, das wären: Alfieri und die Ristori, Byron und Leigh Hunt,
Cornelius jüngstes Gericht, Michelangelo, war[en] mir
nicht neu, aber Friedrich der Große und Macauley, und
der über das deutsche Theater. Ich könnte manches mitteilen, denn ich habe noch diese extemporierten Come-
dien gesehen, wovon Goldoni pag: 127. 29 spricht, und gar
viel von den sogenannten Pantomimen, eine Art von Bal-
lets worin die 4 Masken der italienischen Comedie die
Hauptrollen sind, nur trat später eine Veränderung ein, es
fand sich eine Columbina dazu; Brighella trat seine Gewandtheit dem Arleghino ab und wurde entfernt, und an
die Stelle des abgefeimten, spitzbübischen Harlequin kam
ein tölpischer *Pierot*, der in weiten weißen Kleidern mit
faustgroßen Knöpfen, weiß gepudertem Gesicht, einem
Müller-Hut nicht unwahrscheinlich für einen Deutschen
oder für einen Cretin aus dem benachbarten Wallis gelten
konnte, den auch der französische Name bezeichnet. Weiter kann ich nun nicht mehr schreiben, denn eben kommt
Claudine. –

Sie ist auch eben wieder fort, nur ein kurzes Stündchen
geblieben, und ich gebe ihr dies Blatt und einen Briefbe-
schwerer mit, der eine Ansicht vom Stift Neuburg, wo ich
so glückliche Tage erlebt, dich an den letzten Herbst erinnern soll. Ich habe Cl[audine] ganz unverändert gefunden;

sie ist noch von Innen und Außen dieselbe treue gute
Seele, bei der man sich wohl fühlt, ohne daß es ihr irgend
eine Beschwerde macht. Von den Arnims habe ich wenig
von ihr gehört, nur hat sie von der Giesel auch sehr liebevoll gesprochen. Den Sonntag will die Claudine abreisen.
Ich schließe diese Zeilen ohne die weitere Besprechung
über die andern Aufsätze in deinen Essays, die ich mir zu
einer ruhigeren Zeit verspare, namentlich den über Schiller und Goethe.

Laß dir mein Andenken empfohlen sein, wir leben in
einer Zeit, wo sich die Menschen trennen müssen, eh sie es
erwarten; du bist wohl mit den Andern in Wiepersdorf
oder nicht? ich vergaß Claudine darnach zu fragen; wo du
auch seist, so grüße die Arnims und deine Angehörigen
recht freundlich und herzlich von mir und behalte mich
lieb.

unverändert

das Großmütterchen.

[ *1* ] Am 20. 1. 1859 war in Berlin Bettina von Arnim gestorben.
[ *2* ] Marie Brentano starb am 28. 1. 1859. [ *3* ] Maria (Mariechen)
Brentano (1841-1919), die Tochter der Verstorbenen. [ *4* ] Herman
Grimm, Essays, Hannover 1859, 353 S.


*91. Herman Grimm an Marianne von Willemer*

[Berlin, vor dem 16. Dezember 1859]

Liebes Großmütterchen

Es schlägt eben Mitternacht. Drüben sitzt die Giesel
beim Papa, der im heftigen Fieber liegt und phantasiert,
ich höre immer seine abgerißnen Worte herüber dringen;
die andern alle liegen und schlafen, um uns um 4 Uhr
morgens abzulösen. Das ist nun schon seit etwa 14 Tagen
unser Dasein. Ich bin während dieser Zeit etwa zweimal

nachts zu Bette gekommen. Gott weiß, wie lange es dauern und was draus werden wird.

Das Übel fing mit einem leichten Geschwür auf dem Rücken an. Es wurde ein Karbunkel draus, jetzt ist die Sorge, ob der Papa das Fieber erträgt und ob die Wunde nicht immer mehr um sich greift. Er ist vier oder fünfmal geschnitten worden. Sein armer Rücken ist elend zerfetzt und geschwollen. Ich für meine Person glaube nur in seltenen Momenten, daß wir ihn durchbringen.

Man gerät in einen seltsamen Zustand, wenn so Tag und Nacht ohne Grenze ineinander fließen. Die Aufregung läßt Müdigkeit nicht aufkommen. Ich sitze oft lange Stunden und starre den Kopf des Apoll von Belvedere an, der auf einem Schranke am Kopfende des Bettes steht, in dem der Papa liegt; göttlich schön von unten erleuchtet, weil die Lampe tief neben ihm steht. Welche Lichter und Schatten und Dämmerungen auf diesem Antlitz. Da steht er und lächelt, wie ein Baum im windigen Sonnenschein des Frühlings zu lächeln scheint und sich nicht darum kümmert, ob unter ihm einer liegt, dem das Leben eben gestohlen wird. Vor einem Jahr saß ich so mit der Giesel nachts am Bette ihrer Mutter. Das nimmt kein Ende.

Wir sind also verheiratet.[1] Ich hätte dir längst geschrieben, um meine kahle kurze Anzeige des Ereignisses ein wenig auszuputzen. Wir haben ein reizendes Logis, hoch drei Treppen mit weiter Aussicht und Sonne, einem Saal in der Mitte und rechts und links unsre Arbeitsstuben. Unsere Heirat war seltsam. Ich glaube, seit langer Zeit hat man in Berlin nicht sosehr über ein derartiges Evenement geschwatzt. Es wird dir auch allerlei zu Ohren gekommen sein. Ich will alles unerwähnt lassen. Nur soviel: jeder Schritt den Giesel und ich taten, war notwendig in der Art wie er getan wurde. Andre Leute denken vielleicht anders. Was sind mir andre Leute? Hast du Lust die Wahrheit zu wissen, so denke mich dir nur so, wie du mich seit Jahren kennst, und was dir von allem Geschwätz nicht zu mir zu passen scheint, das glaube nicht. Dann hast du das Richtige. Ich bin sehr schwer dahin gekommen einzusehn, daß vieles geradezu gelogen wird. Du wirst das längst wissen, wende diese Wissenschaft getrost an. Um dir dagegen (denn ich meine bis jetzt nur den sogenannten Familienklatsch) eine Idee von dem zu geben, was in Berlin erzählt wird, so ist dies eine Hauptgeschichte: wir hätten keinen Holz- und Torfboden und deshalb unsere Heizungsvorräte in den Stuben um die Öfen aufgebaut, wir hätten einen Bedienten und Kutscher zum Trauungszeugen gehabt etc. Gottseidank, daß sich nur unsere guten Freunde damit herumschlagen und uns selber doch keiner damit zu kommen wagt. So wird uns also wirklich der Pelz gewaschen, ohne daß wir naß gemacht werden. –

Ich höre immer den Papa. Es ist seltsam, wie ich so in diese Dinge hereinkam, die mir jetzt so fernab liegen. Es ist eine Art Trieb im Menschen, manchmal alles abzuschütteln und zu tun, als wäre gar nichts vorgefallen. Ich erzählte dir eben so fidel und schwatzhaft. Nun liegt mir die ganze Last wieder auf der Seele. Im Grunde hoffe ich wieder ein wenig. Es ist wie Ebbe und Flut, dieser Wechsel zwischen Hoffnung und Aufgeben jedes Gedankens an Rettung. Es wechselt wie nach innern Gesetzen. Man kann nicht immer auf demselben Flecke stehn mit seinen Gefühlen. –

Eben unterbricht mich die Giesel. Der Papa will eine Bewegung machen. Wir haben ihm das Bette zurechtgezopft. Ich weiß nicht, was das (!) daran Schuld ist, das Herz ist mir etwas leichter. Ich sitze in meiner ehmaligen Stube, die jetzt meiner Schwester eingeräumt ist, der Mond sieht ganz verschlafen durchs Fenster hinein. Mir wird doch auch ein wenig duselig vom Schreiben.

Wenn es dem Papa besser geht und ich wieder in meiner Wirtschaft bin, schreibe ich dir weiter. Einstweilen nimm diesen Brief, lies ihn, antwort mir ein paar Zeilen und denke, daß ich oft an dich denke. Ich würde es nicht sagen, wenn es nicht wahr wäre. Sehr oft. Empfiehl mich der Frau Schöff, an deren schöne Bilder ich mich erinnere wie an einen vergrabenen Schatz, in den man einmal rasch hineinsah und dann wieder fort. Ebenso der Frau von Guaita und dem Herrn von Schweitzer.[2] Sonst wüßte ich Niemand in Frankfurt, um dessentwillen es nicht ebensogut nicht vorhanden sein könnte.

Lebwohl

dein Herman.

Mittwoch/Donnerstag.

[ *1* ] Am 24. Oktober 1859 fand in der Stille die Trauung von Herman Grimm und Gisela von Arnim statt. [ *2* ] Grimm zählt die Freunde auf, die ihm in Frankfurt geblieben sind: Antonie Brentano, Meline von Guaita, Karl F. von Schweitzer.

*92. Marianne von Willemer an Herman Grimm*
Frankfurt, 25. Januar 1860

Mein lieber Herman!

Seit dem 12ten November habe ich keine Feder in die Hand genommen, sie ist auch so hinfällig, daß sie nicht auf den Füßen stehen kann, und ich, die sie führen sollte, bin in derselben Calamität, denn gerade solange ist es, daß ich erst das Bette und dann das Zimmer hüten mußte. Ich war recht krank, lieber Freund, doch das weißt du ja durch meinen Arzt, und obschon ich eigentlich nicht weiß, was mir fehlte, so weiß ich doch ganz gewiß, daß ich es bis jetzt noch nicht wieder habe; wenn man so alt ist wie ich, wird man nicht wieder gesund, denn man wird nicht wieder jung! zu meinem Trost fühle ich, daß mein Herz noch frisch und warm schlägt, und deshalb mit dankbarem Gefühl die Beweise liebevollen Andenkens erkennt. Deshalb haben mir auch die Photographien große Freude gemacht, und ich grüße deine liebe Frau recht herzlich und danke ihr ganz besonders, daß sie so freundlich war, ihr Bild dem Deinigen beizuschließen, um mir zu beweisen, daß ihr eines Sinnes nach Innen und Außen, und daß deine Freunde auch die ihren sind.

Da ich noch keinen Schritt aus meiner *Cajüte*, wie du immer sagtest, gekommen bin, so konnte ich bis jetzt deine Aufträge an die Tony nicht besorgen, die Josephine besucht mich zwar öfter, aber sie scheint es vermeiden zu wollen, von dir zu sprechen; ich will dich hiermit fragen, ob ich nicht zunächst mit Schweitzer mich beraten soll, wie die Sache[1] einzuleiten ist: er ist klug, ruhig und kennt seine Leute, wenn es dir recht ist, so verhandle ich lieber mit ihm als mit den Frauen, auf die man sich nie recht verlassen kann.

Morgen ist der Todestag von Marie Brentano, ein Trauertag für die ganze Familie. Am traurigsten für das arme Mariechen, die ihre Mutter schmerzlich vermißt. –

Deine gute Mutter grüße ich herzlich, und sie ist wohl überzeugt, daß ich selbst leidend, oft an sie und den armen Kranken gedacht.[2] Gott möge sie trösten und ihr Fassung verleihen.

Wenn du, wie ich glaube und weiß, die Armgart[3] siehst, die zwar außerhalb Berlin wohnen soll, so danke ihr in meinem Namen für ihr freundliches Briefchen und für die gute Nachricht, die sie mir mitgeteilt und sage ihr, auf ein Zauberbriefchen hatte ich es noch nie abgesehn, am allerwenigsten jetzt, wo ich noch besessen bin zwar nicht vom Bösen, aber noch vom Übel, und so möge sie mich noch entschuldigen, aber recht bald würde ich ihr die sehr einfache Behandlung der Blumen schriftlich mitteilen und ihr besonders die Erhaltung der Pensées und Vergißmeinnicht ans Herz legen.

Nun hoffe ich, daß du mit meinem guten Willen, dir zu schreiben, zufrieden bist und meine Unterschrift noch die alte dir bekannte ist.

das Großmütterchen
M. W.

[ *1* ] Welcher Art die »Aufträge« an Antonie Brentano waren, ist nicht bekannt. [ *2* ] Wilhelm Grimm war am 16. 12. 1859 gestorben. [ *3* ] Armgart von Arnim heiratete am 25. 3. 1860 in Wiepersdorf Albert Graf von Flemming, preuß. Gesandter in Karlsruhe.

Die hier vorgelegten Briefe werden in den Grimm-Schränken der Staatsbibliothek Preußischer Kulturbesitz in Berlin-West unter der Signatur »Nachlaß Grimm 620« aufbewahrt – mit folgenden Ausnahmen:

Brief Nr. 4, Marianne von Willemer an Herman Grimm vom 16. Mai 1851, ist Eigentum des Hessischen Staatsarchivs Marburg (340 Grimm, Br 5597);

Brief Nr. 35, Marianne von Willemer an Herman Grimm vom 17. Jan. 1853 (bisher fälschlich 17. Juni 1852), ist im Besitz des Goethe-Schiller-Archivs in Weimar (NFG/GSA Zeitgenossen XLII,6,4);

Brief Nr. 43, Marianne von Willemer an Herman Grimm vom 1. Okt. 1853, wurde im Goethe-Jahrbuch, hg. v. L. Geiger, Frankfurt a. M. 1880, Bd. I, S. 369 veröffentlicht und ist hieraus übernommen worden.

Die Herkunft des in der Einleitung und in den Anmerkungen zitierten Materials wird an der jeweiligen Stelle gegeben. – Den Instituten, die bereitwillig ihr Briefmaterial zur Verfügung stellten und die Veröffentlichung der Briefe ermöglichten, sowie deren Mitarbeitern, die freundlich mein Vorhaben förderten, sei an dieser Stelle herzlich gedankt.

Da eine durchgängig lesbare Ausgabe angestrebt wurde, mußten die Texte – ob handschriftlich oder gedruckt überliefert – in ihrer Schreibweise behutsam normalisiert werden. Die Briefe Herman Grimms wurden in der von ihm angewendeten Kleinschreibung der Substantiva belassen (vgl. Anm. 3 zu Brief 35); sie weisen nur geringe Abweichungen von der modernen Orthographie auf. Hingegen schien es geraten, die Schreibweise Marianne von Willemers soweit der heutigen anzunähern, daß die Lesbarkeit keine Beeinträchtigung erfährt. Doch blieb der ältere Wortbestand, besonders bei landschaftsgefärbten Ausdrücken, möglichst erhalten; die bisweilen schwankende Schreibweise wurde in gewissem Umfange egalisiert. Das Ziel dieser Schritte blieb es, die persönliche Ausdrucksform der Briefschreiber zu bewahren und ihre Eigenart nicht zu verwischen oder gar zu tilgen. Die oft übergangslos aneinandergereihten Aussagen, die Marianne von Willemer offensichtlich erst beim abschließenden Überlesen des Briefes mit einigen Satzzeichen versah, bedurften zum leichteren Verständnis des Sinnzusammenhangs der Einfügung von gliedernden Satzzeichen, bisweilen auch eines Absatzes. Fehlende Buchstaben wurden stillschweigend eingefügt, notwendige Wortergänzungen dagegen durch eckige Klammern kenntlich gemacht. Der Lautstand der Texte blieb gewahrt.

Die Briefdaten wurden vereinheitlicht und an den Kopf der Briefe gesetzt, ergänzte oder erschlossene Daten durch eckige Klammern gekennzeichnet.

Ein großer Teil der Anmerkungen betrifft die Mitglieder des Brentanoschen Familienkreises. Es sind die Geschwister Bettina von Arnims; daher bildet diese den Orientierungspunkt.

# Abkürzungen

FDH        Freies Deutsches Hochstift – Frankfurter Goethemuseum, Frankfurt a.M.

Gr 1869     Herman Grimm, Goethe und Suleika. Vgl. Literaturverzeichnis; zitiert wird nach: Fünfzehn Essays. Erste Folge, Berlin ³1884.

Gr 1880     Herman Grimm, Bettina von Arnim. In: Goethe Jahrbuch, hg. von L. Geiger, 1. Bd., Frankfurt a.M. 1880, S. 1-16; wiederabgedruckt in: Fünfzehn Essays, Dritte Folge, Berlin 1882; hiernach wird zitiert.

Gr 1896     Herman Grimm, Bettina's letzter Besuch bei Goethe. In: Deutsche Rundschau, Bd. 87, 1896, S. 35-46; wiederabgedruckt in: Beiträge zur Deutschen Culturgeschichte, Berlin 1897; hiernach wird zitiert.

J.J.         Briefe von und an Joseph Joachim, ges. u. hg. von Joh. Joachim u. Andreas Moser, 1. Bd., Berlin 1911.

Maxe       Maxe von Arnim, Tochter Bettinas / Gräfin von Oriola, 1818-1894. Ein Lebens- und Zeitbild aus alten Quellen geschöpft von Prof. Dr. Johannes Werner, Leipzig 1937, 309 S.

Morgenblatt Cotta's Morgenblatt für gebildete Leser.

NFG/GSA   Nationale Forschungs- und Gedenkstätten der klassischen deutschen Literatur in Weimar, Goethe- und Schiller-Archiv.

SB PrK    Staatsbibliothek Preuß. Kulturbesitz, Berlin-West, Nachlaß Grimm.

Scherer    Deutsche Akademie der Wissenschaften der DDR, Zentrales Archiv, Nachlaß Scherer; zitiert wird nach einer mir von Prof. Pretzel überlassenen Abschrift.

StA MG    Hessisches Staatsarchiv Marburg, 340 Grimm.

Tagebuch H. Gr.   StA MG, 340 Grimm, Ms 64.

Weitz      Marianne und J.J. Willemer, Briefwechsel mit Goethe, hg. von Hans-J. Weitz, Frankfurt a.M. 1965.

Johann Jakob v. Willemer (1760-1838)
  1. Ehe: 1780 mit Maria Magdalena Lang (1763-1792)
     Kinder:
     *Anna Rosine Magdalena (Rosette) (1782-1845)*
         1. Ehe: 1799 mit Johann Martin Städel (1772-1802)
            Tochter:
            Anna Rosina Magdalena (1800-1810)
         2. Ehe: 1819 mit Joh. Gerh. Chr. Thomas (1785-1838)
            Kinder:
            Johann Jakob (1819-1842)
            Maria Anna, verh. Lersner (1821-1867)
            Amalie Henriette, verh. Türk (1821-1854)
            Justus Hartmann (geb. und gest. 1822)
            Maximiliane, verh. Weißenthurn (1825-?)
     *Johann Ludwig Jakob (1783-1791)*
     *Maria Katharina (Kätte) (1786-1805)*
     *Amalie Henriette (Meline) (1788-1872)*
         Ehe: 1805 mit Friedrich Scharff (1776-1858)
            Kinder:
            Gustav (1804-1888), Ehe mit Katharina Sophie
              Kellner (1807-1899)
            Röschen (1806-1841)
     *Eleonora Maximiliane (1792-1871)*
         Ehe: 1809 mit Johann Andreae (1780-1850)
            Kinder:
            Maria Magdalena (1811-1815)
            Johann Jacob (1812-1815)
            Rosina Maximiliane, verh. Du Bois (1814-1871)
            Joh. Heinr. Abraham (1816-1889)
            Philipp Bernhard (1817-1880)
            Abraham Maria (1819-1875)
            Anna Maria Carolina, verh. Rößler (1821-1906)
            Tobias (1823-1873)
            Amalie Henriette Magdalena, verh. Holbach
              (1824-1899)

Johann Gerhard Christian (1826-1871)
Susette Hermine, verh. Ohlenschlager (1828-1902)
Anna Rosina Magdalena, verh. Schmidt-Polex (1831-1914)
Hermann Elias (geb. u. gest. 1834)
Johann Karl (1836-1906)
Julius (1839-1886)

2. Ehe:  1793 mit Jeanne Mariane Chiron (1775-1796)
Kinder:
Abraham Ldw. Hrch. Jakob (Brami) (1794-1818)
Maria Susanna Constanzia (Soretta) (1795-1796)

3. Ehe:  27. 9. 1814 mit Maria Anna Katharina (Marianne) Jung (1784-1860)

# Literaturverzeichnis

## 1. Zu Marianne von Willemer und
## Goethes *West-östlichem Divan* (Auswahl)

Grimm, Herman: Goethe und Suleika. In: Preuß. Jahrb. 24, 1869, S. 1-21; wiederabgedruckt in: Fünfzehn Essays, Erste Folge, Berlin ³1884; Aufsätze zur Literatur, hg. v. R. Steig, Gütersloh 1915. – Neuausgabe: Goethe und Suleika. Mit einem Nachwort von Rudolf Bach. Hamburg 1947. Ferner in: Herman Grimm: Essays. Eine Auswahl. Hg. v. R. Welz, Nürnberg 1964.

Kellner, Emilie: Goethe und das Urbild der Suleika, Leipzig 1876.

Creizenach, Theodor (Hg.): Briefwechsel zwischen Goethe und Marianne von Willemer, Stuttgart, 2., verm. Aufl. 1878.

Hecker, Max (Hg.): Goethes Briefwechsel mit Marianne von Willemer, (3 Editionen:) Leipzig 1915, 1922 u. 1936.

Müller, Adolf: J.J. von Willemer, Frankfurt 1925.

Burdach, Konrad: Goethe und sein Zeitalter. Aus: Vorspiel, Bd. 2, Halle 1926.

Pyritz, Hans: Goethe und Marianne von Willemer. Eine biographische Studie, Stuttgart 1941, ²1943.

Milch, Werner: Bettine und Marianne, Zürich 1947.

Korff, Herm. Aug.: Die Liebesgedichte des West-östlichen Divans, Leipzig-Stuttgart 1947.

Goethe, J. W. v.: West-östlicher Divan, hg. u. erl. von Ernst Beutler, Bremen 1956.

Kahn-Wallerstein, Carmen: Marianne von Willemer, Goethes Suleika und ihre Welt, Bern–München 1961. – Neuausgabe: Marianne von Willemer, Goethes Suleika, Frankfurt 1984, ²1985.

Boisserée, Sulpiz: Briefwechsel / Tagebücher, 2 Bde., Göttingen 1970. Faksimilenachdruck der 1. Aufl. von 1862.

Boisserée, Sulpiz: Tagebücher 1808-1854. Hg. v. Hans-J. Weitz, Bd. 1-4, Darmstadt 1978-1985.

Schultz, Franz: Goethe, Marianne von Willemer und Sulpiz Boisserée. Unveröffentlichtes aus Boisserées Nachlaß. In: Deutsche Rundschau, Bd. 132, 1907, S. 414-427.

Weitz, Hans-J. (Hg.): Marianne und J.J. Willemer, Briefwechsel mit Goethe. Dokumente, Lebenschronik, Erläuterungen, Frankfurt 1965. – Neuausgabe: J. W. Goethe, Briefwechsel mit Marianne und Johann Jakob Willemer, revidierter Text der o. a. Ausg., Insel-Taschenbuch Nr. 900, Frankfurt 1986.

Durch Hans-J. Weitz wurden die bisher geleisteten Forschungen erschöpfend erfaßt und die bis auf die Gegenwart bekanntgewordenen Quellen verglichen und kritisch bewertet. Dieser Arbeit sind auch meine Bemühungen dankbar verpflichtet.

## 2. Zu Herman Grimm (Auswahl)

Schmidt, Julian: Neue Bilder aus dem geistigen Leben unserer Zeit, 3. Bd., Leipzig 1873, S. 248-342.

Steig, Reinhold: Grimm, Herman Friedrich. In: Biogr. Jahrb. u. deutscher Nekrolog. Hg. v. A. Bettelheim, 6. Bd., Berlin 1904, S. 97-111.

Brahm, Otto: Herman Grimm. In: Kritische Schriften, Bd. 2, Berlin 1915, S. 280-283.

Waetzoldt, Wilhelm: Herman Grimm. In: Deutsche Kunsthistoriker, 2. Bd., Leipzig 1924, S. 214–239.

Hofmiller, Josef: Herman Grimm. In: Letzte Versuche, München, Berlin, Zürich 1934, S. 42-48.

Wölfflin, Heinrich: Zur Erinnerung an Herman Grimm. In: Kleine Schriften, Basel 1946, S. 194-197.

Uhde-Bernays, Herm.: Herman Grimm. In: Mittler und Meister, München 1948, S. 68-101.

Buchwald, Reinhard: Goethe und Herman Grimm. In: Herman Grimm, Das Leben Goethes. Neu bearbeitet u. eingel., Stuttgart 1958, S. IX-XXXIX. – Ferner: Herman Grimm, Das Jahrhundert Goethes, Stuttgart 1848, Einleitung, S. IX-XXVIII.

Curtius, Ernst Robert: Büchertagebuch, Bern 1960, S. 55-58.

Löhneysen, Wolfgang Frh. v.: Herman Grimm. In: Neue Deutsche Biographie, 7. Bd., Berlin 1966, S. 79-81.

Strasser, René: Herman Grimm. Zum Problem des Klassizismus, Zürich 1972.

Mey, Hans Joachim: Die Italienreise Herman Grimms im Jahre 1857. In: Brüder Grimm Gedenken, Bd. 3, Marburg 1981, S. 445-456.

Moritz, Werner: Herman Grimm 1828-1901 [Ausstellung d. Hess.
Staatsarchivs Marburg vom 20. März bis zum 14. Mai 1986], Schrif-
ten d. Hess. Staatsarchivs Marburg, Bd. 4, Marburg 1986. – Darin:
Hans Joachim Mey, Herman Grimm. Eine biographische Skizze,
S. 7-19.

## Bildnachweise

1. Marianne Jung, Aquarell um 1890 (Frontispiz) (FDH, Photographie: Ursula Edelmann)
2. Der Neuhof, Zeichnung von Herman Grimm (SB PrK)
   Diese Zeichnung ist in einem Brief Herman Grimms an seine Mutter vom 22. Sept. 1851 enthalten, Nachlaß Grimm 382.
3. Gedicht von Marianne von Willemer »Zarter Blumen leicht Gewinde« (StA MG)
4. Gedicht von Herman Grimm »Frühling« (StA MG)

I. Herman Grimm, Photographie um 1859 (StA MG)
II. Marianne von Willemer, Photographie nach einer Daguerreotypie um 1860 (FDH, Photographie: Ursula Edelmann)
III. Herman Grimm, stud. jur., Radierung von L. E. Grimm, Juli 1848 (FDH, Photographie: Ursula Edelmann)
IV. Marianne von Willemer, Bleistiftzeichnung von Edward Steinle, o. J. (FDH, Photographie: Ursula Edelmann)

Wir danken dem Freien Deutschen Hochstift – Frankfurter Goethemuseum, dem Hessischen Staatsarchiv Marburg und der Staatsbibliothek Preußischer Kulturbesitz Berlin für die Genehmigung zur Wiedergabe.

# Register

Aufgenommen wurden die in Einleitung, Briefen und Anmerkungen genannten Personen. Ergänzende Angaben wurden hinzugefügt, wenn Text und Anmerkungen keine Aufschlüsse geben; jedoch wurde bei *den* Personen darauf verzichtet, die aufgrund ihrer historischen Bedeutung als bekannt vorausgesetzt werden dürfen. Von Marianne v. Willemer und Herman Grimm wurden nur die genannten Gedichte und literarischen Werke aufgenommen. Bei den Mitgliedern der Familien v. Arnim, Brentano und Grimm wurde auf Seitenhinweise verzichtet, wenn die Stellen lediglich Grußübermittlungen enthalten. Unberücksichtigt blieben auch Herausgeber, die in Verbindung mit bibliographischen Angaben auftreten.

# Inhalt